企業経営と
リスクマネジメントの
新潮流

上田和勇　編著

序　文

商学研究所叢書刊行に当たって

　専修大学商学研究所は，2001(平成13)年に創立35周年記念事業の一環として，研究所員および学外の研究者，実務家などとの産学協同的な研究を志向するプロジェクト・チーム研究をスタートさせるとともに，その研究成果を広く世に問うための商学研究所叢書の公刊を開始した。それ以降，既に「金融サービス」，「マーケティング」，「中小企業」，「コミュニティ・ビジネス」，「環境コミュニケーション」，「コーポレートガバナンスと企業倫理」，「マーケット・セグメンテーション」をテーマにした7巻の研究叢書が公刊されてきている。

　『企業経営とリスクマネジメントの新潮流』と題する本書は，専修大学商学研究所叢書シリーズ第8巻であり，現代企業を取り巻くリスクの現状とその管理のあり方を，現代的リスクマネジメントの視点から企業価値との関連を踏まえながら研究することを目的としている。

　本プロジェクト・チームによる研究は，2005年度から2008年度にかけて実施された。3年目の2007年11月17日には，公開シンポジウム(商学研究所主催)を開催し，プロジェクト・メンバーによる報告と参加者とのディスカッションが行われた。本書が，学内外の多くの関係者に知的刺激を与えるとともに，商学研究所も社会から多くの知的刺激を受ける双方向の研究のきっかけになることを祈念している。

　専修大学商学研究所の活動は，海外の研究所との国際提携に基づく共同研究，川崎市多摩区からの受託研究，民間企業との産学連携型受託研究など，多様な広がりをみせている。プロジェクト・チームによる研究も継続的に行われており，今後も商学研究所叢書シリーズとして刊行される予定である。こうした諸活動に対し，関係各位のご協力を念じている。

　末尾になるが，本プロジェクト・チーム所属のメンバー各位，および同チームにご協力いただいた学内外すべての方々に厚くお礼申し上げたい。

2009年3月
専修大学商学研究所所長　渡辺達朗

序

　本書『企業経営とリスクマネジメントの新潮流』は，2005年度から2007年度の3年間に及ぶ専修大学商学研究所プロジェクト「企業経営と現代的リスクマネジメント」の研究成果の一部である。約13回に及ぶ研究メンバーとの研究会は実に有意義で各研究メンバー間の互いの専門領域を超えて，現代企業に関わるリスクとリターンおよびそのマネジメント問題について，自由闊達な議論が展開できた。これも参加メンバーのご協力は勿論のこと，こういう機会を提供していただいた専修大学商学研究所のご協力のお陰であり，この場を借りて編者としてお礼を申し上げたい。本書には8本の論文が掲載されている。以下，各論文のポイントを述べるとともに，本書の特徴を述べてみよう。

　第1章「ビジネス・リスクマネジメントの進展——先駆的形態から現代的形態までの概念と事例——」では，企業を取り巻く各時代のリスク環境の変遷を概観しつつ，そのマネジメントのコンセプトや方法論を展開している。その考察スパンはおよそ1世紀にわたる。リスクにはその発生頻度や影響などが変化するという基本的特徴があるが，各時代の重視すべきリスクやそのマネジメントの特徴を，事例を踏まえて論じている。その結論の一部を端的にいえば，リスクマネジメント（以下，RM）で優先されるべきリスクが純粋リスク→純粋リスクおよび保険可能リスク→純粋リスク，保険可能リスクそして投機的リスク→戦略リスク，オペレーショナルリスク→倫理リスクとなろう。単なるリスクマネジメントの歴史的検討にとどまらず，リスクマネジメントの概念および方法論の変遷，問題点にも言及し，企業のリスクマネジメントの有り様が生き生きと描かれている。

　第2章「企業戦略とアラインメントの事例研究——ポートフォリオ，シナジー，アラインメント——」は，管理会計を専門とする研究メンバーによる論考である。企業価値を創造する戦略のアプローチを3つ取り上げて検討している。第1は製品事業のリスクとリターンをバランス化するポートフォリオマネジメント，第2は企業戦略と事業戦略の整合性を図りつつ，全社レベルの戦略目標に貢献する戦略の構築により，事業間，組織間のシナジーを生み出すアプローチ，第3は企業価値を毀損させる要因すなわちアネルギーの戦略的な抑制管理である。第1のアプローチはリスク最適化の問題であり，第3のアプローチは

マイナスリスクの管理を事業戦略，企業戦略として展開するものである。各アプローチについて，5社のケースを検討している。リスクマネジメントの視点からは，本章は戦略リスクのマネジメント視点および全社的なRMの視点から企業価値創造をとらえている論文といえる。

　第3章「なぜ企業のリスク管理が甘くなるのか——エージェンシー理論と行動ファイナンスによる分析——」は，多発する企業不祥事の根本原因を「最適なリスク管理投資がなされていない」と捉え，なぜリスクマネジメントが甘くなるのかという問題を，エージェンシー理論と行動ファイナンスという2つのフレームワークによって考察している。この分析で，両モデルが共通して示唆するのは，経営者をチェックする体制の重要さである。企業不正の多くが経営者の倫理観などが原因であることをみても，この指摘は当たっている。経営者による意思決定の歪みが利己的な動機によるものか，自信過剰によるものかにかかわらず，チェック機能が働くことによって問題が是正されうると指摘し，幾つかの具体的なチェック策を指摘している。

　第4章「会計リスク顕在化の経済的影響」は，会計上の見積もりに関する不確実性（たとえば見積もりミスによって生じるリスクを会計リスクとしている）が投資家の意思決定，訴訟の発生可能性，経営者の交代などに与える影響，さらには会計リスクを生じさせる要因，逆に抑制させる要因について検討している。会計リスクの顕在化は企業価値毀損に働き，そのためにも会計・財務の専門能力が高い取締役の育成や雇用がリスク軽減にとり重要との見解を示している。企業トップに求められる重要な資質の1つが示され，それが重要なリスクマネジメント策になりうるとの見解である。

　第5章「レピュテーション・マネジメントとバランスト・スコアカードの意義——企業リスクマネジメントの見地から——」は，企業RMの視点から，企業の無形価値，その中でも重要な評判リスクのマネジメントの在り方について論じている。戦略的に評判リスクを管理するため，バランスト・スコア・カード（BSC）の概念，方法論を用いることの有用性を指摘するとともに，経営者自身のこうした側面での意識改革やリーダーシップの発揮を指摘している。

　第6章「各国関係規格からの現代的リスクマネジメントの形成」では，特にRMに関する国家規格および国際規格を中心に（9規格），その概要が分析されるとともに，リスク概念，RM用語の標準化，RMプロセス，リスク・コ

ミュニケーション,リスク分析手法などの面から,各規格について分析している。国家規格や国際規格は企業側のニーズのみならず利害関係者の意向や時代が企業や組織に求めているものが反映されているものであり,こうした特徴を持つ本章のRM規格の分析から,どういうものがみえてくるか,RM規格がどういう進展をとげているのかを知ることができる。

　第7章「中小企業経営とCSR——中小企業の企業価値向上とCSR・リスクマネジメントの役割を考える——」では,中小企業の企業価値向上の問題を,Corporate Social responsibility（以下,CSR）とRMの2つの視点から考察している。CSRを「本業を通して社会貢献をし,会社をとりまくステークホルダーと共存共栄をはかりながら,持続可能な社会の実現に貢献すること」と定義づけるとともに,そのために必要なCSR項目を6項目指摘し（コーポレートガバナンス,情報公開,法令順守,労働条件,環境,社会性・社会貢献),この項目別に,中小企業におけるCSR問題を検討している。RMに関しては,損失の最小化のみではなく,チャンス最大化の視点,すなわち本書全体の視点であるリスク最適化の視点から,中小企業におけるRMの在り方を検討している。

　終章の第8章「企業価値向上と企業文化——韓国企業の事例を中心に——」では,韓国中小企業を主な考察対象として,戦略リスク・マネジメントと企業価値との関係,RMの視点からの企業文化の構築と経営者の役割などについて,3つの事例を踏まえ検討している。

　以上の8つの章のポイントの説明からわかるように,本書『企業経営とリスクマネジメントの新潮流』は,RMの概念およびその方法の変遷からはじまり,現代企業において重視されるリスク,すなわち戦略リスク,経営者リスク,情報開示リスク,評判リスク,無形リスク,RMに関する国家規格・国際規格などについて検討するとともに,中小企業におけるRM,CSRや企業文化の問題を,企業経営,企業価値最適化の視点から検討したものである。RMが企業価値を左右させる重要な概念であり方法であることが,関係者にご理解いただけ,本書がその一助となれば幸いである。

　末尾になるが,参加の研究メンバー諸氏,専修大学商学研究所,そして白桃書房の大矢栄一郎氏のご協力に対し,改めて謝意を申し述べるものである。

2009年3月

編著者　上田和勇

目次

序文……i
序………ii

第1章 ビジネス・リスクマネジメントの進展
—先駆的形態から現代的形態までの概念と事例—

はじめに……………………………………………………1
1 ビジネス・リスクマネジメントの萌芽期……………3
2 保険管理型 RM…………………………………………9
3 経営管理型 RM，経営戦略型 RM そして
  戦略リスク・マネジメント……………………………12
4 現代的 RM—その1：Enterprise-Wide RM
  （ERM）…………………………………………………14
5 現代的 RM—その2: 無形価値重視型 RM…………22
6 おわりに…………………………………………………29

第2章 企業戦略とアラインメントの事例研究
—ポートフォリオ，シナジー，アネルギー—

はじめに……………………………………………………33
1 企業戦略とアラインメント……………………………34
2 アラインメントにおけるシナジーの創造と
  アネルギーの抑制………………………………………36

3　ポートフォリオ・マネジメント……………………38
4　BSCによるアラインメントの事例……………45
5　ポートフォリオとアラインメント……………55
6　まとめ……………………………………59

第3章　なぜ企業のリスク管理が甘くなるのか
−エージェンシー理論と行動ファイナンスによる分析−

はじめに………………………………………………63
1　エージェンシーモデル…………………………65
2　行動ファイナンスモデル………………………69
3　エージェンシーモデルと行動ファイナンスモデルの比較……………………………………73
4　おわりに…………………………………………75

第4章　会計リスク顕在化の経済的影響

はじめに ·· 81
1　米国における修正再表示の開示実務 ························ 83
2　修正再表示の株式市場に与える経済的影響 ············· 85
3　修正再表示のその他の経済的影響 ·························· 90
4　修正再表示の決定要因 ·· 93
5　総括と展望 ·· 97

第5章　レピュテーション・マネジメントとバランスト・スコアカードの意義
—企業リスクマネジメントの見地から—

はじめに ·· 103
1　現代的リスクマネジメントの枠組みと射程 ········· 105
2　企業価値と無形資産 ··· 109
3　戦略的レピュテーション・マネジメント ············ 113
4　コーポレート・コミュニケーション ··················· 122
5　バランスト・スコアカード ·································· 124
6　結びにかえて ··· 126

第6章 各国関係規格からの現代的リスクマネジメントの形成

はじめに ……………………………………………………… 135
1 規格の捉え方 …………………………………………… 136
2 リスクマネジメント規格の制定状況 ………………… 139
3 リスクマネジメント規格研究から見えてくること … 156
4 まとめ …………………………………………………… 183

第7章 中小企業経営とCSR
―中小企業の企業価値向上とCSR・リスクマネジメントの役割を考える―

はじめに ……………………………………………………… 189
1 中小企業の意義と実態 ………………………………… 190
2 CSRとは ………………………………………………… 196
3 中小企業における企業価値向上とCSRの関係 ……… 201
4 リスクマネジメントとCSR …………………………… 212
5 CSRに優れた中小企業 ………………………………… 215
6 まとめ …………………………………………………… 220

第8章　企業価値向上と企業文化
―韓国企業の事例を中心に―

はじめに……………………………………………225
1　戦略リスク・マネジメントと企業価値…………226
2　企業文化の構築と企業価値………………………231
3　結びにかえて………………………………………236

第1章
ビジネス・リスクマネジメントの進展
―先駆的形態から現代的形態までの概念と事例―

はじめに

　リスクすなわちロスおよびチャンスの発生に関する不確実性には，「変化する」，「潜んでいる」，「連鎖する」という基本的特徴がある。企業の内部および外部において生じるリスクの発生頻度や影響の強さが時間，時代とともに変化し，またそれらリスクは目に見えず，リスクによっては連鎖していく。特にビジネス・リスクの分野では，現代企業を取りまく環境の変化が目まぐるしいだけに，上記のリスクの様相はなおさら激しい。

　また，変化し，潜み，連鎖するリスクはロスの源泉であるとともに，多くのリスクはロスとチャンスの双方を含んでいる。これらリスクの最適化（ロスの最小化とチャンスの現実化）を担うのがリスクマネジメント（以下，RM）であるが，同時にチャンスの現実化に際しては，RMとともに企業戦略（経営，マーケティングなどの戦略）に負うところが大きい。企業の経営行動やマーケティング行動は，企業の政策，戦略，競争力他の状況により変化する。さらに社会あるいは企業の利害関係者（例えば社員，消費者，株主他）が企業に求める期待あるいは評価基準も社会の価値観の変化とともに変化する。

　企業のRMのあり方は，こうした変化するリスク，変化する経営，変化する社会の企業への評価基準等の中で，その形，考え方が変化していかざるをえない面がある。

　リスクと企業価値との関連でいえば，リスクへの対応能力如何で企業の浮沈が決まり，企業価値が決まるといえる。言い換えれば，企業の価値はいかにリスクを含む環境の変化に適応するかという環境適応能力よって決まる。企業環

境への適応能力とは，企業の外部および内部環境変化に関わる各種リスクの変化を予測・分析し，企業の内部資源を最適に配分し有効化する能力である。ここでは，環境に対する企業側の受動的な対応よりも，むしろ環境の評価，変化する環境への企業資源の能動的対応能力が重要となる。

企業の外部環境には，顧客や競合企業の動向，経済環境の変化，技術や規制等の変化などがあり，企業の内部環境には，社員のやる気，能力，業務プロセス，企業の文化や風土，競争力，戦略の巧拙，財務能力などがある。これら諸環境の変化の中に企業や社会に与えるロスやチャンスの可能性すなわちリスクが潜んでおり，しかもそのリスクは潜んでおり，変化する。こうしたリスクへの企業の適応能力如何で社会での企業価値（Corporate Value，以下CV）が決まる。

以上のリスク，企業環境そして企業価値との関係を簡略化したものが図表1－1である。本章の目的は，こうした枠組みを分析の根底において，リスクは時代とともに変化し，ビジネスRMの管理の概念や方法論も変化する点を，下記の視点からレヴューするとともに，今後のビジネスRMのあり方を展望することである。
(1)企業にかかわる重大リスクの変化
(2)RMの考え方，形態，手法の変化
(3)各RM形態の特徴や問題点他

図表1－1　リスクマネジメント，企業環境と企業価値との関係

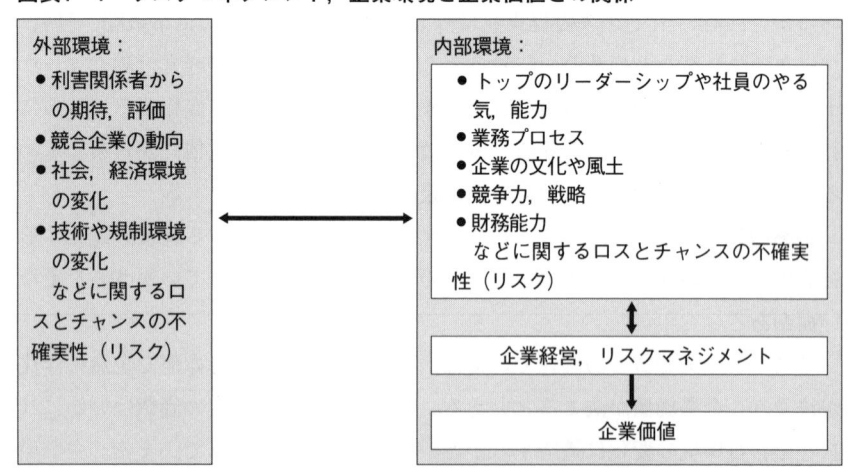

次頁の図表1−2はこうした分析枠組みに基づいて，本章での検討事項すなわちビジネス・リスクマネジメントの進展の要点を概観したものである。

1 ビジネス・リスクマネジメントの萌芽期

　企業に関わるリスクを評価し，リスクコントロールおよびリスクファイナンスによりリスク対応を図るという素朴なRMのルーツは，20世紀前半のドイツ，フランスそしてアメリカに見出すことができる。[1]企業にとっての最大のリスクである企業倒産に影響を及ぼす重大リスクは，第一次世界大戦後の悪性インフレという動態的リスクであり，火災，洪水，労働災害，鉄道事故などの純粋リスクであった。特にドイツでは天文学的な悪性インフレから企業を守るための経営管理のノウハウとして危険政策が登場し，動態的リスク，純粋リスク，そして投資などに関わる投機的リスクもその管理対象として位置づけられている。

　フランスの経営学者アンリ・ファヨール（Henri Fayol）は1916年に『産業ならびに一般の管理』の中で，企業活動および経営職能を①技術，②営業，③財務，④保全，⑤会計，⑥管理の6つに分類している。彼は，特に④の保全において，火災，盗難，洪水などの危険から企業や人の財産を守り，事業を安全に経営し，従業員に安心感をもたらすことが保全的職能の目的であるとしている。この考え方は企業経営の観点からRMを論じた最初のものといわれており，RMの理論と実務の起源といわれている。[2]

　鉱山技師，地質学者そして現代の経営学研究にも大きな影響を及ぼしている経営学者としてのファヨールは，1888年から1918年までの30年間，社長としてコマンボール社（鉱山業・鉄鋼業）に在任している。同社は19世紀末頃，深刻な経営危機に直面している。RMの進展過程の検討にあたり，RMを最初に論じたといわれるファヨールの経験と理論等について，より詳細に検討する意義は大きい。ここでは同社の経営危機の概要と彼の危機克服策，戦略的意思決定などについて検討し，ファヨールのRMの進め方他について歴史的ケースとして考察し，可能な範囲で現代的なRMおよび内部統制との比較を試みる。

図表1-2　ビジネス・リスクマネジメントの進展

項目＼RMの形態	萌芽期 →	保険管理型RM →	経営管理型RM →
時期	19世紀末〜20世紀はじめ	20世紀前半	1970年代〜80年代
重視すべきリスク	●純粋リスク（火災，労働災害，自然災害他）	●純粋リスクと純粋リスクの多発化	●投機的リスク（金融リスク） ●責任リスク（リスクの巨額化）
事例	●ファヨールの企業危機対応	●ハーバード・ビジネス・レヴュー誌での論文	
事例の特徴	●経営管理型RMのはしり ●内部統制の先駆け	●保険可能なリスクのみのマネジメント	●国際化に伴う金融リスク，責任リスクのマネジメントの必要性
事例の主な手法・理論	●リスクコントロール ●組織変更，経営体制の引き締め，全社的規律と秩序の確立	●保険	●保険，デリバティブ
問題点	●対象リスクが限定されている ●通常は部門管理的保全管理	●リスクの限定化 ●他のビジネスリスクの管理がない	●投機的リスク，特に金融リスクが主な対象 ●部分的なリスク最小化，短期的管理 ●保険引き受けの限界

事例1：アンリ・ファヨールの危機管理[3)]

（1）19世紀末頃のコマンボール社の深刻な経営危機

　コマンボール社の母体となるポワグ・ランプール社は1853年に設立され，その7年後にファヨールが同社に経営幹部として入社している。1870年代，30歳になる前のファヨールは実質上の経営者として活躍し始めている。1870年前後，同社のかねてからの経営問題は，炭鉱火災，地盤沈下，炭鉱枯渇の問題であった。彼はこれらの問題を重大な経営問題と位置づけつつ，地質学者として

経営戦略型RM，戦略リスク・マネジメント，統合型（全社的）RM →	企業価値特に無形資産重視型RM →	経営（企業）倫理重視型RM
1990年代～2000年頃	2000年前後	現在，将来
●下記リスク全体（戦略リスク，オペレーショナル・リスク，金融リスク，自然災害リスク）	●無形リスク（組織資産リスク：企業文化，企業理念，開示に係わるリスク）	●倫理リスク（トップの倫理観，モラルなど）
●ハネウエル社 ●パナソニック	●吉野家とすき家	
●好機とリスクとの関連付け，より鮮明に ●全社的視点での全体的リスク最適化 ●相関関係のないリスクの包括的カバー	●企業不祥事による企業価値減損への対応 ●企業文化，企業理念と戦略との連動	●企業文化，体質，トップの倫理などに関するソフトリスクの重要性
●リスクポートフォリオ ●リスクの相関関係分析 ●バリューアトリスク他	●戦略と無形価値リスクの最適化	ソフト・コントロール
●全社的RMと企業価値向上との検証が不充分	●企業価値向上との検証が不充分	●企業価値向上との検証が不充分

の見解や理論を展開し，それらの問題解決に立ち向かっている。現在のRMでいうところのリスクコントロール面での対応である。火災や炭鉱事故による労働災害への保障すなわち国による労災保険の提供は，フランスでは1930年まで始まらず，リスクファイナンスによる保障提供はまだ先のことであった[4]。

　1884年になると，こうした物理的問題に加え，一転して文字通り経営上の問題，すなわち会社内部の主導権争い，販売不振，欠損の累積，財務体質の悪化，企業存続の経営戦略の展開などといった，ひとつ判断を誤れば企業を破滅に導きかねないような，重要な経営上の問題の解決に直面している。

1880年代中頃の急速な経営悪化の原因として，次の要因が挙げられている。1877年からの長期の大不況，東部および北部地域の鉄鋼業発展による中部地域における価格競争力の低下，炭鉱枯渇の深刻化，低い生産性と巨額の人件費による価格競争力の低下，生産設備の老朽化による品質の低下などによる販売不振。こうした諸要因が同社を倒産の危機に追いやっていった。

　1888年，ファヨールは同社の社長に就任し，図表1－3にあるような対応を矢継ぎ早に展開する。対応の基本的な部分（1階部分とする）は，①本社組織の変更，②弛緩した経営体制の引き締め，③全社的な規律と秩序の確立であり，この上に立って図表1－3の2階部分に相当する経営合理化のための経営戦略すなわちスクラップ・アンド・ビルド戦略を展開する。

　この時期，中部地区における同業他社の多くが倒産していった中で，ファヨールによるこうした企業危機対応により，同社の純利益や配当は1890年前から1920年の彼の在任中，次のように急速に回復している（図表1－4）。

①主なRM対応と現代的RM，内部統制との比較

　すでに述べたようにファヨールの企業危機に対するこうした対応は，第1に，彼のいう保全機能（資産と従業員の保護）に関していえば，ロス・コントロールが中心であった。ただし，佐々木恒男（1984）『アンリ・ファヨール―その人と経営戦略，そして経営の理論』p.232によると，1900年代に入り，同社は

図表1－3　アンリ・ファヨールの経営危機に対するRM策

2階：経営合理化のための スクラップ・アンド・ビルド戦略
- 不採算部門の切捨て
- 販売実績の良い部門への特化
- 研究開発戦略による経営多角化の基盤作り
- 石炭，鉄鋼の安定確保のための企業合併戦略
- 株式の時価発行による資金調達

1階：基本的対応
①本社組織の変更
②経営体制の引き締め
③全社的な規律と秩序の確立

図表1−4 コマンボール社の1株当り配当額

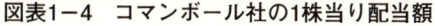

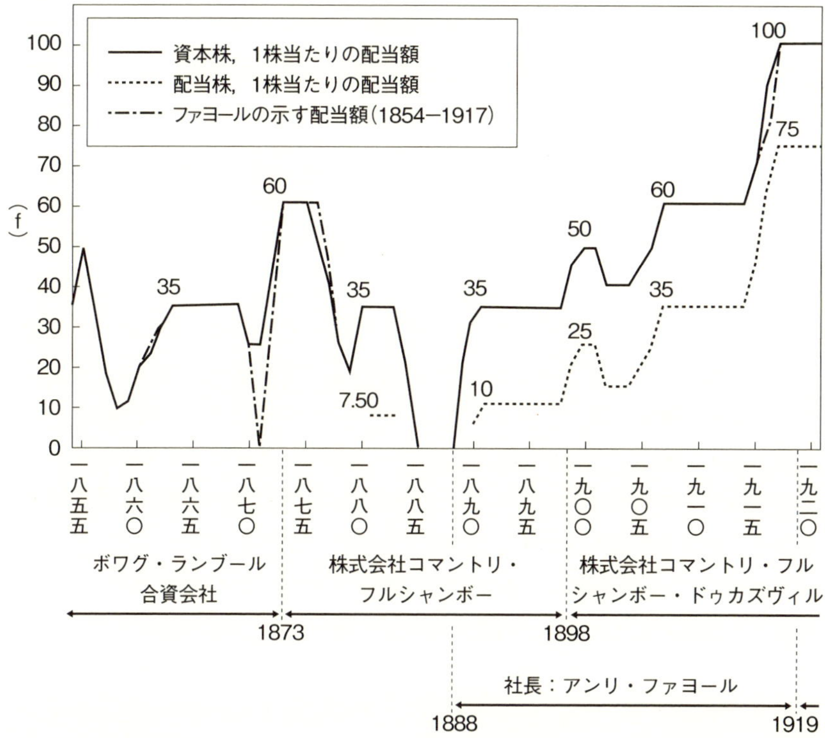

出所：佐々木恒男（1984）『アンリ・ファヨール－その人と経営戦略，そして経営の理論』p.209の図の一部を再掲。

事故の犠牲者に対する労災補償，退職年金の整備，社宅の供与，従業員の子弟への教育の援助をフリンジ・ベネフィットの一環として行っている。このうち，労災補償や退職年金の整備については，労務管理の一環としてのリスク・ファイナンスの実施といえる。

ファヨールの企業危機への対応についていえる第２点は，亀井利明名誉教授が指摘される「企業倒産危険の管理を志向している以上，RMは第一義的には全般管理への位置づけが妥当ではないだろうか」[5]という指摘と関連する。すなわちRMを単に生産，販売などの部門管理に分散させるか，1箇所に集中してRM部門に全般管理させるかという問題であるが，ファヨールは同社の企業倒産危険の管理を強く志向しており，亀井利明名誉教授が指摘されるようにRMを全般管理として位置づけていたといえる。この点は，亀井克之（2005）によ

っても次のように明確に指摘されている。「ファヨールは，同書の中で[6]，職能別の組織図を示しているが，この時代にすでに，リスクマネジメントを財務管理部門等の他の部門に従属させるのではなく，1つの独立した部門として組織づけることを主張していた。それは，企業経営における独立したリスクマネジメント部門の世界で初めての図示であった」[7]。さらに亀井克之（2004）は，RMの組織上の位置づけについて，ファヨールが先駆的な論考を残しながら，後続研究が続かず，RM職能の研究と実務は保険管理を中心に，戦後のアメリカで開花することになったという[8]。

図表1－3にみられるファヨールの経営危機に対するRM策と現在，重視されているRMとを関連づけると，1階部分の特に「経営体制の引き締め」，「全社的な規律と秩序の確立」については，COSOでいわれている内部統制の中の内部環境すなわち「組織の気風を組み込み，組織を構成する人々のリスクに対する意識に影響を与えるとともに，全社的RMの他のすべての構成要素の基礎をなし，規律と構造を提供するもの」[9]と関連している。またファヨールは内部統制について，「内部統制（佐々木は内部コントロールとしている）は，特に各部門と全体としての企業の優れた経営に貢献することを目的としている」とも主張しているが，この主張は内部統制の目的を，企業目標の達成に貢献するものとして位置づけており，筆者の現代的RMの考え方と通じるものがある。

しかしこうした時代を先取りしたファヨールの見解も，亀井克之（2004）がいうように，後続研究が続かず，RM職能の研究と実務は保険管理を中心に，戦後のアメリカで開花することになった[10]。

一方，米国のRMは，1880年代に鉄道会社で保険部門が設置された頃から始まったといわれている[11]。米国では1830年に初めて鉄道が開業しているが，鉄道の発展とともに鉄道事故も発生しており，それによる損害を保険利用により保険会社に転嫁することや事故防止策が検討されていた。

1930年にはAMA（アメリカ経営者協会）が企業内における保険管理をテーマとする会議を開催している。その目的は最小の保険コストで企業リスクの発生による損失をいかに最小化するかということであった。AMAの協力を得て，企業保険の購買者である企業家達は1935年にはRisk Research Instituteを組織し，企業のリスク管理に用いられる保険の合理的・経済的利用を企業に提唱し，企業内におけるリスクマネジャーや保険マネジャーの育成に努力している。

1935年にはRMという用語が使用されたといわれているが、保険利用によるリスク管理言い換えれば保険によるリスク転嫁がその中心であったと思われる。既述したように、ドイツでのRMは悪性インフレから企業をどのように防衛するかという視点から生じたが、米国でも1929年からの大恐慌から企業を防衛するため、費用管理の1つとしての保険管理からRMが生まれている[12]。

2 保険管理型RM

第二次世界大戦後の米国では、1955年にはじめてコロンビア大学に「RM論」の講座が設置され、リスクとRMに関する研究が進んでいる。例えば、1956年の Harvard Business Review, September-October, Vol.34, No.5, pp.75-86において、Russell B. Gallagherは「リスクマネジメント―コスト・コントロールの新局面」というタイトルで論文を書いている。以下、Russell Gallagherの論稿のポイントをレヴューし、保険管理を中心としたRMの形態をみてみよう。

事例2：アメリカにおける保険管理型RMの典型例

1956年のRussell B. Gallagherの論文の目的は、①リスクをどう分析すべきか、②リスク最小化あるいはリスク回避のためにどういうステップを踏むべきか、③リスクに対する保険をいつ、どういう方法で購入し、保険料を下げるにはどうすべきか、④RMを行う時の問題点やリスクマネジャーにどういう権限を持たすべきかなどであった。

Gallagherによれば、リスク分析とは予想される損害額の最大値を分析することをいうとしており、しかもその損害とは純粋リスクによる損害を指し、経営意思決定の誤り他により生じるビジネス上の損失は除かれている。要するに保険化可能なリスクの最大値分析である。具体的には、労災リスク、火災、洪水、出張時の事故などのリスク分析である。また彼は企業側にリスクマネジャーを導入することも提言している。

また彼は損失最小化のために、社員の教育、訓練、健康診断の実施、安全工

学の重視,工場での盗難防止,防火対策,賠償責任リスク対策としての品質管理,工場の設置場所などについて言及しているが,これらはリスクコントロール手段として位置づけられる。

上記リスクの転嫁策として,彼は自己負担,自家保険,企業保険と自家保険の併用,保険者としてのロイズの紹介,株式会社と相互会社の違い,保険仲介者としての保険ブローカー,保険代理店などに言及している。

全体として,彼は保険契約型のRM,しかも保険料負担を軽くするためのリスクコントロール策などについて論じている典型的な保険管理型RMの例であり,RMプロセスおよび保険以外のリスクファイナンス手段も考慮に入れ,リスクコントロール手段との効果的ミックスを検討することなどは論じられていない。既述したように,彼はリスクマネジャーの必要性を述べてはいるが,その役割は保険購入に際しての専門家的な存在といえよう。

RMがなぜ必要とされ,またなぜ保険管理型から出発したのかという点については,1920年代の米国の深刻な経済不況がその背景にある。大恐慌発生前までは,一般にリスクに注意を払われることはなく,リスクに対する唯一の対応策は保険であった。しかし厳しい経済情勢の中,各企業はリスク・コストの全面的な見直しを迫られ,当時企業内で相当の額に達していた保険コストがまず注目されたわけである。

米国におけるRMの研究分野では,1960年代頃から著書が著され始めている。例えば,メーアとヘッジス(Mehr & Hedges)による『企業におけるRM』(*Risk Management in Business Enterprise*, 1963)では,RMの定義を「RMとは,保険管理にとって適切な組織,諸原則および諸技術を応用するリスクのマネジメントである」[13]と定義づけている。また1962年のマーク・グリーンによる『リスクと保険』(*Risk and Insurance*, 1962)では,RMの目的に関して次のように述べている。「RMは企業の最終的な利益に影響を及ぼす企業組織の全局面に関わる管理機能を有しているが,そうしたRMのコンセプトは本書の目的からみてあまりに全般的すぎる。より機能的なRMの定義は,RMは保険可能なリスクの管理であり,保険可能なリスクの最適な処理方法を考慮することである」[14]。

このように研究分野でも,当時の米国でのRM研究は保険管理型RMを志向している。しかしながら,保険管理型RMは企業を取りまく内外のリスク環境

の変化により,すなわち現実に企業の内外に発生するリスクの変化により,そのRM形態の在り方に影響を与えていく。

米国でその背景をみると,1950年代から60年代にかけ,企業活動の拡大化と海外進出に伴い,企業災害の多発化と巨額化がみられ,これまでのRMも単純な保険可能な純粋危険を対象とする保険管理からロス・コントロール,ロス・ファイナンシングをも合わせたリスク管理へと変化していった。企業の内外で発生するリスクが純粋リスクのみならず,投機的リスクをも同時に発生させる状況が生じ始めたのである。純粋危険1つをとってみても,その予想損害額があまりに大きいこと,発生地域が国内に限らないことなどの状況は,保険の引き受け制限,保険金額の制限,支払い困難な保険料の設定などを招き,企業危険の保険による対処の限界を示し始めた。

1970年代以降の国際化の進展による海外での競争の進展,80年代の企業の社会的責任の増大による賠償責任事故の多発化(例:製造物賠償責任事故)などは,企業の投機的危険に対する警戒を一段と強くさせるとともに例えば製造物賠償責任を付保対象とするPL保険の保険会社による引き受け拒否を招き,保険管理型による企業危険管理の限界をますます明確にしていったのである。

こうした環境変化の中,保険管理型RMを志向していた米国では,一部の研究者において,投機的リスクをも対象とするRMを志向する指摘がみられるようになる。例えば既述のマーク・グリーンはサーバンとの共著において,RMに関し次のように述べている。「リスクマネジャーは通常,純粋リスクにのみ関与するが,投機的リスクがもたらすマイナス影響を処理するための多くの技術が存在している。現代のRMにおいては,リスクマネジャーに,より広範な責任が求められている。将来は,リスクマネジャーは純粋リスクのみならず,投機的リスクをも扱うようになり,より広範で多様なリスク対処策を用いるようになろう」[15]。

ビジネスRMの対象リスクを純粋リスクとするか,より広範に投機的リスクをも含めるべきかという議論に終止符を打ち,RMの形態論を体系化したのが次にみる日本の亀井利明名誉教授である。

3 経営管理型RM, 経営戦略型RMそして戦略リスク・マネジメント

亀井利明名誉教授は1978年の論稿において，米国を中心として普及した保険管理型のRMの理論においては「他の経営管理との関係について，RMの位置づけが必ずしも明確ではなく，各部門管理との管理領域の範囲を確定していない」[16]として，世界で初めて，形態別に，RM部門の経営組織上の位置づけを明確にする[17]とともに，1984年の著作においては「保険管理型危険管理も，もちろん，それなりの有用性を有しているが，それのみにとどまることは，単に財務管理の一部分として理解され，しょせん，上手な保険の付け方の範囲を出ず，一般の認知は容易に得られない」[18]としている。そして「経営管理型RMは企業倒産危険に対する対抗策としての企業防衛を考えるわけで，純粋危険と投機的危険とを問わず，マネジメントの対象としようとするものである。それがため，危険管理は全企業危険のコントロールとして把握され，生産，販売，財務，労務の各部門管理はもちろん，全般管理をも含めて，あらゆる危険対策をマネジメントしようとすることになる」[19]と経営管理型RMを展開している。

亀井名誉教授はその後の研究において，保険管理型RM，経営管理型RMそして経営戦略型RMも提唱し，その3類型を図表1−5のように示している。

ところで，「経営管理型RMでは，企業危険の全般をラインに位置づけられる部門管理としてのRM部門で集中的に処理しえないという認識のもとに創出されたものが」[20]，経営戦略型RMである。経営戦略型RMでは，RM部門は各部門の危険管理は各部門に委ね，スタッフ機能として部門管理および全般管理に対し，助言，調整，監視等の機能を遂行する。このRMは企業危険全般を対象とするもので，とりわけ投機的危険や経営戦略リスクの取り扱いが重要な意味を持つ[21]。したがって，それは攻撃のマネジメントであり，価値創造のリスクマネジメントであり，この種のリスクマネジメントは戦略リスク・マネジメントというべきであろうという旨の見解を示し[22]，ここに戦略リスクのマネジメント論が登場することになる。

亀井利明名誉教授は，対象とするリスクに関しては，純粋リスクのみに固執する保険管理型RMの問題点を指摘し，投機的危険をも対象とする経営管理型RM，投機的リスクは勿論のこと戦略リスクをも扱う経営戦略型RMを展開

図表 1-5　保険管理型 RM（A 型），経営管理型 RM（B 型），経営戦略型 RM（C 型）の 3 類型

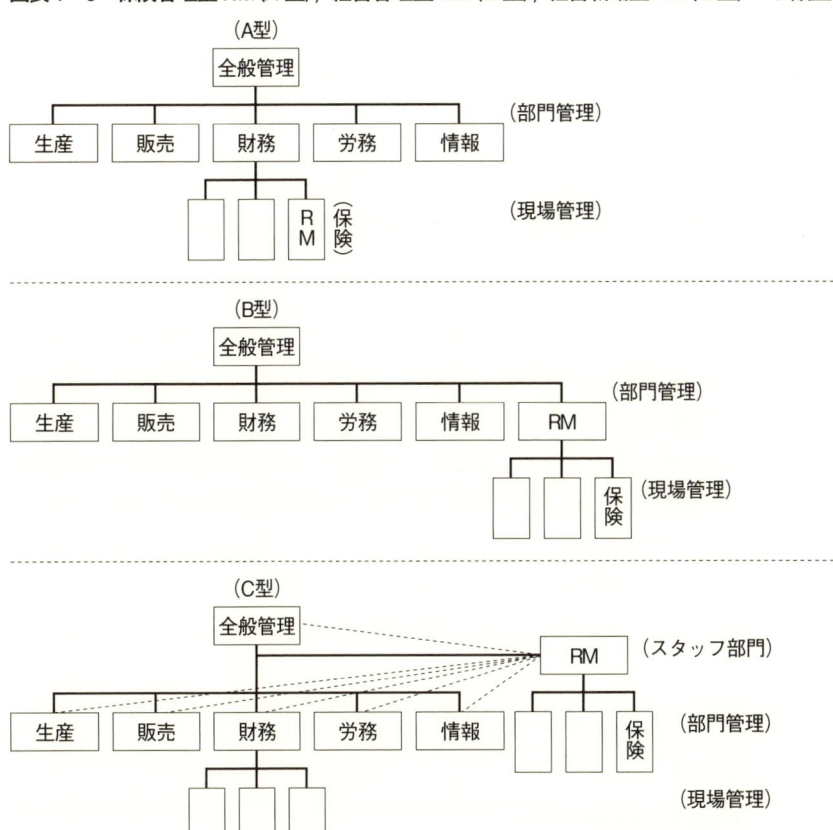

出所：亀井利明「経営管理とリスクマネジメント」『危険と管理』第18号，日本リスクマネジメント学会，1990年，p.5。

し，近時では戦略リスクをより主体的にマネジメントする戦略リスク・マネジメントを主張している。またRMの企業内における位置づけに関しては，財務管理の一部としてのライン組織と捉える保険管理型RM，独立した部門管理として業務執行権限を持つライン組織と捉える経営管理型RM，企業全般管理および部門管理に対する助言，調整，監視等のコンサルタント的機能を持つスタッフ組織として捉える経営戦略型RM，そしてスタッフ機能およびラインとしての機能を有する戦略リスク・マネジメントへとRMの形態論を展開している（亀井（2004）p.121）。こうした亀井名誉教授のRM形態に関する検討特に経営

戦略型RMや戦略リスク・マネジメントは，1990年代前後から世界的に出てきたトータルRM（Total RM），全社的RM（Enterprise-Wide RM），統合的RM（Integrated RM）などのいわば現代的RMの布石となる先駆的研究といえる。

4 現代的RM—その1：Enterprise-Wide RM（ERM）

　1990年代以降，企業をめぐる内外の環境変化をきっかけに従来のリスクとその管理の仕方に注目するのみではなく，企業目標とリスク負担のあり方，好機の不確実性の管理などに主眼を置いて，RMを企業目標の達成にいかに貢献させるかという視点からのRMがでてきた。その代表的RMの呼称がERMすなわちEnterprise-Wide RM（全社的RM）であろう。ERMを筆者は全社的RMと理解している。同じ考え方のRMアプローチにIntegrated RMあるいはTotal RMという言葉もある。ここでは，こうした言葉でいわれるRMアプローチ，とりわけERMについて，次の諸点から整理してみよう。4-1　ERMの概要，4-2　これまでの伝統的RMとERMとの異同，4-3　ERMの課題，4-4　ERMの事例。

4-1　ERMの概要

（1）ERMの定義

　ERMという言葉を最初に言い出したのは，筆者の知る限りでは2000年にArthur Andersen社のJames W. Deloachが出版した*Enterprise-wide Risk Management : Strategies for linking risk and opportunity*であろう（1995年，デローチはArthur Andersen社と共著で『ビジネスリスクの管理—統合的アプローチ』を出版しているが，筆者は入手していない）。同書p.5ではEWRM（ERMと同義）を次のように定義づけている。

　「EWRMは，企業が価値創造に際し直面する不確実性を評価・管理するため，戦略，プロセス，人的資源，技術そして知識を適切に調整する構造的で統合的なアプローチをいう」[23]。書名からもまた定義からもわかるように，ERMはリ

スクと機会とをリンク付けるための戦略であり，そのために企業資源を総合的に関連づけるものといえる。

　ERMの概念がさらに注目を浴びるようになったのは，2004年に米国のCOSO委員会により出された内部統制に関する報告書*Enterprise Risk Management：Integrated Framework*（以下，COSO ERM）からである。COSOがERMフレームワークを公表した背景には，リスクマネジメントに関する世界的な関心の高まりがある。そこではERMを次のように定義づけている。

　「事業体の取締役会，経営者，その他組織内のすべての者によって遂行され，事業体の戦略策定に適用され，事業体全体にわたって適用され，事業目的の達成に関する合理的な保証を与えるために事業体に影響を及ぼす発生可能な事象を識別し，事業体のリスク選好に応じてリスクの管理が実施できるよう設計された，1つのプロセスである」[24]。

　訳文のわかりにくさもあってか，デローチの定義に比べわかりにくいが，企業戦略にRMを適用しようとしている点はわかる。

（2）ERMが出てきた背景

　リスクをトータルに企業目標達成との関連で管理するという発想そのものは有意義であるが，それが1990年代から2000年にかけて出てきた背景として下記のものが考えられる。

① 企業活動のグローバル化と規制緩和：規制緩和などにより企業の活動が広がるとともに，対象リスクの内容，範囲も次の②のように変化していった。

② リスクの多様化と対象となる重大リスクの変化：企業に損失をもたらす災害リスクや事業リスクのみならず，投機的性格を持つ財務リスク，知的資産の流失，需要の変化，戦略リスクなど保険では対応できないリスクがもたらす企業への影響が大きくなり，リスク管理の重要な対象リスクになっていった。

③ リスク対処の技術面での高度化：リスクによっては，企業内，各部署間のリスク同士に相互影響関係があることがわかり，それらを縦割りで管理するよりも，横断的，統合的な管理がコスト面でもより合理的であることを発見した。

④ リスクへの認識変化：戦略リスクに関し，高いリターンをねらってリス

を取る機会があることを認識するようになった。
⑤　コスト意識の増大：過剰なコスト，保険のかけすぎへの反省から，コストを抑え，資本効率や管理の効率性を重視するようになり，リスクを総合的に管理する方法を考えるようになった。

4-2　これまでの伝統的RMとERMとの異同

　図表1-6は筆者がまとめた両RMの異同である。誤解している点もあるかもしれないが，以下にその要点をまとめてみよう。

　同表からERMの特徴として以下の点が上げられる。

(1) 対象とするリスクが広くなり，これまでの純粋リスクのみならず，投機的リスクとしての戦略リスクや無形リスクが重大リスクとして認識されている。

(2) RMの関係主体を関連会社を含む企業グループ全体にも広げる視点を持つとともに，企業構成員全員が，常に継続的にRMを行う視点を持つ。企業の風土や文化を変えるためのRMという認識ともとれる。

(3) (2)のためにはRMが一部の理解でとどまることは好ましくなく，構成員全員

図表1-6　従来のRMとERM

	従来のRM	ERM
対象リスク	純粋リスクと金融リスク	すべてのロスとチャンス（機会）（戦略リスク，オペレーショナル・リスク，無形リスク）
関係主体	特定の部署	関連会社を含む全社
担当	一部の管理者	全員
実施時期	定期的	継続的
使用用語	各部署や各人が，同一用語を異なった意味で使用する場合が多い	共通の理解
報告	各部署による別々の報告	統合された報告
目的	リスクの発見とマネジメント	リスクとリターンの管理による企業目標達成
意思決定の基準	リスクマネジャーの判断	取締役会のリスク政策による
目指す姿	企業の資産保全	リスク感性の向上を通じた企業体質強化，評判の向上

の理解が進むような企業内リスク・コミュニケーション（リスク情報の共有）が重視されている。
(4) 各部署のRM報告が企業全体の視点から再調整されるべく、RM報告の統合化が行われる。
(5) RMの目的は、マイナスリスクの最小化とチャンスの実現による企業目標の達成と位置づけている。
(6) RMを単に資産の保全のみならず、企業の体質強化、改善に結び付け、企業の評判を上げるための手段とも捉えている。

4-3 ERMの事例

既述したようにERMにはいくつかの特徴があり、ERMを導入しているといわれるいくつかの企業においても、それらすべてを具備しているとはいえないのが現状といえる。次に、こうしたいわば初歩的なERMといえる事例を検討し、その実際をみてみよう。

(1) ERMのケース1：先駆的事例としての米国機械メーカーハネウエル社のケース

ハネウエル社のERMの大きな特徴の1つは、複数の異なるリスクの一元的管理である。具体的には、製造物責任リスク、火災他による財産的リスクおよび事業中断リスク、為替リスクなどについての包括契約をAIG社（保険会社）と、1990年代半ば頃共同開発している。従来は、各リスクに対し同社の各グループがリスクごとに保険契約、先物取引、オプション取引などによりリスク転嫁、リスクヘッジをしていたが、「財務上、不測の事態が生じた時、企業が直面するリスクをコントロールする」という点で同じ目的であるという認識に立ち、多様な企業リスクの一元管理により、効率の改善とコスト削減をねらったのである[25]。

上記リスクの一元管理により保険コストを15％以上、圧縮することに成功している。その方法は主に2つあり、1つは製造物責任、火災、為替の各リスクに対し、これまで別々の保険契約、リスクヘッジ策を施していたものを、保険会社と交渉し1つにまとめ、自社のリスクキャパシティと免責額とを調整した

点である。

(リスクキャパシティとリスク統合化による免責額の調整)

　ERM導入前の契約では，3契約それぞれに免責1,000万ドルが規定されていた。例えば，工場火災で2,500万ドルの損害が生じた場合，1,000万ドルまではハネウエル社が払い，残り1,500万ドルが保険会社から保険金として支払われるというものであった。こうした方法が同社にとり好ましくないのは，同社のリスクキャパシティ（負担に耐えられるリスク総量）は年間3,000万ドルあり，2,500万ドルの損害ならば自社で全額支払う能力があるにもかかわらず，ERM導入前には1,000万ドルの負担を余儀なくされ，しかも1,500万ドルの保障に見合う保険料を負担していた点である。上記3つのリスクのどれかが発生した場合，同社にはこのように，1,000万ドルの支払い，保険料負担といった面で資本政策上の不都合が生じる。

　ハネウエル社は，保険会社との交渉により3つのリスクファイナンス策を1本にし，免責金額を自社のリスクキャパシティ3,000万ドルに設定した。免責額を1,000万ドルから3,000万ドルに増やせば，保険料負担は相当軽減され，同社の財務に良い影響を生じさせる。

(相反するリスクの統合化)

　効率の改善とコスト削減の第2の方法は相反するリスクの性質に注目し，コスト削減に結び付けた例である。工場火災のリスクと製造物責任のリスクとは，次のような相殺できる関係にある。工場火災が生じれば，建物および商品に生じた損害に対し火災保険金が支払われる。そうなれば，少なくとも製造した商品の市場への出荷はできず，その分，製品の欠陥責任による損保会社の賠償金の支払いは免れるか低くなるという点である。こういう状況を生むには，両リスクを別々の保険契約で結ぶのではなく，同一の保険会社と1本の契約をすることにより生じ，保険会社にとっても火災保険契約における責任準備金で，製造物責任の責任準備金を相殺でき，大幅に保険料を下げることができる。この結果，ハネウエル社のリスクファイナンスのコストはERM導入前の3,870万ドルから，ERM導入後の3,460万ドルに低下している[26]。

　こうした同社のERMはリスクの統合化，リスクファイナンス手段の統合化を，自社のリスクキャパシティを踏まえながら行った点，相反する2つのリスクを統合させた点，同社の部署を超えた混成チームのリスク情報の共有などに

より可能となり,同社の資本構造の強化に寄与した点などは評価できる。ただ,同社は1999年に防衛産業のアライド・シグナル社に買収され,このERMプログラムは消滅しているので,その後のERMのCVへの影響はわからない。

(2) ERMのケース2：最近のパナソニックのケース[27]

1918年創設のパナソニック社は,現在15,000を超える製品（AV,家庭用電化製品他）をグローバルに製造販売している。2005年にERM活動を始めているが,その背景には次の4つの要因があった。

(ERMスタートの背景)

第1は同社の米国法人がニューヨーク証券取引所に上場している関係上,企業改革法の要件を遵守する必要があり,全社共通の評価基準による一元的なリスク評価アプローチの採用が不可欠となった点である。

第2は2005年に起きた同社製品の品質問題や情報セキュリティ事故の頻発であった。そのため2006年には9人の取締役から構成されるグローバル＆グループ（G&G）RM委員会を設立し,新たなRM体制による企業行動のモニタリングに乗り出した点である。

第3は創業者松下幸之助の経営哲学すなわち「企業は社会の公器であり,事業活動を通じて社会に貢献することを使命とする」の実践には,効果的なERMプログラムの導入・推進が必要と同社が判断したからである。

第4は挑戦的な事業目標である収益率10％,販売額10兆円の達成のため,リスク負担能力を高める必要があった点である。

このように,法規制による企業の内部統制強化,品質問題や情報漏洩リスクへの対応,企業理念の推進,事業目標への貢献などが同社のERM推進理由である。

(ERMの概要)

まず,同社のリスク定義については,「リスク」を「事業計画達成を阻害する要因」と「社会の期待値と企業実態とのギャップ」と定義している。つまり,伝統的なリスク定義である損失の可能性から,企業目標との関連が前面に出ている。

こうした定義により,RMを「事業を成功に導く"経営の手段"である」と位置づけた。具体的には,「戦略の阻害要因に対応し,実現する」「環境の変化か

ら生ずるリスク（変動要因）へ対応する」「リスクの背後の構造的なリスクと根本原因を明らかにし，手を打つ」という3つの戦略を立てており，戦略リスクのマネジメント的思考が出ているといえる。

組織的対応としては，2006年にG&GRM委員会を立ち上げ，39の事業部門すべてでRM委員会を設立，これら委員会を通じ，パナソニックグループが構築しているグローバルかつグループ横断的に対応できるRM活動を実施し，半期ごとの事業計画策定と連動させて，事業部門と本部職能部門が定期的にリスク評価を実施し，事業活動を阻害するリスクの発見，影響度合いの評価を行い，事前対策の検討・実施によりリスクの回避，または損害の最小化を図っている。

リスクがもたらす財務的影響の大きさおよびその発生可能性については，図表1－7にあるように3段階のレベルに分けている。

ERMと事業計画との結び付きを，次のような対応で明確にしている。①39のドメイン本社は各部門からリスク情報の収集と分析を行い，12月までにリスク評価結果を本社に報告，②毎年3月に事業計画検討会でリスク対応策を検討する。

同社はERMアプローチに対し，下記のような利点を期待している。①実行上の障害を取り除くことで，中期計画や事業計画の信頼性を高め，企業戦略と

図表1－7　リスクが財務に与える影響と発生頻度（パナソニック社）

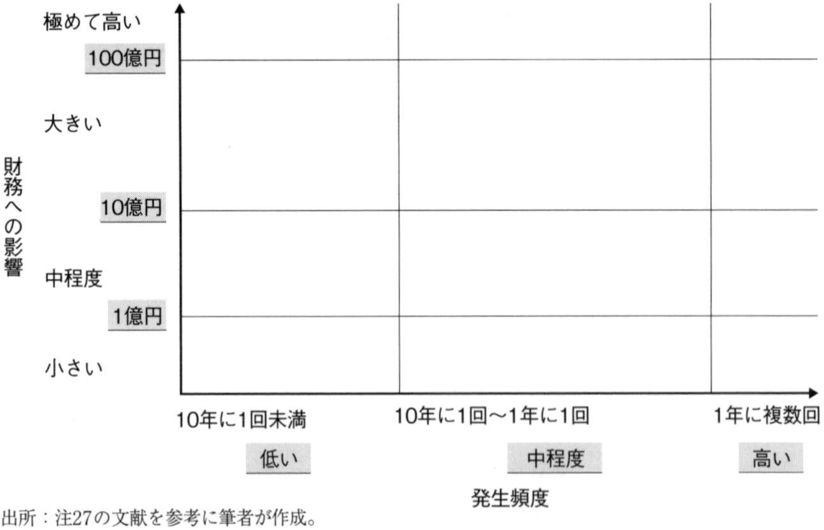

財務への影響

- 極めて高い　100億円
- 大きい
- 中程度　10億円
- 中程度　1億円
- 小さい

発生頻度
- 10年に1回未満　低い
- 10年に1回～1年に1回　中程度
- 1年に複数回　高い

出所：注27の文献を参考に筆者が作成。

アクションプランをより確実に実現できる。②ERMにより，同社に不利益となる想定外の出来事または状況が回避され，それにより潜在的損失が軽減される。③事業環境の変化により生じる新しいリスクに対応できるようになる。④ERMの効果的利用により，よりストレッチした高い目標や成長戦略への挑戦を可能にする。

こうしたERMへの期待がどの程度実現されているかについては，現時点では立証されていないが，ERMのRM思考はマイナスリスクの最小化とチャンスリスクの実現というリスク最適化を目指すものであることは間違いがない。

4-4　ERMの課題

ERMは企業価値の源泉とリスクの関係について関連づけようとしている点，例えば戦略リスクはもとより，知的資産，評判，暖簾などの無形リスクについてもその検討範囲をひろげるとともに，企業行動事態をリスク負担行動と捉えリスクとリターンの最適化を目指す中でRMの役割を位置づけようとしている点は評価できる。

ただし，ERMを企業のRMの中に組み込み，利用可能性の高いものにするにはいくつかの困難が伴う。1つは企業価値の源泉になる重大なリスクの多くが無形リスクであり，それらをどう統合化および計量化するかというリスク測定上の技術的問題がある。

2つ目はそれが可能となったとしても，果たしてRMに要したコストと企業価値との関連において，ERMを利用するだけの経済的合理性（根拠）があるのかどうか，いまひとつ定かでない。日本企業では，一部の企業がそうしたERMを用いているといわれるが，ホームページ等でそれらの内容をみても，多様なリスクのリストアップはなされているが，その管理においてRMコストとRM効果（企業価値向上）との関係まで深く入った分析が見当たらない。

企業にとり，ERMに相当の魅力があるならばいち早くそれを採り入れるべきであろうが，企業のRMの現状はそうではなく，リスク評価，リスク対応などの面において，企業がERM的な対応をしていると標榜していても前述のERMの効果などに関し明確ではない。

ただ，今後，企業の利害関係者への説明責任はこれまで以上に高まり，それ

と同時にRMの効果も問われる。企業統治，経営管理，RMの効果的なコラボレーションが求められていくことは間違いがない。そういう意味で，ERMに関する議論や検討は意味があり，特に企業不祥事の根本原因である企業体質や企業文化を適正な方向に変化させるという視点からみて有意義な議論であり，1つの考え方を示すRM形態であろう。

5 現代的RM—その2: 無形価値重視型RM[28]

前述のERMが志向するRMの特徴の1つが企業目標に貢献するRMであった。主要な企業目標の1つが企業価値の増大とすれば，企業価値を構成する諸要因，とりわけ無形価値に的を絞り，それに関わるリスクの最適化を図るRMが重視されなければならない。

5-1　企業価値の中で重要な無形資産価値

企業価値の分類は論者によりやや見解の違いがある。例えば，伊丹，軽部（2004）の研究では，伊丹が無形資産を次のように情報の流れの視点から3つに分けている[29]。①環境情報（技術・生産ノウハウ，顧客情報の蓄積他），②企業情報（ブランド，信用，流通への影響力他），③内部情報処理特性（組織風土，現場のモラル，経営管理能力他）。

一方，KaplanとNorton（2004）は無形資産という用語を知的資産と同義で使い，この無形資産を①人的資本（スキル，訓練，知識），②情報資本（システム，データベース，ネットワーク），③組織資本（組織文化，リーダーシップ，チームワーク，戦略への方向づけ）の3つに分けている[30]。

また吉田，坂上他（2006）では，知的資産を①人的資本（ノウハウ，教育，知識，資格，やる気他），②顧客（関係）資本（ブランド，顧客，提携他），③組織（構造）資本（知的財産＝特許権，意匠権，著作権，商標他とインフラ資産＝企業文化，経営理念，経営プロセス他）の3つに分けている[31]。

こうした無形資産や知的資産の定義面における見解の違いはあるとしても，

論者に共通しているのは無形資産がCVの多くを生じさせる源泉であるという点である。言い換えれば企業経営における競争の源泉がかつての土地，工場，機械・設備といった有形なものから，無形の知的資産をベースにしたものにシフトしたという点である。

　この点を通商白書（2004）でみると，米国の場合，1978年から1998年の20年間においてCVに占める無形資産の割合が17％から69％に増大している。日本の場合，製造業104社に絞ってみると，2003年3月時点における無形資産の全体に占める割合は59.9％であり，米国に比べ低いものの，約6割が無形資産である[32]。

　また4つの産業分野（医薬品，通信・ゲーム，電機，自動車）に属する8つの代表的な企業において，投資総額に占める無形資産関連の投資総額（研究開発費と広告宣伝費）と有形資産関連の投資総額（設備投資）との割合を単独決算ベースでみると，これらの企業において無形資産関連の投資総額は，投資総額の65.7〜88.3％とほぼ投資総額の3分の2を上回っている状況となっている[33]。このように個別企業の投資行動からみても，我が国でも無形資産の価値が有形資産の価値よりも非常に重要になってきていることがわかる。

5-2　無形資産価値の中でも，何がより重要な資産なのか

　無形資産の中でも，何がより重要な資産なのかについて，上田は経済同友会の調査結果を参考に，CVを著しく減損させる要因の上位2つ，すなわち第1位の「経営者のコンプライアンスに関する意識やリーダーシップの欠如等の経営者に関わる要因」（68.9％），第2位の「暗に不正を助長するような風土，営利・業績第一主義等の企業風土，企業文化に関わる要因」（56.2％）[34]に注目している。

　このように企業不祥事の原因からCVにマイナス影響を与える重要な要因をみていくと，企業の無形資産の中で最も重要な資産は企業風土，企業トップと現場のモラル，経営管理能力などの知的資産ということがわかる。こうした知的資産を伊丹は内部情報処理特性といい[35]，KaplanとNorton（2004）は組織文化，リーダーシップなどの組織資本といっているが[36]，これらに関わる不確実性を適切に最適化することにより，こうした要因のCVに与えるプラスの影響も大き

図表1-8 新COSO（2004年）の内部環境の構成要素

1. リスクマネジメント観	戦略策定・実行，日常の行動に影響を及ぼすリスクの捉え方，対応の仕方に関する共有化された信念と姿勢
2. リスク許容限度	許容可能なリスクレベル
3. リスクへの態度（文化）	リスクの捉え方，検討に影響を及ぼす態度，価値，慣行
4. 取締役会における監督	取締役会は，企業の全社的RMについて，経営者と話し合い，監視する
5. 経営者の誠実性や倫理観	内部環境の主要な要素であり，他のCOSO要素の設計，運用，モニタリングに影響を与える
6. 適切な組織構造	権限と責任の定義と付与，適切な報告ラインを含む
7. 人的資源に関する基準	誠実性，倫理的行動，専門的能力についての期待水準

出所：注9の文献を参考に筆者が作成。

いものとなる。

　ここに現代的RMの新たな視点として無形リスク，すなわち具体的には，企業（組織）文化，企業トップや現場の倫理観，経営管理能力，リーダーシップなどに関わる不確実性に焦点をあてたRMが登場することになる。

　こうした無形リスクは，2004年のCOSO ERMにおける内部統制のアプローチからいえば，内部統制を構成する8要素（内部環境，目的の設定（企業使命との連動），リスクか機会かの識別，リスク評価，リスク対応，統制方針，手続の設定，コミュニケーション，モニタリング）のうち，その土台となる内部環境（7要素からなる）にあたる。図表1-8はその内部環境要素の詳細を示したものである。

　企業不祥事の主要原因の分析からみても，その土台である7つの要素からなる内部環境自体に，とりわけ経営者の誠実性や倫理観に問題があれば，健全で適正な企業行動は生まれない。言い換えれば，経営者の誠実性や倫理観に問題があれば，他の内部統制構成要素や他の知的資産経営が機能しえないということである。図表1-8の7要素のうち，1，2，3，5，7などの諸要素は企業文化や人の誠実性，倫理観に関わる問題である。

　ただここで重要になるのは，健全な内部環境とりわけ企業文化や倫理観がただちにCV向上には結び付かない点を忘れてはならない。KaplanとNortonもいうように，企業文化を含む知的資産は戦略に沿っていなければ価値がない。[37)]言い換えれば，企業文化と戦略の適合，連動がCV向上のキーとなる要素であ

るが、ここではこの点を検証するのに適している日本の事例を取り上げ検討してみよう[38]。

（1）すき家と吉野家の事例—適切で、健全な企業文化と戦略とによりCVに著しい差が出た事例

　この事例は日本の牛丼業界の事例である。これまで米国牛に依存していた牛丼業界にとって、米国牛のBSE感染発覚により日本政府がとった米国産牛肉の輸入禁止措置（2003年12月）はCVにマイナスの影響を与える大きな出来事であった。この外部環境変化後、2社すなわち、それまでトップを走っていた吉野家とすき家の次のような経営対応の違いがここ数年間の2社の利益に大きな違いを生じさせた。

〈吉野家の対応〉

　輸入禁止措置1か月後の2004年1月から、吉野家は豚丼、焼鳥丼の新メニューを導入したが、売上は芳しいものではなかった。2004年2月に在庫の米国牛による牛丼の販売を中止した。米国牛にこだわる同社は、2006年7月の日本政府による米国牛輸入再開決定時期まで、牛丼の販売を中止した。

〈すき家の対応〉

　2004年2月の牛丼販売中止後、同社は同年9月には100％安全保証のできな

図表1-9　米国牛、BSE感染発覚後の両社の対応

2003年12月 米国産牛肉の輸入禁止	吉野家	すき家
2004年1月	豚丼、焼鳥丼の新メニューの導入	
2004年2月	在庫による米国牛牛丼の販売を中止	在庫による米国牛牛丼の販売を中止
2004年9月		オーストラリア産牛肉に切り替え、オーストラリア産牛丼の販売を開始
2006年7月： 政府の米国産輸入再開	米国牛による販売再開	オーストラリア産牛丼の使用を継続

図表1−10　すき家と吉野家の経常利益のその後の動向

年	すき家	吉野家
2003年	2,523	15,267
2004年	1,740	12,452
2005年	1,395	−1,264
2006年	5,629	1,889
2007年	8,195	3,433

（単位／百万円）

出所：2社のホームページより作成。

い米国産牛肉から，オーストラリア産牛肉への切り替えを終え，牛丼の販売を再開した。2006年7月の政府の米国産牛肉輸入再開以降も，安全性を確認できない限りオーストラリア産牛肉の使用を継続するとしている。

　こうした対応の中での，2社の2003年から2007年までの経常利益および株価動向は図表1−10，図表1−11の通りである。

　2社とも米国牛輸入禁止という同じ規制変化に直面する中で，2社の経営対応の違いにより2005年以降，経常利益，株価に大きな変化が生じ，すき家は，これまでこの分野で圧倒的優位にあった吉野家を逆転し，ピンチをチャンスに変えた戦略を成功させている。

　すき家のこの逆転を可能にした経営意思決定の背景には，1982年開業以来の同社のビジョンである「食の安全という基盤を守りながら，フード業世界一を目指す」があるといえる。同社は広報委員会，技術委員会，法規委員会の3つの委員会から構成される食品安全追及本部を設け，米国産牛肉の輸入から，オーストラリア産牛肉の輸入のため内部の業務プロセスを変更している。こうした意思決定の背景には，業務プロセスの変更に伴うコストよりも食の安全性を最優先させる企業文化・企業風土がすき家にあったからだといえよう。

第1章　ビジネス・リスクマネジメントの進展

図表1-11　すき家と吉野家の株価動向

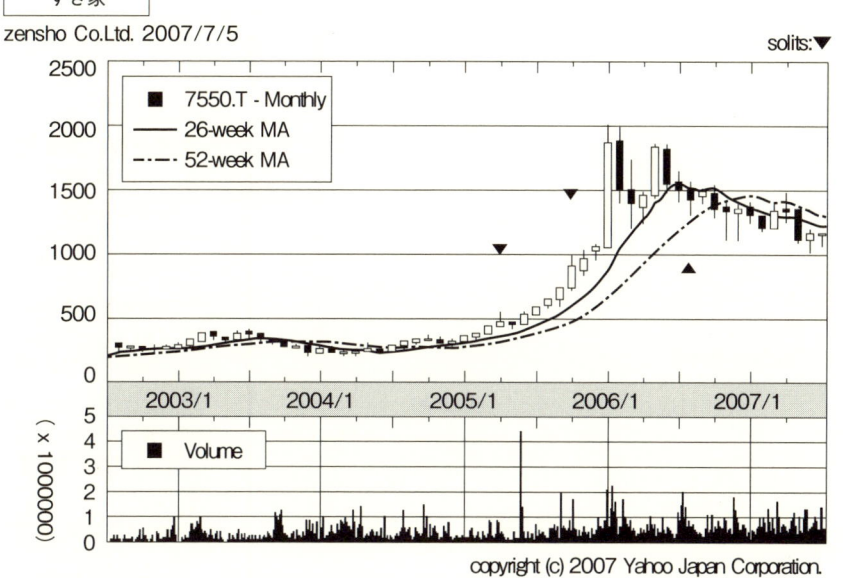

すき家

zensho Co.Ltd. 2007/7/5

吉野家

YOSHINOYA D&C Co.LTD.　2007/7/5

出所：Yahoo! Japanのファイナンスより引用。

図表1−12 無形資産リスクをベースにした企業価値向上のための戦略的アプローチ

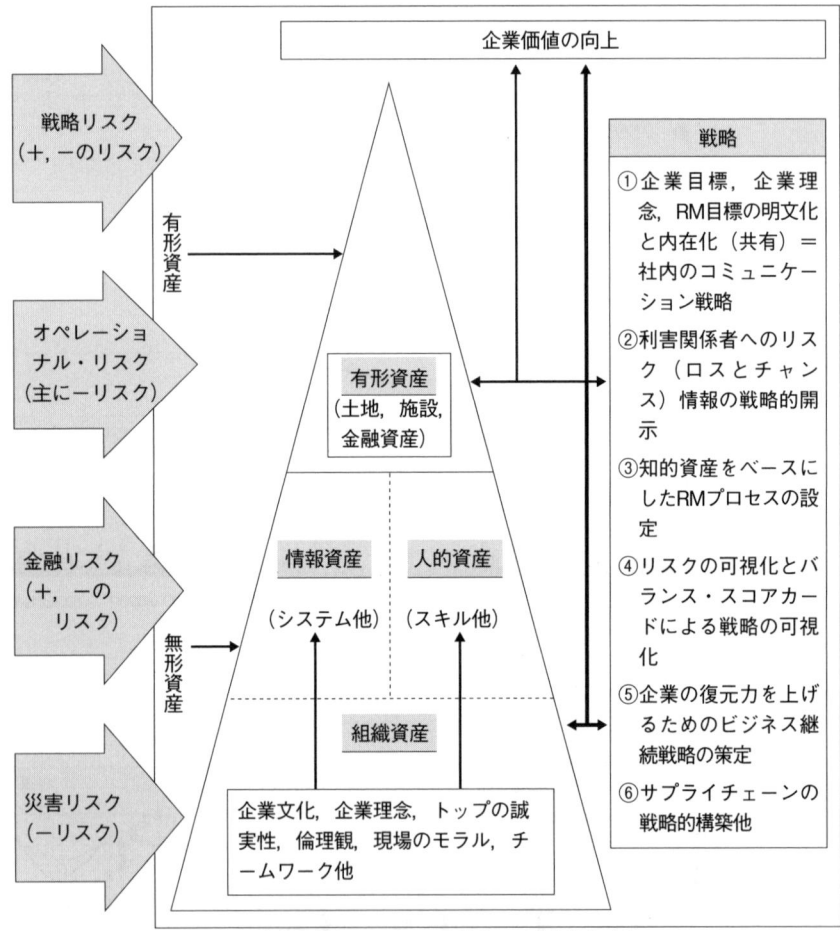

戦略リスク
(＋,－のリスク)

オペレーショナル・リスク
(主に－リスク)

金融リスク
(＋,－のリスク)

災害リスク
(－リスク)

有形資産

無形資産

企業価値の向上

有形資産
(土地, 施設, 金融資産)

情報資産
(システム他)

人的資産
(スキル他)

組織資産

企業文化, 企業理念, トップの誠実性, 倫理観, 現場のモラル, チームワーク他

戦略

①企業目標, 企業理念, RM目標の明文化と内在化(共有)＝社内のコミュニケーション戦略

②利害関係者へのリスク(ロスとチャンス)情報の戦略的開示

③知的資産をベースにしたRMプロセスの設定

④リスクの可視化とバランス・スコアカードによる戦略の可視化

⑤企業の復元力を上げるためのビジネス継続戦略の策定

⑥サプライチェーンの戦略的構築他

注：1. ＋リスクはチャンスの不確実性を，－リスクは損失の不確実性を示す。
　　2. 企業にとり重大なリスクは①戦略リスク②オペレーショナル・リスク③金融リスク④災害リスクの順番である。
出所：上田和勇(2008)「組織資産のリスクマネジメントによる企業価値最適化」『専修ビジネス・レビュー』Vol.3, No.1, 専修大学商学研究所, pp.1-15。

さらに同社の中長期的経営戦略として，以下のものがある[39]。①マス・マーチャンダイジング・システム（メニューの開発から食材の調達，製造・加工，物流，販売にいたる全過程をコントロールする一貫体制）の進化，②出店およびM&Aによる成長戦略，③ブランドの進化，④食の安全性の追及。すき家は，

BSE感染による牛肉の輸入禁止（原材料の調達不能）という危機に際し，これまでの食の安全の最優先という企業文化を再確認し，それと上記戦略とを連動させてCV向上に結び付けることに成功した企業である。RMの視点では，無形資産とりわけ適切な企業文化や企業風土をいかに醸成し，それをいかに戦略と結び付けるかが重要なポイントであろう。

この事例はすき家のサプライチェーンにおける戦略的RMの成功例と捉えることもできるが，その源には同社の適切な企業文化があり，それが環境変化に対しても揺らぎのない企業行動を可能にさせた点を見逃してはならない。

図表1-12は，筆者の無形資産をベースにした企業価値向上のための戦略的アプローチのフレームワークを示したものである[40]。すき家の事例は図表1-12の戦略の⑥サプライチェーンの戦略的構築にあたるが，今後，こうしたフレームワークの中で他の事例に関しても検討を深めていきたい。

組織資産のもう1つの重要な要因である，企業トップの倫理観や誠実性に関わるRMつまり企業倫理リスクのマネジメントについては，稿を改め，別の機会に検討することにしたい。

6 おわりに

RMの概念そして事例を中心に，その先駆的形態から現代的形態にいたるまでの変遷に関する分析の結果，概ね下記のことが結論としていえよう。

（1）19世紀末のアンリ・ファヨールのRMは，リスクコントロールを中心とするものとはいえ，RMを全般管理として位置づけていた点，RMの基礎部分に，現代でいうところの内部統制とりわけ現代企業において最も重視されるべき内部環境にあたる「経営体制の引き締め」，「全社的な規律と秩序の確立」を設定していた点などは，時代を超えて今も重要な視点である。また彼は，内部統制の目的を，「各部門と全体としての企業の優れた経営に貢献すること」としており，21世紀のCOSO ERMにおける内部統制の目的の1つである「戦略の貢献」とも見事に一致している。彼の先見の明にただ脱帽するのみである。

（2）20世紀前半以降，米国を中心に保険管理型のRMが進む。その本質は保

険可能なリスクを中心とした，効果的な保険の付保の在り方の域を超えるものではなかった。さらに保険化できない重大なリスクが企業経営に大きなインパクトを及ぼす状況が多発化するにつれ，その限界は明らかとなっていった。

（3）20世紀中葉から後半にかけて，日本の亀井利明名誉教授により，ビジネスRMの形態，概念等に関する体系化が行われ，経営管理型，経営戦略型，そして戦略リスク・マネジメントの概念が示された。特に，戦略リスク・マネジメントの概念は20世紀末から21世紀にかけて出てきた現代的なRM思考の先駆けとなる研究であろう。

（4）20世紀末頃から21世紀にかけては，企業の不祥事の続発とそれに伴う経営破綻の続出が引き金となって，企業経営をめぐって企業統治，内部統制，そして危機管理やRMの概念，その在り方に関する新たな視点の提案や模索がなされた時代であるといえよう。RMに関しては，ERMがその代表であろう。本文でも指摘したようにERMの特徴は，企業目標とリスク負担の在り方，チャンスリスクのマネジメントの在り方，企業価値とリスクポートフォリオの関係，企業価値と重大リスクの関係，横断的RMなどの面でこれまでにない斬新な指摘をしているようにみえるが，これも本文で指摘したように，実践レベルでERMと企業価値との関係に関して本格的検証にいたっているとはいえない。

（5）ERM以外の現代的RMで，もう1つ注目すべきは，企業価値特に無形資産，その中でも企業理念，企業文化，企業の誠実性や倫理観などの組織資産に注目し，それに関わるRMを戦略と連動させるアプローチである。本稿ではその研究の一部が事例で検討されたが，RMに関するこうしたアプローチは今後，好ましい企業文化の醸成，効果的な倫理リスクのマネジメントの在り方という視点からさらに研究されていくであろう。

［注記］
1）亀井利明（1997）『危機管理とリスクマネジメント』同文舘出版，第1章；田辺和俊（2005）『ゼロから学ぶリスク論』日本評論社，第6章参照。
2）亀井利明監修，上田和勇，亀井克之編著（2006）『基本リスクマネジメント用語辞典』同文舘出版，亀井克之執筆，p.105。
3）この分析の多くは，佐々木恒男（1984）『アンリ・ファヨール―その人と経営戦略，そして

経営の理論』文眞堂を参考にしている。
4） ただし、1900年代に入ると、同社は事故の犠牲者に対する労災補償、退職年金の整備、社宅の供与、従業員の子弟への教育の援助をフリンジ・ベネフィットの一環として行っている。同上、p.232。
5） 亀井利明（1997）前掲書、p.11。
6） Henri Fayol, *Administration industrielle et generale*, Dunod. アンリ・ファヨール著、佐々木恒男訳『産業ならびに一般の管理』p.109。
7） 亀井克之（2005）『経営者とリスクテーキング』関西大学出版部、p.40。
8） 同上、p.40。
9） The Committee of Sponsoring Organizations of the Treadway Commission (2004), *Enterprise Risk Management: Integrated Framework*. 八田進二監訳、中央青山監査法人訳（2006）『全社的リスクマネジメント―フレームワーク編』東洋経済新報社、p.35。
10） 亀井克之（2005）前掲書、p.40。
11） 田辺（2005）前掲書、p.70
12） 亀井利明（1997）前掲書、p.4。
13） Mehr & Hedges (1963), *Risk Management in Business Enterprise*, Irwin, preface, viii.
14） Mark Greene (1962), *Risk and Insurane*, South Western Pulishing, p.67.
15） Mark Greene and O. N. Serbein (1978), *Risk Management : Text and Cases*, p.3.
16） 亀井利明（1978）『危険と安定の周辺　リスクマネジメントと経営管理』同朋社、p.87。
17） 亀井克之（2005）前掲書、p.40。
18） 亀井利明（1984）『危険管理論―企業危険とリスクマネジメントの理論』中央経済社、p.130。
19） 同上、p.129。
20） 亀井利明（2004）『リスクマネジメント総論』同文舘出版、p.71。
21） 同上、p.71。
22） 同上、p.72。
23） James W. Deloach (2000), *Enterprise-wide Risk Management：Strategies for linking risk and opportunity*, Financial Times p.5.
24） 注9に同じ：八田監訳（2006）前掲訳書、p.5。
25） Erick Banks (2004), *Alternative Risk Transfer*, John Wiley & Sons. エリック・バンクス著、小野雅博監訳（2007）『企業リスク・マネジメント入門』シグマベイスキャピタル、p.314。
26） 同上、p.314。
27） この事例はPROTIVITI（2008）「エンタプライズ・リスクマネジメントの実践」pp.20-21を参考にしている。
28） この分析は主に上田和勇（2008）「組織資産のリスクマネジメントによる企業価値最適化」『専修ビジネス・レビュー』Vol.3, No.1, 専修大学商学研究所、pp.1-15 による。
29） 伊丹敬之、軽部大編著（2004）『見えざる資産の戦略と論理』、日本経済新聞社、p.21。伊丹は同書で3つの無形資産の定義づけを次のように行っている。環境情報＝環境に関する情報の企業内の蓄積量およびその取り入れチャネルの容量、企業情報＝企業に関する情報の企

業内の蓄積量およびその供給チャネルの容量，内部情報処理特性＝企業内部での情報処理のパターンの蓄積と処理能力（同書，p.21）。
30) Robert S. Kaplan and David. P. Norton (2004), "Measuring the Strategic Readiness of Intangible Assets," *Harvard Business Review*, February, pp.52-63.
31) 吉田博文，坂上信一郎，中尾　宏，藤原誉康（2006）『知的資産経営』同文舘出版，p.2。
32) 経済産業省（2004）『通商白書　2004』pp.60-61。
33) 同上，p.61。
34) 経済同友会（2006）「企業のCSRに関する経営者意識調査」p.3。
35) 伊丹，軽部（2004）前掲書，p.22。
36) Robert S. Kaplan and David P. Norton (2004), *Strategy Maps*, Harvard Business School Press. ロバート・キャプラン，デヴィッド・ノートン著，櫻井通晴，伊藤和憲，長谷川恵一監訳（2005）『戦略マップ』ランダムハウス講談社，p.262。
37) 同上，pp.250-260。
38) ２つのケースは大学院で取り上げた事例であり，大学院生との活発な論議の中で整理された点を付け加えておく。
39) すき家のホームページの，2007年３月期決算短信p.5参照。
40) 上田（2008）前掲論文，p.14。

第2章 企業戦略とアラインメントの事例研究
―ポートフォリオ,シナジー,アネルギー―

はじめに

　グローバリゼーションが進展したために,グローバル競争およびそれに対応するグループ全社にまたがる戦略が問われるようになってきた。また,わが国にとっては1999年から連結経営時代が到来したことや,純粋持株会社制度が認められるようになり,企業戦略が重要になってきた。管理会計としても,こうした企業戦略への役立ちを研究しなければならない。

　企業戦略とは全社的に最適な資源配分を行うことである。その1つのアプローチが,リスクとリターンをバランスするという製品事業のポートフォリオ・マネジメントである。もう1つのアプローチは,全社にわたる戦略の整合性を図るための組織間のシナジーの創造を図ることである。シナジーを通じて全社的な価値創造を行うことと言い換えることもできる。ところが,企業戦略として全社的な価値を創造するだけでなく,全社的な価値毀損を抑えることも重要である。全社的な価値毀損を抑制するためには,アネルギーの抑制を企業戦略として策定する必要がある(伊藤,2007a)。

　企業戦略としてのアネルギーの抑制の課題は,ビジネス・リスクからコンプライアンスや情報リスク,環境経営,シナジー・コストといったものにまで広がっている。本章では,このような多様なアネルギーの抑制に対処する企業戦略のあり方を検討するものである。

　本章は,企業戦略としてアラインメントをいかに取るべきかについて,事例を中心に検討する。あわせて,アラインメントとしてポートフォリオ・マネジメントだけでなく,シナジーの創造とアネルギーの抑制を行うというアライン

メントについても検討する。第1節では，なぜアラインメントを取る必要があるのかについて先行研究を整理する。第2節では，企業戦略の役割として，資源配分ではなく，アラインメントを取るという本社の役割に注目して，シナジーの創造とアネルギーの抑制の意義を明らかにする。第3節では，企業戦略としてポートフォリオ・マネジメントを事例紹介する。第4節では，アラインメントを取るための企業事例について明らかにする。第5節では，ポートフォリオ・マネジメントと，シナジーの創造およびアネルギーの抑制という2つのアラインメントを検討し，最後に本章をまとめる。

1 企業戦略とアラインメント

　企業価値を創造する企業戦略は，2つのアプローチで達成することができる。1つのアプローチは，事業を独立にとらえて，無関連事業を全社的に最適な資源配分を考慮しようとするポートフォリオ・マネジメントである。もう1つは，事業もしくは組織間の関連性を重視して，組織間のシナジーを創造しようとする組織間アラインメントの構築である。
　ポートフォリオ・マネジメントの主張は，買収と事業分割を行って積極的に事業ポートフォリオを調整することで，大きな株主価値を得るべきであるというものである。ドラニコフらによれば，積極的に買収と分割を行う理由は3つある（Dranikoff et al., pp.77-79）。第1に，本社にとっては，事業ポートフォリオを固定してしまうと，新規の高成長事業を創造する意欲が奪われてしまう。第2に，本社が事業部の価値を見出さないのにいつまでも手放さないと，事業部もしくは事業会社の期待を裏切るだけでなく，従業員の士気も下がってしまう。さらに第3は，事業分割のタイミングが悪いと逆にその事業の価値を落としてしまう。
　以上の3つの理由から，企業戦略として積極的に事業間のポートフォリオを検討すべきであるという。ポートフォリオ・マネジメントの前提として，事業にはライフサイクルがある。事業のライフサイクル上の位置によって事業リスクが異なるため，バランスを取って全社的に最適資源配分を行うべきであると

考慮することは説得力ある見解である。

　多角化企業史を研究したチャンドラーは，企業の論理を規模の経済と範囲の経済においた。その結果，規模の経済を図って大きくなった企業は，多角化をしないで特定産業にとどまってしまうと市場環境に適合しなくなり，淘汰されてしまう。だからといって非関連事業へ多角化していくと，規模の拡大によるデメリットを露呈するだけでメリットがない。チャンドラーは関連多角化を進めるべきであると指摘した（Chandler, 1990, p.138）。

　関連多角化を行うために，コリスとモンゴメリー（Collis & Montgomery, 1998, p.72）は，資源，事業，組織を独立した要素を適当に寄せ集めたものではなく，相互依存し合うように注意深く作らなければならないと指摘する。つまり，組織間でのシナジーの創造を生み出すようにしなければならない。シナジーの創造を追求する企業は多いが，実際にはなかなかシナジーを創造できない。ここにシナジーの創造を研究する意義があるという（Goold & Campbell, 1998, p.131）。

　シナジーを確実に創造するためには，シナジー創造のマネジメントプロセスとは何かを研究しなければならない。その１つの答えは，アイゼンハートとガルニック（Eisenhardt & Galunic, 2000, p.92）が提唱している共進化（coevolving）という生物学の概念である。アイゼンハートらのいう共進化とは，シナジーを創造する企業の経営者は，事業を超えて情報交換や資源共有したり，あるいは複数事業にまたがる戦略を展開すべきであるという。これを実現するためには，事業部間のコラボレーションのとり方を頻繁に変更する必要があるという。しかしアイゼンハートらは，具体的にどのような戦略的プロセスを構築すべきかについては明らかにしていない。

　キャプランとノートンは，シナジーの創造を組織間にまたがる戦略展開にあるとして，アラインメント（alignment）という概念を用いて明らかにしている。キャプランらによれば，本社はまずシナジーを創造できるように企業戦略と事業戦略との整合性を図り，次に事業部が個々の競争状況に対応しながらも全社レベルの戦略目標に貢献するように戦略を構築させる（Kaplan & Norton, 2006a, p.104）という。このようなアラインメントを構築することと，その構築度合いを評価するアラインメント評価を提案している。さらに，アラインメントがとれている企業の財務業績は高かったという調査結果による保証も付けて

いる（Kaplan & Norton, 2006a）。

2 アラインメントにおけるシナジーの創造とアネルギーの抑制

　企業戦略としてアラインメントを図るには，全社にわたってシナジーを創造することと，企業価値を毀損しないようにアネルギーを抑制することである。シナジーの創造によって，事業から生み出される企業価値を事業の単純合計以上にする必要がある。シナジーの創造とは全社レベルの価値創造であり，本社の企業戦略として重要な役割である。また，企業価値を大きく毀損させてしまう事象をマネジメントすることも企業戦略として重要である。

2-1　シナジー創造のアラインメント

　キャプランとノートンは，アラインメントをシナジー戦略と置き換えて，その管理の仕方を明らかにしている。事業会社のM&Aとして既存事業とのシナジーを創出するために事業会社へ投資するとき，これは財務の視点を中心としたシナジー戦略である。また，事業会社間でクロスセルできるような戦略テーマを創出することは，顧客の視点のシナジー戦略である。事業会社間で内部ビジネスプロセスを共有して，全社的に効率化が図れる戦略テーマを創出することは，内部の視点の戦略テーマである。さらに，共通のコア・コンピタンスを迅速に育成して内部プロセスのレディネスを高めることができるような戦略テーマを設定することは，学習と成長の視点のシナジー創出である。特定の視点だけでシナジーを創出するとは限らず，戦略マップ全体で事業会社間のシナジーを創出するようにアラインメントを紹介している。例えば，図表2-1のデュポン・エンジニアリングポリマーは，シナジー戦略をとれるようにアラインメントをうまく構築した例であるという。

　図表2-1では，縦に戦略テーマが並べられており，横にビジネスユニットとサポートユニットからなる組織が並んでいる。縦の戦略テーマとは全社的な戦略テーマのことであり，時間軸の異なる5つのテーマが設定されている。比

第2章 企業戦略とアラインメントの事例研究

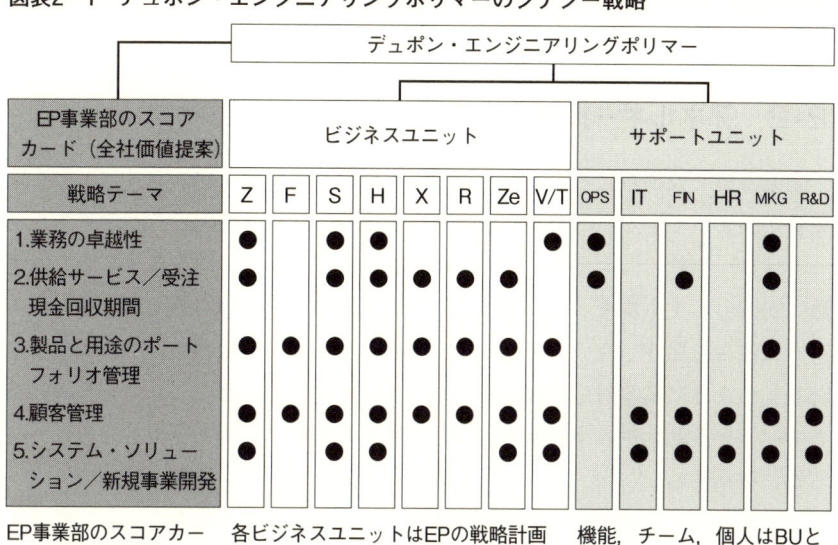

図表2-1 デュポン・エンジニアリングポリマーのシナジー戦略

		Z	F	S	H	X	R	Ze	V/T	OPS	IT	FIN	HR	MKG	R&D
EP事業部のスコアカード（全社価値提案）		ビジネスユニット								サポートユニット					
戦略テーマ															
1.業務の卓越性		●		●	●				●	●				●	
2.供給サービス／受注現金回収期間		●		●	●	●	●		●	●	●	●			
3.製品と用途のポートフォリオ管理		●		●		●		●						●	●
4.顧客管理		●	●								●	●	●	●	
5.システム・ソリューション／新規事業開発		●		●										●	●

EP事業部のスコアカードは全体の戦略上の優先事項を定義する

各ビジネスユニットはEPの戦略計画と一貫性を持って長期計画とBSCを作成する

機能，チーム，個人はBUとSUの戦略と一貫性を持ってスコアカードを作成する

出所：Kaplan (2001), p.3.

較的短期間のうちに企業価値が創造できる戦略テーマとして，業務の卓越性，供給サービス／受注現金回収期間，それに製品と用途のポートフォリオ管理を設定した。また，比較的長期にわたって企業価値が創造できる戦略テーマとして顧客管理を，かなり長期にならないと企業価値が創造できない戦略テーマとしてシステム・ソリューション／新規事業開発を設定した。

図表2-1の横に並ぶ組織は，ビジネスユニットとサポートユニットである。戦略テーマと組織との交点にいくつか丸印がついているが，この丸印のついたところで戦略マップを策定し，BSCによって戦略の実行を管理する。例えば，ビジネスユニットZは，5つの戦略テーマすべてに関わる戦略マップを策定し，BSCで実行を管理している。戦略テーマの卓越した業務をみると，ビジネスユニットはZ，S，H，V/Tが関わり，サポートユニットは業務とマーケティングが関わっていることが理解できる。

すべてのビジネスユニットが5つすべての戦略テーマに貢献することを期待されているわけではない。ビジネスユニットが個別の戦略マップとBSCを構築するとき，全社レベルの戦略テーマにどのように貢献し，組織横断的なシナ

ジーを創出するか，他の組織とどのように協働すべきかがわかる。

2-2 アネルギー抑制のアラインメント

　企業価値を毀損させるような全社的に影響が及ぶ要因をマネジメントする重要性が高まっている。このような企業価値を毀損させる要因のことをアネルギーと呼び，全社にわたるアネルギーの抑制を管理すべきであると提案した（伊藤，2007a）。アネルギーの抑制には，コンプライアンスや情報セキュリティのように法令を順守しないと企業の存亡にかかわるケースがある。また多くの内部統制のように業務対応に関わるアネルギーの抑制もある。これらを企業戦略とすべきか業務活動とすべきかについては，企業がアネルギーをどう考えているかに依存する。

　サイモンズによれば，事業戦略を実行するとき経営者の能力を大幅に低減させてしまうような予測不能な事象や状況を戦略リスク（strategic risk）と呼んでいる（Simons, 2000, p.255）。企業にとって重要なリスクは戦略として管理すべきだからである。すなわち企業価値を大幅に毀損させる可能性があるとき，これを戦略として管理すべきである。

　アネルギーの抑制には，事業戦略で扱うことができるケースと企業戦略で扱う必要があるケースとがある。環境に配慮した製品の開発などは事業戦略の中で対処すべきものである。一方，コンプライアンスや内部統制はまさに全社統一すべきもので，企業戦略として扱う必要がある。

3 ポートフォリオ・マネジメント

　企業戦略として，ポートフォリオ・マネジメントによる全社的資源配分を行っている企業がある。ポートフォリオ・マネジメントとしては，リスクとリターンの2パラメータによる証券投資の意思決定がマーコビッツ（Markowits, 1959）によって提案された。その後，事業投資としてボストンコンサルティングによって製品事業ポートフォリオ・マネジメント（product portfolio management; PPM）が考案された。

　本節では，企業戦略として，ポートフォリオ・マネジメントの3つのタイプを明らかにする。第1はリスクとリターンを1つの尺度で評価するもので，尺度タイプと呼称する。第2は，2パラメータによってバランスを図るもので，2パラメータ・タイプと呼称する。第3は，ポートフォリオを検討する組織を設定するもので，組織タイプと呼称する。

3-1　尺度タイプのポートフォリオ

　尺度タイプの事例は，住友商事のリスク・リターンである。住友商事では，全体最適の資源配分をするために，投資している事業会社の評価として興味深い尺度を開発した。リスク・アセットとリスク・リターンという評価尺度である（小室，2006）。リスク・アセットとは，資産のリスクにさらされている部分のことである。例えば，受取手形や売掛金であれば貸倒引当金のことである。棚卸資産であれば，簿価と売却可能額の差額である。このようにすべての資産ごとにリスク部分をリスク係数として算定して，これを資産ごとに乗じたものがリスク・アセットである。このリスク・アセットは，(1)式で求められる。

$$\text{リスク・アセット} = \Sigma j 資産 \times j 資産のリスク係数 \tag{1}$$

　ここでリスク係数とは，事業会社ごと資産ごとの損害を被る可能性を確率評価したものである。資産のリスク確率は過去の経験から商社ではデータベース化しており，ここが戦略的に重要な部分である。事業会社のリスク・アセットを測定すると，その事業会社にとっての資産の最大損失可能額が判明する。企業はこのリスク・アセットを減らす努力をする必要がある。

　他方，事業会社が永続して企業経営していくには，資産の最大損失可能額を自らの純資産で補填できなければならない。この純資産をリスク・バッファと呼称している。純資産は理論的には将来キャッシュフローの割引現在価値であり，株主時価総額とすべきである。ところが事業会社が上場していない場合には時価評価できず，また時価評価の時期は期末日か平均値かなど課題が多いため，純資産簿価を利用することもある。この純資産でリスクにさらされている資産の損失補填ができるかどうかを(2)で確認することができる。

$$\text{リスク・アセット} \leq \text{リスク・バッファ} \tag{2}$$

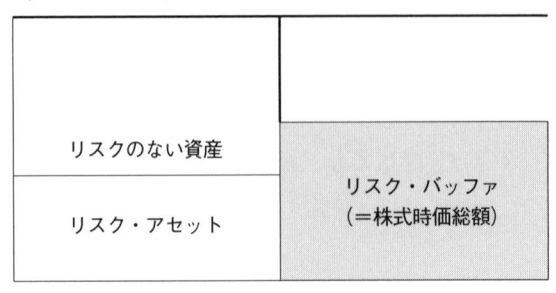

図表2-2　リスク・アセットとリスク・バッファ

```
┌─────────────────────┬─────────────────┐
│                     │                 │
│   リスクのない資産   │                 │
│                     │  リスク・バッファ │
├─────────────────────┤  （＝株式時価総額）│
│                     │                 │
│   リスク・アセット   │                 │
│                     │                 │
└─────────────────────┴─────────────────┘
```

　リスクに対する最大損失可能額をリスク・アセットとして測定したり，そのリスク・アセットを補填できるだけの将来キャッシュフローの割引現在価値が期待できるかというリスクマネジメントが，事業会社のマネジメントとして重要視されている。リスク・アセットとリスク・バッファの関係を図示すると，図表2-2となる。

　図表2-2より，ここでのリスクマネジメントは，倒産しないためにリスク・バランスを図ろうという考え方であることがわかる。リスク・バッファがリスク・アセットを超えればいいわけではなく，事業会社を横並び評価するには数値化しておくことが重要である。これがリスク・リターンの考え方である。

　リスク・リターンは(3)式で求めることができる。また，その判断は(4)式で行っている。

　　　リスク・リターン
　　　　　＝フリー・キャッシュフロー÷リスク・アセット　　　　　　　(3)

　(2)式を用いて，フリー・キャッシュフローをリスク・アセットとリスク・バッファで除すと(4)式となる。

　　　フリー・キャッシュフロー÷リスク・アセット
　　　　　≧フリー・キャッシュフロー÷リスク・バッファ　　　　　　　(4)

　(4)式の右辺，株式時価総額に対するフリー・キャッシュフローの割合は，一種の株主資本コストと解釈できる。住友商事は株主資本コストを，7.5％に設定している。この7.5％を用いて，(5)式のリスク・リターンの判断式が考えられた。

　　　リスク・リターン≧税引後株主資本コスト（7.5％）　　　　　　　(5)

(5)式から，リスク・リターンは，税引後株主資本コスト以上を確保しようという経営行動が導かれることになる。住友商事のリスクマネジメントは，リスク・リターンが資本コスト以下となる投資から撤退し，リスク・リターンが資本コスト以上になる投資案件へ資源配分することである。これが企業戦略としての最適資源配分である。

3-2　2パラメータ・タイプのポートフォリオ

ポートフォリオ・タイプの事例として，伊藤忠商事とキリンビールを紹介する。伊藤忠商事は，リスクとリターンという財務尺度の2パラメータによってポートフォリオ・マネジメントを行っている。キリンビールは，営業利益率と顧客満足度という財務尺度と非財務尺度の2パラメータによってポートフォリオ・マネジメントを行っている。

（1）財務尺度によるポートフォリオ

2つの財務尺度によってポートフォリオを組んでいる事例に伊藤忠商事がある。伊藤忠商事では他の商事会社と同様に，事業会社への投資を行うことが事業戦略である。事業会社への投資は，効率性と収益成長率というポートフォリオを考慮して資源配分を行っている（藤田，2008）。その結果である事業会社の評価では，住友商事が考案したリスク・リターンとROAとの2つの尺度で事業会社を評価している。

同社の事業会社評価は以下のようになる。第1に，リスク・リターンが資本コスト以下の事業会社に投資することは許されない。第2に，ROAは全社的な資産効率を評価する数値であり，グループ全体として目標値以下にしないという企業目標の表明である。リスク・リターンもROAも目標値を超える事業が望ましく，そのような投資行動が求められる。つまり，少なくとも両者の尺度が目標以下となった事業会社からは撤退して，その資源をどちらの目標も超えることが期待される事業会社に投資する。このようなポートフォリオ・マネジメントを行うために，図表2－3のような図を作成して管理している。

図表2－3に示すように，リスク・リターンが8％以下かつROAが2％以下となる事業会社への投資を中止して，リスク・リターンが8％以上かつROA

図表2-3　伊藤忠商事のポートフォリオ・マネジメント

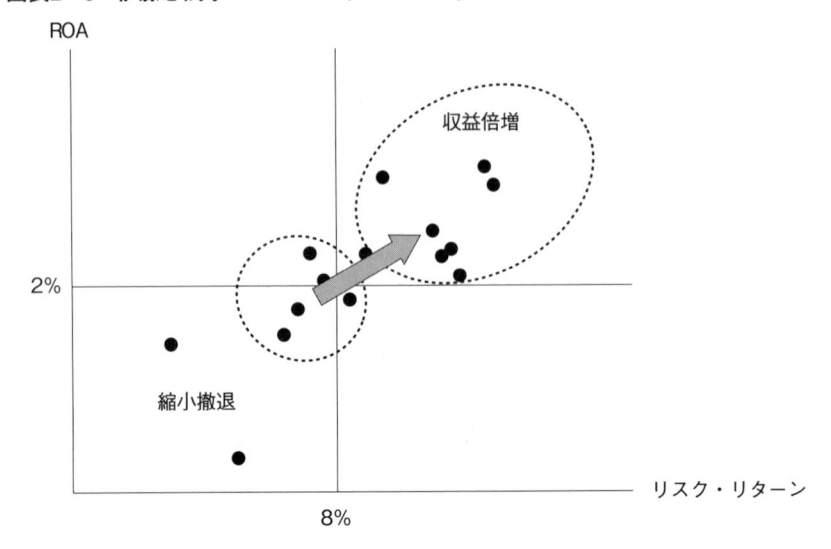

が2％以上となる事業会社への投資に資金を配分する。このようにして全体最適の資源配分が行われている。

　伊藤忠のポートフォリオ・マネジメントは，一方では倒産リスクへの補填可能性というリスク・リターンを考えながら，他方では，ROAによって企業価値創造を確保する。要するに，事業会社への投資に対して，ROAという財務尺度とリスク・リターンという非財務尺度のマトリックス表を用いて，最適資源配分を行うものである。

(2) 財務尺度と非財務尺度のポートフォリオ

　財務尺度と非財務尺度を用いたポートフォリオ・マネジメントを行っている企業としてキリンビール株式会社がある。キリンビールはBSCを導入している企業でもある。企業戦略としての戦略マップでは，財務の視点と顧客の視点は成果を示すものであり，内部プロセスの視点と学習と成長の視点をパフォーマンスドライバーと考え，これらのパフォーマンスドライバーを事業会社の事業戦略に期待している[1]。

　キリンビールでは，高齢化や若者の酒離れを背景に，2006年にKV2015という長期経営構想を策定した。これは，ビール至上主義を脱して，2015年までに

売上高を1.6兆円から3兆円へ，営業利益率を9％から10％以上へ，海外比率を売上が19％から30％以上へ，営業利益が27％から30％以上へという飛躍的な成長を計画するものである。この長期経営構想を実現するために，総合飲料グループ戦略の推進，国際化の推進，健康・機能性食品事業の構築という成長シナリオを策定した。これに従ってキリンホールディングスでは，現在，戦略企画部でM&Aを積極的に行っている。

事業会社の事業戦略としては，例えば中核事業である国内酒類事業では，お客様本位のマーケティングモデルの確立・高度化，ビール類No.1，RTD・焼酎・ワインの拡大，コスト競争力の強化，CSRの向上，それに組織風土の改革を基本的課題としている。これらの基本的課題は，BSCでは戦略テーマと呼んでいるものである。

キャプランとノートン（2004）は戦略テーマとして，業務の卓越性，顧客関係管理，イノベーション，規制と社会を設定すべきであると提案している。キリンビールの基本的課題を戦略テーマと関係づけると，お客様本位は顧客関係管理である。イノベーションは，ビール類No.1，RTD・焼酎・ワインの拡大である。コスト競争力の強化は業務の卓越性である。また，CSRの向上は規制と社会のテーマである。事業会社の基本的課題として戦略テーマを設定していることが理解できる。これらの戦略テーマがすべて実現されると，2015年の戦略目標が実現できるという構想である。

企業戦略の達成を評価するために，キリンビールでは事業会社がどの程度貢献したかを測定している。事業貢献度は，2パラメータであり，1つは利益貢献度，2つ目はブランド貢献度である。利益貢献度は営業利益率であるが，ブランド貢献度は顧客満足度調査を行っている。企業戦略の評価としては，利益貢献度とブランド貢献度からなるマトリックス表を使って，事業会社のポートフォリオ・マネジメントを行っている。

3-3 組織タイプのポートフォリオ

ポートフォリオ・マネジメントを行うには，リスクとリターンを考慮することは重要である。財務尺度と非財務尺度を考慮して資源配分しなければならない。どのようなポートフォリオを組むかが企業戦略として重要である。そのた

図表2-4　大規模投資の稟議プロセス

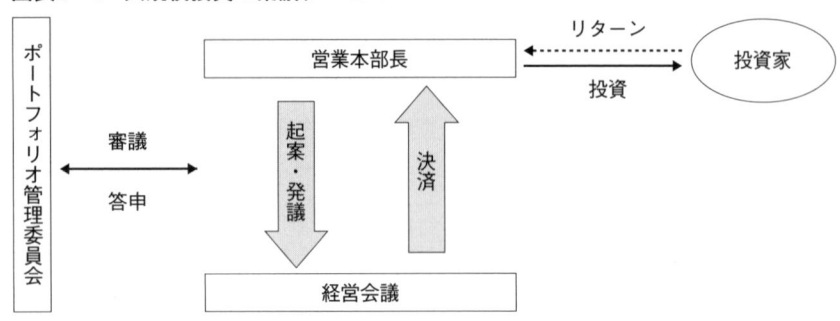

め多方面から全社的な資源配分を行うために，組織を設置することも行われている。そのような事例として三井物産のポートフォリオ管理委員会がある（伊藤, 2007b）。

　三井物産では，投資決定の稟議制度として，小規模投資は営業本部長権限，中規模投資は代表取締役権限であるが，大規模投資については経営会議決定となっている。その経営会議への投資提案を答申するのがポートフォリオ管理委員会である。このような大規模投資の稟議プロセスを図表2-4に示す。

　図表2-4のように，経営会議での議論と決定に先立ち，諮問機関であるポートフォリオ管理委員会が，全社的な観点からのリスクや投資意義について審議し，答申を行う。

　ポートフォリオ管理委員会とは，全社ポートフォリオ戦略の提案，投融資計画の策定，全社ポートフォリオのモニタリング，重要案件の個別審査などを行うために2006年4月に新設された委員会である。それまでは投資委員会という名称だったが，全社経営戦略の一環として新設された委員会である。その設置目的は4つある。第1は，事業ポートフォリオを構築し組み換えて経営資源（人・資金）の最適配分を行うことである。第2は，新規投資の評価基準や管理基準を精緻化することである。第3は，既存投資の見直しとリサイクル，すなわち戦略的な撤退を行うことである。第4は，全社的な人材の傾斜配分と社内流動化によって，集中と選択を行うことである。

　ポートフォリオ管理委員会の構成メンバーは，委員長が専務（営業ユニット担当），副委員長が副社長（CFO），その他の委員としてはコーポレートスタッフ部門担当と経営企画管掌の専務，それに営業本部長2名とコーポレートスタ

ッフ部門の部長5名からなる計10名で構成されている。通常は事業ポートフォリオの管理委員会であるが，それに絡んで人材ポートフォリオ施策を検討するときは，さらにコーポレートスタッフ部門担当と人事総務管掌の専務も加わる。

三井物産では，価値創造ポートフォリオ経営を掲げており，全社戦略として経営資源の最適配分が本質的に重要な課題であると考えている。ポートフォリオ管理委員会でも，収益性やキャッシュフローといった財務指標だけでなく，戦略性・保有意義・パートナーとの関係なども考慮に入れながら投資案件の審議を行っている。また，総合力への戦略的取組と機能の強化を経営重点施策の1つとして掲げており，シナジーを図る必要のある重点分野については部門横断タスクフォースによる事業領域別協議会なども設置している。

ところで，三井物産の投資評価は，プロジェクトの採算をみるPIRR，同社としての出資に対する採算を考えるEIRR，連結ベースの累積EVAであるPACC（profit after cost of capital），それにリスク・リターンという4つの指標で行われている。つまり，IRRとリスク・リターンを用いて，キャッシュフローやリスク・アセットといった定量的な計画を立案し，事業ポートフォリオ戦略との整合性やリスクなどの定性的な要因も勘案して総合的に判断している。投資案件によってハードル・レートが異なり，定性面を加味した柔軟性な判断を行っている。

4 BSCによるアラインメントの事例

企業戦略のアラインメントとは，本社の企業戦略と事業部の事業戦略とのリンケージをいかに図るかということである。言い換えれば，本社の戦略目標を事業部間でどのように分担すべきかである。このような企業戦略のアラインメントをBSCと結び付けてマネジメントする企業がいくつかある。BSCのフレームワークとどのように結び付けているかその特徴から分類すると，3つに区分できる。第1は，財務尺度を通じてアラインメントを図るもので，財務目標タイプと呼称する。第2は，戦略目標を通じてアラインメントを図るもので，

戦略目標タイプと呼称する。第3は，戦略テーマを通じてアラインメントを図るもので，戦略テーマ・タイプと呼称する。

4-1　財務目標タイプのアラインメント

　財務目標タイプとは，財務目標を通じて本社と事業部のアラインメントを図ることをいう。このタイプを採用する企業に株式会社リコー（以下，リコーと呼ぶ）がある。リコー[2]は，1991年に営業赤字を出したことを契機として，これを改善すべく1993年に「CS No.1を目指す経営」というトップの決意を表明した。1994年にはマルコム・ボルドリッジ賞の導入研究を開始し，1996年に日本経営品質賞（JQA）のセルフアセスメント制度を取り入れた。1997年にBSCの検討を開始し，1999年に戦略的目標管理制度として導入した。

　1999年4月に，第13次中期経営計画で「21世紀の勝利者」という経営ビジョンを明らかにした。リコーグループのマネジメントシステムは，経営理念の下で策定された中期経営計画と連動している。2008年から2010年の第16次中期経営計画では，①第15次中期経営計画の確実な刈り取り，②効率化の推進，

図表2-5　リコーの戦略的目標管理制度

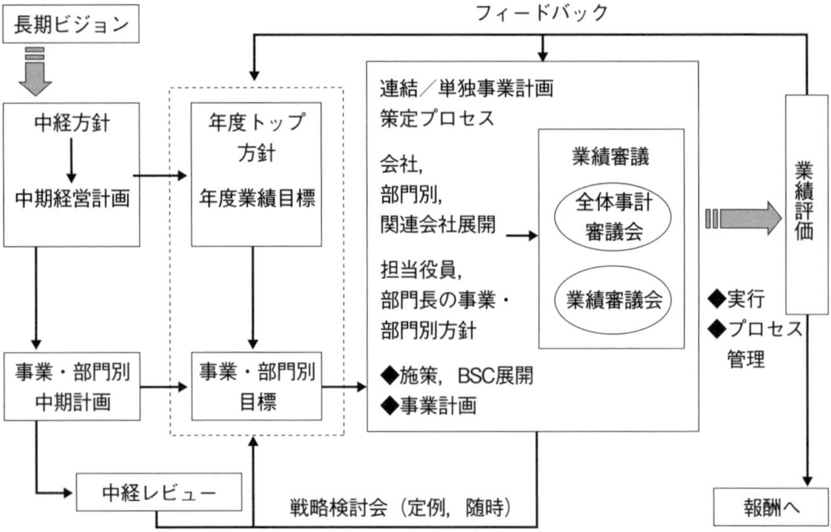

出所：リコーの提供資料

③更なる成長を基本方針として掲げている。

この中期経営計画に基づいて，事業運営に関わる中期事業計画が立案される。その結果，中期の業績目標として，グループ連結の売上高2兆5,000億円，営業利益2,500億円，営業利益率10％，ROE12.5％，配当性向30％というように，すべて財務数値で明らかにしている。

この中期事業計画は，年度の事業計画，戦略的目標管理制度，JQAセルフアセスメントに落とし込まれる。事業計画は中期経営計画の財務目標を達成するために，短期事業計画に展開し，四半期ごとに機能組織で管理される。戦略的目標管理制度は，事業部の主要戦略と機能方針を実現するために，具体的な重点施策を設定し達成度を評価する制度である。さらにJQAセルフアセスメントは，主要戦略と機能方針を実現するために顧客の視点の課題抽出に利用されている。

事業計画の戦略目標を達成しているかどうかを確認するのが戦略的目標管理制度であり，その戦略を達成しているかどうかをチェックするのがJQAである。そのセルフアセスメントの結果から戦略的目標管理制度の重点施策や指標・目標値を設定し，最終的に戦略目標を達成したかどうかを事業計画と比較して財務数値で管理される。このように，3つのマネジメントシステムは，中期経営計画を達成するために緊密に関連させられてPDCAサイクルで回っている。

ところで，事業計画による年度業績目標の設定に当たっては，研究開発，生産，販売といった機能組織ごとに財務目標が設定される。一方，事業戦略を実現する事業部には「SBUと機能組織のマトリックス業績管理」によって，機能組織の財務目標が配分される。つまり，縦の機能組織の目標が横の事業部の財務目標に展開される。各事業部は，この財務目標を達成するためにBSCを用いる。

図表2-6は，機能組織の財務目標を事業部に展開するマトリックス業績管

図表2-6 SBUと機能組織のマトリックス

SBU＼機能組織	研究開発	生産	販売	営業利益
SBU-A				
SBU-B				
SBU-C				
営業利益				

図表2-7　リコーの戦略展開

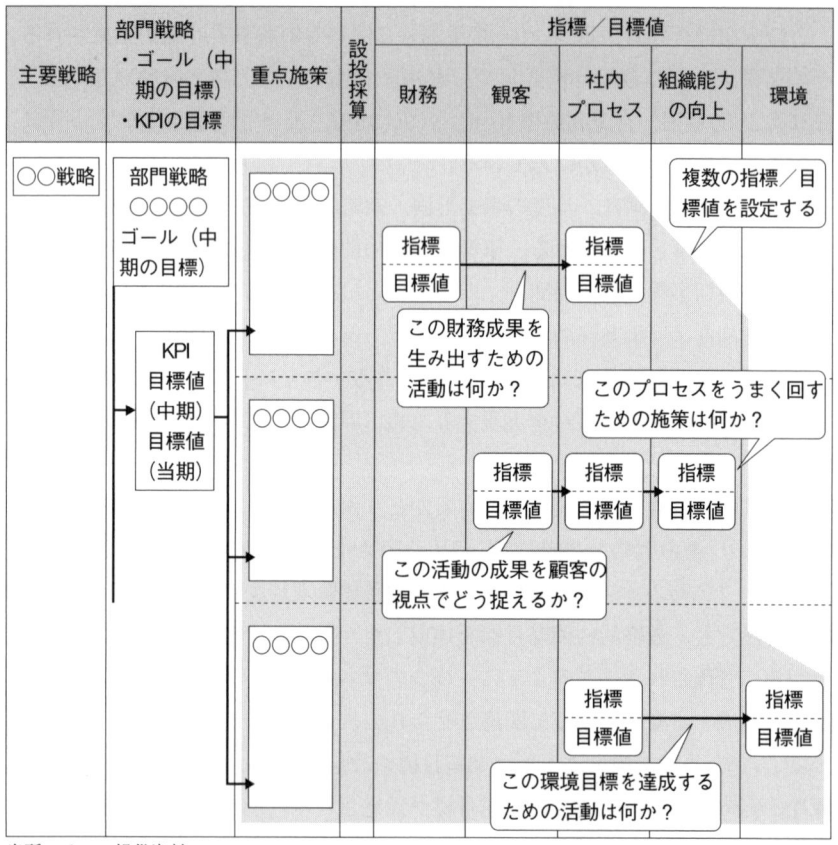

主要戦略	部門戦略 ・ゴール（中期の目標） ・KPIの目標	重点施策	設投採算	指標／目標値				
				財務	顧客	社内プロセス	組織能力の向上	環境

出所：リコー提供資料

理の表である。このようにして，機能別組織で立案された予算が事業戦略を策定する基盤となる。事業部の事業戦略では，図表2-7のような戦略とそのBSCによる展開が行われる。

　リコーでは，本社の立案した財務目標を実現するために，各事業が事業戦略を立案し，BSCフレームワークで戦略目標を管理する。その戦略目標は，戦略展開を経て尺度や目標値へと落とし込まれる。例えば，ある商品事業を拡大するという戦略目標を実現するために，事業価値の増大，資産効率の向上，トップシェアの獲得，環境負荷の低減という戦略展開を通じて，それぞれの指標や目標値に落とし込む。この環境負荷の低減については，内部プロセスの視点の

エネルギー効率という尺度，環境の視点のCO_2排出量という尺度で管理されている。もちろん環境負荷の低減を含めて戦略展開したすべての尺度が実現されると事業拡大という戦略目標が達成できる。

ところでリコーのBSCは，5つの視点を持つとして知られている。5つ目の環境の視点は，事業戦略と両立できるという範囲で達成されている。言い換えれば，事業部では事業と関係のない目標値をBSCの中で管理することはできない。例えば，全社的な観点からコンプライアンスに対処するといった課題は，BSCとは別に構築されている。戦略的リスクとして認識されるべきコンプライアンスへの対処は，事業部の事業戦略とは切り離された形となっている。

4-2　戦略目標タイプのアラインメント

戦略目標タイプとは，戦略目標を通じて本社と事業部のアラインメントを図ることをいう。このタイプを採用する企業にシャープ株式会社（以下，シャープと呼ぶ）がある。シャープは，「いたずらに規模のみを追わず…」から始まるミッションを立案し，「誠意と創意」というコアバリューの下で，「2010年地球温暖化負荷ゼロ企業の実現」というビジョンを掲げている。太陽電池生産では2000年から2007年まで連続世界No.1のシェアを実現している。また省エネ対策として，液晶ディスプレイでも数々の賞を受賞している。

先行き不透明なマクロ経済への危機感，日本のエレクトロニクス業界が構造不況業種と断じられた危機感，それに亀山工場建設のための資金調達と連結売上高の拡大に対する危機感という3つの危機感への対処として，2002年にBSC導入の検討を開始した。BSC導入の意図は，多くの企業と同様に，財務偏重，総花的な戦略，部分最適な事業戦略，カスケードの不徹底，戦略の管理が不徹底であったためである。

シャープでは，全社レベルの経営基本方針および中期計画に従って，第1階層として，本部レベルのBSCを構築する。本部には，機能本部，営業本部，事業本部がある。機能本部は，経理，人事など，13の本社スタッフ組織，それに研究開発に関係した7つの組織からなる。営業本部には5つの組織があり，また事業本部には10の組織がある。これを第2階層の事業部レベルあるいは国内や海外の関係会社の戦略に落とし込んでいる。さらに同社では，戦略目標

をBSC-Pという部門レベルの個人目標にまで落とし込んでいる。2007年度には4,200名の全管理職に展開している。

シャープの機能本部の戦略と事業本部の事業戦略の擦り合わせは、いわゆる企業戦略のアラインメントである。本社には戦略マップはなく、機能本部がそれぞれの立場から戦略マップを構築している。機能本部は、経理や人事、あるいは環境、生産技術、調達、特許、品質といったコストセンターである。このような機能本部では4つの視点からなる戦略マップを構築している。財務の視点の戦略目標では全社的な視点に立って、連結ベースのROI、売上高伸長率、営業利益率といった収益性や売上高の増加だけでなく、オンリーワン商品の売上高拡大という独自の戦略目標も設定されている。財務の視点だけでなく、顧客の視点の戦略目標でも全社的な視点で尺度が設定されている。機能本部では、内部プロセスの視点からそれぞれの機能本部の役割が生かされる形で戦略目標が設定される。

一方、事業本部では、事業ごとにPCC（profit after capital cost；シャープ版EVA）、売上高伸長率、在庫、フリーキャッシュフローなどを尺度としている。顧客の視点からは、顧客満足度などの指標が設定される。BSCを導入した当初、事業本部の内部プロセスの視点の戦略目標に、商品開発、生産、販売、コストダウンなどは数多くあった。ところが、品質、特許、リードタイムといった全社的に極めて重要な尺度が比較的数が少なかったという。これらの戦略目標は、短期的にはコストアップや売上減となるものであるため、他の戦略目標との間でトレードオフになるものである。事業本部に戦略目標の設定を任せると、グループ全体を考える企業戦略と齟齬をきたす可能性がある。全社的な戦略を確立するために、機能本部が全社に関わる戦略目標を設定することになった。

図表2-8は、企業戦略と事業戦略の統合を果たすためのマトリックスである。例えば環境本部で、全社的な立場からCO_2の低減という排出規制の戦略目標と目標値を設定したとする。この目標値を実際に実現してくれるのは、事業本部やその下位組織である事業部である。そのため、機能本部は、自ら設定した目標値を確実に達成できるように、すべての事業本部に対して目標値の割り当てを行う。事業本部としてはトレードオフ関係にある戦略目標が割り当てられるため、機能本部との間で度重なる擦り合わせが行われ、最終的に合意にいたる。これがシャープの企業戦略と事業戦略のアラインメントである。

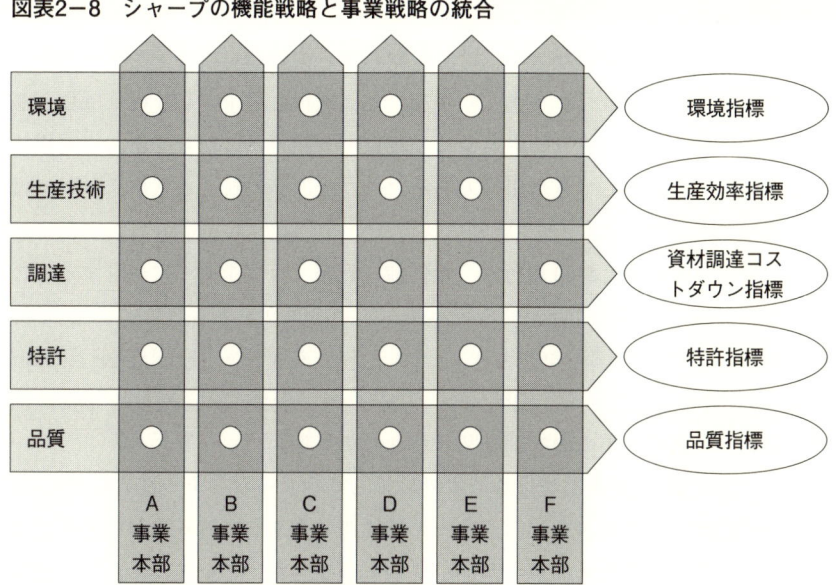

図表2-8 シャープの機能戦略と事業戦略の統合

	A事業本部	B事業本部	C事業本部	D事業本部	E事業本部	F事業本部	
環境	○	○	○	○	○	○	環境指標
生産技術	○	○	○	○	○	○	生産効率指標
調達	○	○	○	○	○	○	資材調達コストダウン指標
特許	○	○	○	○	○	○	特許指標
品質	○	○	○	○	○	○	品質指標

出所：シャープ提供資料

　シャープのアラインメントの特徴は，機能本部の戦略目標を事業本部との間で擦り合わせる点にある。そのため，戦略的リスクなどアネルギーの抑制を機能本部が管理できる体制となっている。他方，事業戦略に関わる戦略目標は事業本部が主体的に企画できる。この事業戦略の中に機能本部から割り当てられた戦略目標，尺度，目標値を設定する。すなわち，機能本部が全社的観点からアラインメントを取って目標値を割り当てることで，事業戦略の中でシナジー戦略およびアネルギー抑制戦略を取り扱うことができる。

4-3　戦略テーマ・タイプのアラインメント

　戦略テーマ・タイプとは，戦略テーマを通じて本社と事業部のアラインメントを図ることをいう。このタイプを採用する企業に株式会社三菱東京UFJ銀行（以下，三菱東京UFJと呼ぶ）がある。東京三菱銀行は，2006年1月にUFJ銀行と合併して三菱東京UFJ[4]となった。合併によって規模の経済を図るというメリットはあるものの，システム統合，買収企業の人事が優遇され被買収企業

の社員が退職に追い込まれることがある。また，銀行間のシステムが異なり，統合がうまくいかず営業がストップして顧客からの信頼を失墜するケースもある。さらに，戦略の統合がうまくいかないと，選択と集中をしなければならない資源を分散させてしまう結果となる。東京三菱銀行は，前身である三菱銀行と東京銀行が合併してできた銀行であるため，システム統合と人事については経験済みであった。ところが，戦略の統合については大きな問題と考えていた。そこで東京三菱銀行とUFJ銀行は，合併前に戦略マップを1つに統合することで，戦略の統合を図ることができた。モービルとエクソンも合併に当たって，戦略マップの統合を図ったことがキャプランとノートン（Kaplan & Norton, 2006a）で紹介されている。戦略マップの統合は，合併による軋轢を事前に回避するというアネルギーの抑制を図ったものである。

　リスク管理は，企業戦略ではなく本社によるオペレーショナルな活動である。これを企業戦略として扱うべきかどうかは問題であるが，取り扱いによっては企業価値を毀損する可能性が大きい。法令を順守しないと企業の命取りになりかねない。したがってオペレーショナルな課題とはいえ，企業戦略と同列に扱っている。

　三菱東京UFJでは，企業戦略としてBSCとCSRを統合している。これを図示すると図表2-9となる。

　図表2-9をみると，同行のCSRは，トリプルボトムラインではなく，企業価値の向上と低下防止に置き換えている。これは，本章では企業価値の創造の中に，事業による顧客価値と本社によるシナジー価値という企業価値の向上だけでなく，アネルギーの抑制も含めていることと同じ意味といえよう。CSRの活動内容としては，コンプライアンスや内部統制，情報セキュリティといったアネルギーの抑制活動を含めている。また，環境経営や社会貢献活動だけでなく，顧客本位のサービスという事業に密着した活動をCSRの中に位置づけていることも興味深い。

　ところで，図表2-9の「施策の展開」ではCSRの具体的な施策を取り上げている。このCSR施策とは，BSCでいえば戦略的実施項目ということになる。戦略を実行するための戦略的実施項目にCSRの活動を設定して，CSRとBSCの両者を統合している。このようにして企業戦略の中でCSRとBSCの統合が実現されている。

図表2-9 CSRと戦略の統合

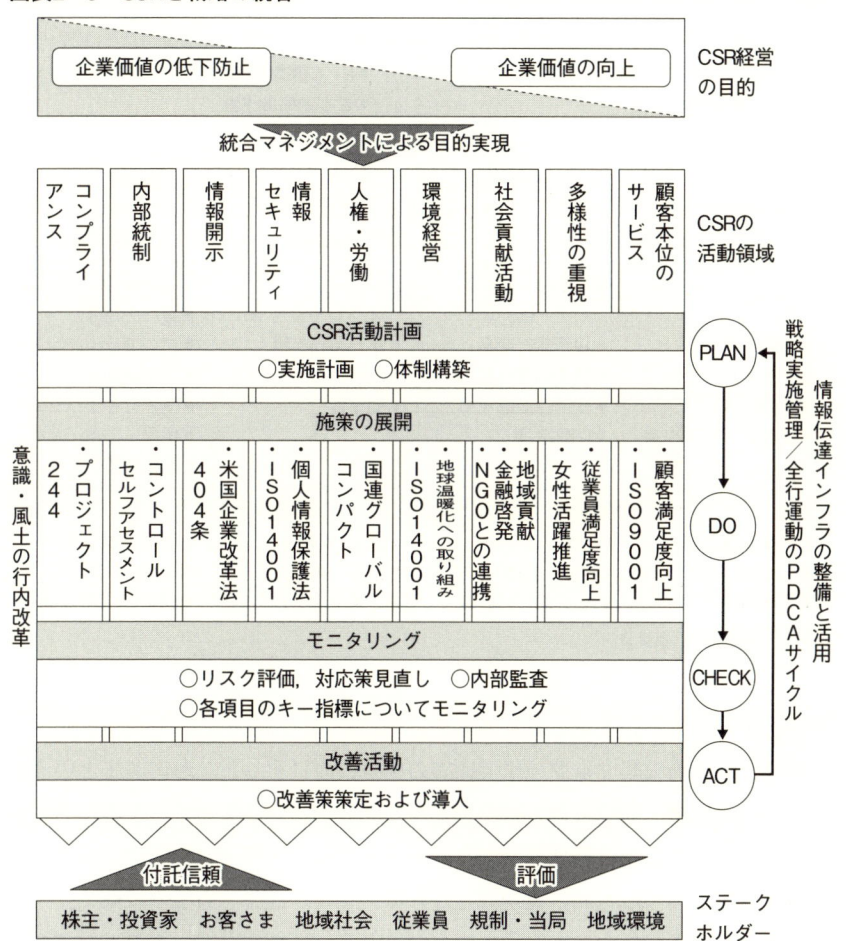

	CSR経営の目的
企業価値の低下防止 ／ 企業価値の向上	

統合マネジメントによる目的実現

CSRの活動領域：コンプライアンス／内部統制／情報開示／情報セキュリティ／人権・労働／環境経営／社会貢献活動／多様性の重視／顧客本位のサービス

CSR活動計画
○実施計画　○体制構築　→ PLAN

施策の展開
・プロジェクト244／・コントロールセルフアセスメント／・米国企業改革法404条／・ISO14001／・個人情報保護法／・国連グローバルコンパクト／・ISO14001／・地球温暖化への取り組み／・地域貢献 金融啓発 NGOとの連携／・従業員満足度向上 女性活躍推進／・顧客満足度向上／・ISO9001　→ DO

モニタリング
○リスク評価，対応策見直し　○内部監査
○各項目のキー指標についてモニタリング　→ CHECK

改善活動
○改善策策定および導入　→ ACT

意識・風土の行内改革／戦略実施管理／全行運動のPDCAサイクル／情報伝達インフラの整備と活用

付託信頼／評価

ステークホルダー：株主・投資家／お客さま／地域社会／従業員／規制・当局／地域環境

出所：三菱東京UFJ提供資料

　他方，企業戦略の戦略マップは図表2-10のようになっている。企業戦略の目指すところは世界屈指の総合金融グループの実現にある。そのためにQuality for Youをモットーとしてサービス，信頼度，国際性の面でNo.1になるといったグローバルトップ5の達成を目標に掲げている。グローバルトップ5を実現するために，一方ではBSCによる経営理念の浸透，戦略管理，業績評価を実現するとともに，CSR経営によって，様々なステークホルダーとの共存共栄を図ろうとしている。三菱東京UFJでは，このような形でBSCとCSR

図表2－10　三菱東京UFJの戦略マップ

グローバルトップ5			
● トップラインの成長　　　　● B／S構造の高度化 ● 経費効率の改善　　　　　　● 資本効率の改善			
サービスNo.1・信頼度No.1・国際性No.1			
【お客さま】			【社会・環境】
● 顧客満足度 　（リーテル・法人・海外）	● 内部顧客満足度 　（経営・部門・関係会社）		地域社会 地球環境
価値創造プロセス			価値毀損回避プロセス
RM	PO	オペレーション	● ガバナンス
● 対顧提案力 ● チャネル ● 内外提携 ● ビジネスモデル 等	● 投資銀行商品 ● 市場関連商品 ● 決済性商品 ● IT商品 等	● 事務業務品質 ● 生産性 ● 効率性	● コンプライアンス ● 内部統制 ● 情報セキュリティ ● 信用・市場・オペ ● 危機管理
人材・組織文化		経営インフラ・IT	
● 従業員満足度 ● スキル・人間力 ● 職場環境	● コミュニケーション ● 評価・処遇 ● キャリア形成 等	● 新BIS対応 ● 戦略的ALM ● 人事システム	● 割当資本制度 ● ITガバナンス ● CRMシステム 等

出所：三菱東京UFJ提供資料

の統合を図ることが重要であると考えている。

　図表2－10の戦略マップの中で顧客の視点に注目すると，お客さまという戦略テーマと社会・環境という戦略テーマに区分していることがわかる。お客さまの戦略テーマは企業価値の向上を直接扱うため，内部プロセスでは価値創造のプロセスに関わる戦略目標が設定される。また，社会・環境の戦略テーマは企業価値の低下防止を扱うため，内部プロセスには価値毀損回避プロセスの戦略目標が設定される。さらに，これらの内部プロセスを下支えするために学習と成長の視点として，人材，組織文化，経営情報インフラとITの戦略目標が設定される。

　図表2－10は全行の戦略マップであるが，この戦略マップのフレームの中で，部門の戦略マップが構築される。基本的にはリテール部門，法人部門，国際部門，市場部門，事務・システム部門，コーポレートセンターからなる部門の戦略マップがまず構築され，これを集めたものが全行戦略マップである。部門戦略マップはほぼ同じ形でその下位組織の部や店に落とし込まれる。さらに，目標管

理制度を導入しているために，全社員に対する目標成果と連動したBSCも作成している。

　三菱東京UFJでは，企業，部門，部・店のすべてが図表2－10の戦略マップを作成している。その意味では，企業戦略と事業戦略はもともと統合されている。同行のアラインメントの特徴は，シナジー戦略だけでなく，BSCとCSRを統合している点である。また，企業価値の毀損を社会・環境の戦略テーマを設定することによって，戦略テーマに落とし込んでいるのも大きな特徴である。

5 ポートフォリオとアラインメント

　企業戦略を実現するために，ポートフォリオ・マネジメントによって事業間のリスク・バランスを図るアプローチと，シナジーの創造とアネルギーの抑制を図るために組織間のアラインメントを構築するアプローチを事例紹介した。ポートフォリオ・マネジメントのアプローチとしては，リスクとリターンを1つの尺度に取り込んだり，マトリックスでバランスをとったり，あるいは組織として対応するという3つのタイプを明らかにした。また，アラインメントを構築するアプローチとして，財務尺度を重視したり，財務と非財務のバランスをとったり，あるいは戦略テーマとして対応するという3つのタイプを明らかにした。本節では，それぞれのアプローチごとに比較検討を行う。

5-1　ポートフォリオ・マネジメント

　ポートフォリオ・マネジメントとして3つのタイプを明らかにした。尺度タイプ，2パラメータ・タイプ，組織タイプである。

　第1の尺度タイプは，住友商事のリスク・リターンを紹介した。リスク・リターンは，リスク・アセットをリスク・バッファで補填できるかどうかという尺度である。このリスク・リターンが資本コスト以上というハードル・レートを設定することで，事業投資のマネジメントを行う。つまり，実績値がハードル・レート以下となった事業会社から投資撤退し，ハードル・レート以上とな

る事業会社に資源配分することで，全社的に最適資源配分を行う。1つの尺度でリスクとリターンを同時に評価できるという点で興味深い尺度である。

　第2の2パラメータ・タイプは，財務尺度の2パラメータによってポートフォリオを組むのが伊藤忠商事である。伊藤忠商事では，リスク・リターンとROAのマトリックス表によって，それぞれの目標値以下となる事業会社から投資を撤退する。その資金を，目標値以上が期待できる事業会社に投資することで，全体最適な資源配分を行う。

　財務尺度と非財務尺度の2パラメータによってポートフォリオを組むのがキリンビールである。キリンビールでは事業会社だけでなく，持株会社でもBSCを導入している。BSCの財務の視点にEVAを置き，顧客の視点に顧客満足度を設定している。企業戦略で策定したこれらの目標値を実現するのが事業会社の役割である。つまり，企業戦略としてはEVAと顧客満足度を成果，事業会社の事業戦略をパフォーマンスドライバーと考えている。EVAと顧客満足度のマトリックスによって，事業会社の企業戦略への貢献度を評価している。なおキリンビールでは，アネルギーの抑制は，事業戦略の規制と社会のテーマで行っており，企業戦略としては扱っていない。

　第3の組織タイプは，三井物産のポートフォリオ管理委員会である。三井物産では，PIRR，EIRR，PACC，それにリスク・リターンという4つの指標で事業会社への投資を管理している。4つの指標を組み合わせて総合的に判断している。特に大規模投資案については，ポートフォリオ管理委員会が，収益性や経済性，リスクを審査して，経営委員会に答申する。ポートフォリオ管理委員会は，投資会社からの撤退を投資と同じ規模で行うほど重要視している。

　要するに，ポートフォリオ・マネジメントを図る企業は，尺度の中にリスクとリターンを取り込んでマネジメントしている。尺度タイプはリスク・リターンを1つの尺度に取り込んでいる。2パラメータ・タイプは2つの財務尺度でポートフォリオを組むか財務尺度と非財務尺度のポートフォリオを組むかがある。さらに，組織を設置して，全社的なポートフォリオ・マネジメントを検討していた。これらのタイプは排他的なものではなく，ポートフォリオとしてマネジメントする範囲による区分である。

　また，ポートフォリオ・マネジメントでは，リスク・リターンあるいは財務尺度および非財務尺度といった尺度選択で，事業リスクを取り込むというメリ

ットがある。しかしその反面，今日重視されているコンプライアンスなどを取り扱うことができない可能性がある。ポートフォリオ管理委員会を設置しても，事業会社への資源配分を問題視するだけではなく，全社に関わるアラインメントを扱うべきである。

5-2　シナジーによるアラインメント

　リコーのシナジー戦略に関わるアラインメントは，本社が策定した中期経営計画を事業部が財務目標として分担する点に明らかである。この財務目標の配分は，SBUと機能組織のマトリックスで実現している。ところで，このアラインメントは，財務目標で一貫性を図っているだけではない。年度予算と事業戦略にも完全に一貫性を持たせているのである。さらに，本社の経営責任と事業部の事業執行責任との区分が徹底して機能している。つまり，本社は企業戦略を実現するために財務目標を設定し，これを機能別組織との間で合意にいたらせる。本社の承認を得たら，機能別組織の目標を事業部に割り当てる。事業部は割り当てられた財務目標を達成するために，事業戦略を展開する。

　シャープの事業内容は，上流の電子部品と下流のエレクトロニクス製品を生産・販売することである。多角化とはいっても，無関連事業への多角化を行っているわけではなく，関連事業多角化戦略に徹している。本社がシナジー戦略を企図して戦略マップを構築しなくても，事業本部自らが他事業本部とのシナジーを図るような事業戦略を策定する事業内容になっている。要するに，事業部間で事業内容が極めて密接に関連しているために，グループ事業のシナジー戦略はシャープにとってはそれほど重要な課題ではない。

　三菱東京UFJの企業戦略の構築は，部門が策定した戦略マップをロールアップし，全社的な齟齬がないように本部がアラインメントを図り，その結果を部門へとカスケードダウンしている。本部によるアラインメントは，部門戦略をロールアップするときとカスケードダウンするとき，両者間でのコミュニケーションによって実現されるという。これを実現してくれるのがBSCのKPI設定とウェイト配分である。要するに，三菱東京UFJは，ミドルアップ・トップダウンというコミュニケーションによって，シナジー戦略のアラインメントを実現している。

要約すれば，リコーでは，本社が財務目標を配分することでシナジー戦略を実現している。他方，シャープは，事業本部が自らシナジー戦略を実現できる。これらに対して，三菱東京UFJは，部門と本部のコミュニケーションによってシナジーを達成している。シナジー戦略はデュポンが行っているように，本社が策定するだけではない。事業部が自ら達成できるケースもあれば，本社と事業部の両者が密接にコミュニケーションをとって達成できることもある。シナジー戦略はこのような3つのタイプの取り方があり，企業の特性に依存することが理解できる。

5-3　アネルギーの抑制と事業戦略の整合性

　アネルギーの抑制は事業戦略と齟齬をきたす可能性が高い。そこで，事業戦略とアネルギーの抑制をどのようにフィットさせるかは，アラインメントのもう1つの課題である。この点について，3つの事例に基づいて検討する。
　リコーは，中期事業計画で事業戦略を策定する。事業戦略を実現するために中期の財務指標が設定され，これを実現するために中期のKPI（key performance indicators）が設定される。これらの財務指標とKPIの中期の目標値から年度の目標値が落とし込まれる。この年度の目標値を実現するために重点施策が設定される。重点施策は，戦略の達成度を測定する成果指標とこの成果を生み出すための先行指標の因果関係に展開される。この因果関係は5つの視点で特定されるため，環境の視点に関わる目標値も事業戦略の中で特定される。すなわち，アネルギーの抑制については，事業戦略の中で取り扱い，例えばCO_2を削減するような事業を創造するという形で因果関係がとられている。リコーでは，この点でもアラインメントが図られているといえる。
　シャープのアネルギーの抑制については，戦略的リスクなどアネルギーの抑制となる要因を機能本部が管理できる体制となっている。他方，事業戦略に関わる戦略目標は事業本部が主体的に企画できる。この事業戦略の中に機能本部から割り当てられた戦略目標，尺度，目標値を設定する。機能本部が全社的観点からアラインメントを取って目標値を事業本部に割り当てることで，事業戦略の中にシナジー戦略およびアネルギー抑制戦略を落とし込むことができる。要するに，機能本部の戦略目標を事業本部との間で擦り合わせてアラインメン

トの抑制を図っている。

　戦略テーマ・タイプの三菱東京UFJでは，企業価値毀損を回避する内部プロセスを構築することで，社会・環境という顧客価値提案を下支えしている。また価値が毀損しないように，学習と成長の視点で経営インフラやITを整備している。コンプライアンスなどのアネルギーの抑制は全社的に統一した管理が求められる。そのため，本部企画部の中に戦略的計画を担当する企画グループを組織していた。

　要するに，リコーは事業戦略の中にアネルギーの抑制を取り込んでいた。シャープでは事業戦略とは別に，機能本部もしくはCSR推進室がアネルギーの抑制を事業本部の目標や尺度，目標値に落とし込んでいた。三菱東京UFJはお客様とは別に，社会・環境という顧客価値提案を戦略テーマの因果関係を設定してから下位組織に落とし込んでいた。環境への配慮は事業戦略と密接に絡むが，コンプライアンスや情報セキュリティは必ずしも事業戦略と絡むわけではない。戦略としてアネルギーを扱うには，まず環境ビジネスのような事業戦略との結び付きを考えるべきである。事業戦略と結び付かないアネルギーの抑制は，本社と事業部の間で戦略テーマによって共有することが最適であると考える。

6 まとめ

　本章では，企業戦略を実行するために，アラインメントの検討を行った。その結果，いくつか興味深いことがわかった。

　第1に，ポートフォリオ・マネジメントは事業リスクを内在することができるが，アラインメントによるマネジメントではアネルギーの抑制を別に扱う必要がある。言い換えれば，ポートフォリオ・マネジメントは，事業リスクしか扱うことができないということでもある。また，アラインメントの構築では，アネルギーの抑制をすべて戦略として扱うことができる。

　第2に，ポートフォリオ・マネジメントには，3つのアプローチがある。1つは，住友商事が工夫したリスク・リターンのように，リスクを取り込んだ尺度を考案しようとするアプローチである。2つ目は，伊藤忠商事やキリンビー

ルが行っているように，複数の尺度をバランスよくとろうとするポートフォリオ・マネジメントである。3つ目は三井物産のように，全社最適な事業会社への投資を行う組織としてポートフォリオ管理委員会の構築である。

第3に，BSCによるアラインメントの構築にも3つのアプローチがある。1つは，リコーが行っている財務尺度によるアラインメントである。2つ目は，シャープが行っている戦略目標によるアラインメントである。3つ目は三菱東京UFJが行っている戦略テーマによるアラインメントである。

第4として，アネルギーの抑制は戦略か業務活動かという課題について，本章は戦略として扱った。企業価値を大きく毀損する可能性があるアネルギーの抑制は，戦略として扱うべきだからである。また，事業戦略とすべきか企業戦略として扱うべきかについては，アネルギーの要因によって異なると考えた。企業としては，まず事業の中で扱えるアネルギーは事業戦略として扱うべきである。環境配慮型の製品開発はその典型である。事業で扱えないもので全社的に価値毀損する可能性が高いものは，企業戦略として扱うべきであるとした。

[謝辞]

本論文は，専修大学研究助成金の成果である。ここに記して謝辞を表する。

[注記]
1) キリンビールには，2008年3月17日に訪問した。キリンホールディングスの石井基康経営企画部主幹とコーポレートコミュニケーション部IR室長の安藤亮氏が応対してくれた。
2) リコーには，2008年3月19日に訪問し，13:00から15:00まで，総合経営企画室の大竹康幸氏と吉崎裕朗氏にインタビューした。
3) シャープには，2008年2月12日に訪問し，16:00から18:00まで，経営企画室の神社成一氏と六車智子氏にインタビューした。
4) MUFGへは，2008年4月30日に訪問し，16:00から18:00まで，企画部の南雲岳彦氏にインタビューした。

[参考文献]

Chandler, A. D. (1990), "The Enduring Logic of Industrial Success," *HBR*, March-April, pp.130-140.

Collis, D. J. and C. A. Montgomery (1998), "Creating Corporate Advantage," *HBR*, May-June, pp.71-83.

Collis, D., A. Young and M. Goold (2007), "The Size, Structure, and Performance of Corporate

Headquarters," *Straetgic Management Journal*, Vol. 28, pp.383-405.
Dranikoff, L., T. Koller and A. Schneider (2002), "Divestitures : Strategy's Missing Link" *HBR*, May, pp.74-83.
Eisenhardt, K. M. and D. C. Galunic (2000), "Coevolving," *HBR*, January-February, pp.91-101.
Goold, M. and A. Campbell (1998), "Desperately Seeking Synergy," *HBR*, September-October, pp.131-143.(西尚久訳「シナジー幻想の罠」『Diamond ハーバード・ビジネス・レビュー』2002, 27(8): pp.96-109)
Kaplan, R. S. (2001), "Using Strategic Themes to Achieve Organizational Alignment," *HBR*, November-December, pp.1-5.
Kaplan, R. S. and D.P. Norton (2004), *Strategy Maps : Converting Intangible Assets into Tangible Outcomes*, Harvard Business School Press (櫻井通晴・伊東和憲・長谷川恵一監訳『戦略マップ』ランダムハウス講談社, 2005 年)
Kaplan, R. S. and D.P. Norton (2006a), *Alignment : Using the Balanced Scorecard to Create Corporate Synergies*, Harvard Business School Publishing Corporation.(櫻井通晴・伊藤和憲監訳『BSC によるシナジー戦略』ランダムハウス講談社, 2007)
Kaplan, R. S. and D.P. Norton (2006b), "How to Implement a New Strategy without Disrupting Your Organization," *HBR*, March, pp.100-109.
Markowits, H. (1959), *Portfolio Selction : Efficient Diversification of Investments*, John Wiley & Sons.
Simons, R. (2000), *Performance Measurement and Control Systems for Implementing Strategy*, Prentice-Hall, Inc. (伊藤邦雄監訳『戦略評価の経営学—戦略の実行を支える業績評価と会計システム』ダイヤモンド社, 2003)
伊藤和憲 (2007a)『戦略の管理会計』中央経済社。
伊藤和憲 (2007b)「ある商社の投資マネジメント・システム」『企業会計』Vol.59, No.11, pp.81-89.
小室拓也 (2006)「事業リスクに基づく経営手法」, 小林啓孝・加藤芳男・小松原宰明・辺見和晃・山田方敏編著『リスク・リターンの経営手法』中央経済社。
藤田純孝 (2008)「今後の企業経営で求められる経理・財務部門の役割」『第 4 回 FASS フォーラム・ジャパン 2008』講演資料。

第3章 なぜ企業のリスク管理が甘くなるのか
－エージェンシー理論と行動ファイナンスによる分析－

はじめに

　日本企業の不祥事や事故が相次いでいる。不祥事・事故を起こした企業の多くが存亡の危機に立たされる。このような事例が繰り返されると，企業はなぜ他社の失敗に学んで不祥事・事故を未然に防ぐための措置を講じないのだろうか，という疑問が当然のように湧いてくる。具体的には，ヒト・モノ・カネといった経営資源をリスク管理のために振り向ける程度が小さすぎるのではないだろうか。つまり，最適なリスク管理投資がなされていないのではないだろうか。このように考えると，企業における資源配分（投資）の歪みという視点からリスク管理の問題を分析することが可能となる。そこで，本章では，企業の投資行動に関するファイナンスの理論に基づいて，リスク管理が甘くなる理由を考察する。

　古典的な経済理論では，企業は利潤（企業価値）の最大化を目的とする経済主体であり，経営者はその目的を遂行するための存在であると想定されていた。そこでは，経営者の意思決定が企業価値の最大化から乖離することは想定されていない。したがって，リスク管理投資についても企業価値最大化の基準から最適（ファーストベスト）なレベルで実行されることになる。しかし，その後，Berle and Means（1932）によって，経営者は企業価値の最大化ではなく，自分自身の利益（効用）を追求する主体であるという考え方が生まれた。このような考え方は，その後エージェンシー理論という形で大きく開花した。エージェンシー理論では，経営者は株主の委託を受けた代理人（エージェント）であるとみなされる。エージェントには自分自身の利益があり，合理的なエージェ

ントはその最大化を目的として行動する。その結果，エージェントの選ぶリスク管理投資のレベルが株主の利益（企業価値）の最大化にとって最適なレベルよりも小さくなる，すなわち過小投資となる可能性が生じる。このようにして，エージェンシー理論によって，リスク管理投資が過小になることを説明できる。

　20世紀後半に，エージェンシー理論は，非対称情報の理論と並んでコーポレートファイナンス理論の大きな支柱となった。それは，経営者を独立した主体として抽出することにより古典的な経済理論から離れる一方で，経営者を合理的な経済主体であると想定する点で古典的な経済理論との親和性を保っていた。しかし，より最近になって，心理学的な実証研究の成果を踏まえて，人間の意思決定は合理的であるとは限らないという考え方が強くなってきた。このように人間には非合理性（意思決定のバイアス）があることを前提とする考え方は，ファイナンスの理論においても大きな流れとなっており，行動ファイナンスと称されている。行動ファイナンスの理論の中で特に企業の投資行動の説明に使われるのが自信過剰な経営者という設定である。様々な実験により，人間には自信過剰あるいは楽観的となる傾向のあることが示されている。経営者にも同様の傾向があるとすれば，企業の行動にその影響が現れる。例えば経営者が自社の品質管理・事故防止などのリスク管理体制について自信過剰である場合，リスク管理投資がファーストベストなレベルにまでいたらない可能性がある。

　このようにして本章は，エージェンシー理論と行動ファイナンスという2つのフレームワークによって，企業のリスク管理が不十分になる理由を考察する。以下で詳しくみるように，エージェンシー理論は，バブル崩壊後の日本企業でリスク管理が行き届かず事故・不祥事が多発した状況を多面的に説明できる。一方の行動ファイナンスは，企業のリスク管理体制が甘くなるという問題の普遍性をより強く示唆する。また，最適なリスク管理を実現するための方法として，経営者にインセンティブを与えることは，エージェンシー理論では有効となるが，行動ファイナンスでは有効とはならない。最後に，異なる理論構成に拠りつつも，2つのフレームワークはともに経営チェック機能の重要性を示唆する。

　本章の構成は次の通りである。第1節と第2節では，それぞれエージェンシー理論と行動ファイナンスを用いて，企業のリスク管理投資に関する経営者の

意思決定を分析する。第3節では2つのフレームワークを比較して，その類似性と相違点を論じる。最終節（おわりに）は本章をまとめるとともに，企業のリスク管理施策の今後の方向性を示す。

1 エージェンシーモデル

　本節では，伝統的なエージェンシー理論のフレームワークを使って，企業のリスク管理投資を考察する。このフレームワークでは，株主と経営者の関係はプリンシパルとエージェントの関係となる。これは，プリンシパル（本人）が，エージェント（代理人）に業務の遂行を委託する関係を指す。このとき，エージェントである経営者が合理的に自己の効用を最大化する者であるならば，その意思決定がプリンシパルである株主の利益（企業価値）を最大化するとは限らない。エージェンシー理論の1つの示唆として，経営者に株主の利益を最大化するような意思決定をさせる（経営者を規律づける）ためには，何らかのインセンティブを与えることが有効となる。

　エージェンシー理論のフレームワークを使ったモデル（以下エージェンシーモデルと呼ぶ）は非常に多いが，その中でもStein（2003）のサーベイは，企業の投資行動に示唆を与えるモデルを抽出して分類している。本章は企業のリスク管理投資に焦点を当てていることから，このStein（2003）の分類をベースにしつつ，それぞれのモデルが企業のリスク管理投資に与える示唆を検討することとする。

1-1　帝国の建設モデル

　エージェンシー理論において想定される経営者の目的として最もオーソドックスなのは，できるだけ大きな企業を経営したいというものである。これは一般に経営者の持つ帝国の建設（Empire-building）志向と称されている。古くはBaumol（1959）によって，経営者には企業の利益よりも規模を追求する傾向のあることが指摘されていたが，Jensen（1986）によって経営者の規模拡大志

向は,エージェンシー関係がもたらす投資の歪みの象徴的存在とされた。すなわち,多くのエージェンシーモデルにおいて,企業にフリーキャッシュフロー（ここでは正味現在価値は正の投資をすべて実行した後に残る手元現金を意味する）がある場合,経営者はそれを株主に還元せず,企業規模を大きくするために投資してしまうと想定されている（Stulz (1990), Hart and Moore (1995), Zwiebel (1996) など）。

本章のテーマに関していえば,経営者がこのような規模拡大志向を持つとしても,ただちにリスク管理投資が不十分になるという結論が導かれるわけではない。帝国の建設モデルを当てはめる場合,リスク管理投資が正の正味現在価値を持つ以上,経営者は資金的な制約がなければそれを実行する意思を持つからである。しかし,何らかの資金制約がある場合には,やるべきリスク管理投資をやらず,より価値の低い規模拡大投資（企業買収など）を行うという示唆を得ることができる。実際の企業経営では,年度ごとの投資額などに何らかの制約を設けているのが通常であろう。そのような制約を前提に置けば,経営者が帝国の建設志向を持つというこのモデルによって,リスク管理投資が最適なレベルにいたらない可能性を説明できる。

1-2　静穏な生活モデル

経営者が帝国の建設志向を持ち,その結果企業の投資行動には過大投資の問題が生じるという想定は,ファイナンス理論においてかなり一般的である。しかし,エージェンシーモデルの中には,帝国の建設志向という出発点に疑問を呈する研究もあり,それらは企業の投資に関して帝国の建設モデルとは異なる示唆を与える。その1つBertrand and Mullainathan (2003) は,経営者には「静穏な生活（Quiet Life）」を好む傾向があると指摘している。これは,困難な意思決定や努力を伴う仕事をできるだけ回避し,現状に手を付けずにおくことを経営者が選好するという意味である。Bertrand and Mullainathan (2003) は,米国の各州が企業買収に歯止めをかけるための法律（Antitakeover Law）を制定したときの企業行動の変化を観察した。彼らが見出した結果は,このような法律の制定によって企業買収の脅威が低下し,経営者に対する規律づけが弱まったとき,企業は不採算な工場を閉鎖するといったリストラクチャリングの

手を緩めただけでなく，工場新設のような拡張的な投資も減らしていた，というものであった。もし，経営者が帝国の建設を選好するのであれば，規律づけの低下に反応して，工場の新設などはむしろ増えたはずであるが，実際にはこのような投資も減少していた。この結果から，彼らは，エージェントたる経営者が，企業価値最大化から乖離した目的を追求するとしても，それは「帝国の建設」ではなく「静穏な生活」であるという理論を提示した。

Aggarwal and Samwick (1999) は，経営者がやるべきでないことをやってしまうという帝国の建設と，やるべきことをやらないという静穏な生活のどちらをも選好するというモデルを定式化している。彼らのモデルの比較静学は，経営者が「帝国の建設」志向を持つ場合には，インセンティブ（規律づけ）が強いほど企業の投資が減少して企業価値が高まるが，反対に「静穏な生活」志向を持つ場合には，インセンティブ（規律づけ）が強いほど企業の投資が増加して企業価値が高まるという予測を提示した。彼らは実証分析において，経営者報酬と企業業績との連動性をインセンティブの強さの代理変数として使用し，この連動性が強いほど，企業の投資が増加して企業価値（トービンのq）が高くなることを見出した[1]。比較静学の提示した予測と照らし合わせると，この結果は経営者が一般に「静穏な生活」への選好を持っていることと整合的である。

帝国の建設モデルと静穏な生活モデルは，経営者のインセンティブが強い（弱い）ほど，企業の価値が上昇（低下）する，という結論では一致している。しかしながら，Aggarwal and Samwick (1999) がいうように，企業の投資に対する示唆は大きく異なる。本章のテーマに即していうと，帝国の建設モデルでは，規模を拡大する投資が優先される結果としてリスク管理投資が不十分になる。一方，静穏な生活モデルによれば，肉体的・精神的消耗を伴うすべての経営行動がおろそかになる一環としてリスク管理投資も不十分になる。実際の企業行動に対してどちらのモデルがより説明力を持つかは状況によって変わりうる。バブルの崩壊以降，日本企業が過剰設備を抱えて縮み志向となる一方で，リスク管理が甘くなり事故や不祥事が相次いだという状況を考慮すると，少なくともこの時代の日本企業には，帝国の建設モデルよりも静穏な生活モデルの方がよく当てはまっていたと思われる[2]。

1-3　短期志向モデル

　Narayanan（1985）およびStein（1989）は，エージェントたる経営者が短期志向（Short-termism）となるモデルを提示している。これは，経営者が企業価値の長期的な最大化ではなく，企業業績の短期的な向上を目的とするというモデルである。経営者の報酬や経営手腕に対する評判が目先の企業業績に依存する場合，経営者は長期的な企業価値よりも短期的な業績が上がるような投資を選ぶ。このモデルによれば，経営者がリスク管理投資を削減することによって目先の利益やキャッシュフローを増加させたり，あるいは短期的に売上が向上するような投資をより優先的に実行したりする可能性がある。

　この短期志向モデルは，近年の日本企業の一面を説明することができる。株式持合いの解消が進み，経営者は機関投資家や外国人投資家といった企業業績を重視する投資家のプレッシャーを大きく受けるようになった。こうしたプレッシャーを意識する経営者は，持合い時代に比べて短期的な結果を出そうとするようになったのかもしれない。例えば，目先の業績を良くするための手っ取り早い方法として，品質管理や事故防止のための投資が切り詰められた可能性がある。

1-4　横並び志向モデル

　経営者が有能だと評価されたいと思うのは極めて自然である。Scharfstein and Stein（1990）は，できるだけ他の経営者と同じことをやる方が高い評価を得やすいというモデルを提示した。このような仕組みが存在する場合，経営者は他の経営者と似たり寄ったりのことをするという横並び（Herding）を志向する。このモデルからは，リスク管理投資についても，他の企業と同程度のことを行うのが経営者にとって合理的となる。すなわち経営者は，突出したレベルのリスク管理投資を行うよりも，日本企業の平均並みもしくは同業者の平均並みのレベルでリスク管理投資を行う可能性がある。

　このモデルは，事故・不祥事が相次ぐ近年の日本企業の状況を説明することができる。終身雇用や年功序列など伝統的な日本の労働慣習が崩れ，社会の不安定性が増大したにもかかわらず，横並び志向からどの企業も思い切ったリス

ク管理投資を行わなかったため，結果的に事故や不祥事が続発することになったのかもしれない。

2 行動ファイナンスモデル

　本節では，経営者を企業（株主）から分離するだけでなく，その経済合理性という前提をも取り払う行動ファイナンスのフレームワークに基づいて，企業のリスク管理行動を分析する。ファイナンスの文献において，非合理的な経営者という想定によって企業の行動を説明する考え方を初めて提示したのは，Roll (1986) である。株価には利用可能なすべての情報が反映されているという（情報に関して）効率的な市場を前提とすると，時価以上の価格を払って他社を買収することが価値を生むことはほとんど期待できない。それにもかかわらず，多くの企業がプレミアムを払ってまで他社を買収するのは，買収後のシナジー効果を算定する経営者が自信過剰（Hubris）になるからかもしれない。自信過剰な算定をした経営者は，対象企業の現在の株価を割安だと考えて買収を実行に移す。しかし，市場が情報に関して効率的であるならば，これはあくまで経営者の算定ミスであり，買収しても価値は生まれない。被買収側の株主が市場価格以上の価値を受け取った分だけ得をし，買収側の株主がその分だけ損をすることになる。この理論は，買収の発表によって被買収側企業の株価は上昇するが，買収側企業の株価は上昇しない（むしろ下落する）というしばしばみられる事実と整合的である。

　Roll (1986) が想定したように，無数の投資家が参加する市場で付けられた株価が正しいのに対して，一個人である経営者には自信過剰となる可能性がある，というのが企業に関する行動ファイナンス（Behavioral Corporate Finance）の一般的なフレームワークである。こうしたフレームワークは，Heaton (2002) や Malmendier and Tate (2005) などの研究によって，企業の資金調達行動や投資行動を説明する理論として体系化されつつある。[3]

　本章のテーマに沿い，企業のリスク管理に焦点を当てて，経営者が自信過剰となることの影響を考察するには，行動ファイナンスの原点ともいえる心

理学的な研究にさかのぼり，自信過剰という心理状態を理解することが有益である。そこで以下では，自信過剰のバイアスを計量的に実証したLarwood and Whittaker（1977）とWeinstein（1980）を取り上げて，企業のリスク管理に対する示唆を求めることとする。

まずLarwood and Whittaker（1977）は，経営学を学ぶ72名の大学生を被験者として，クラスの平均と比べて（ⅰ）どのくらい自分が賢いと思うか，（ⅱ）自分の知能指数がどのくらい高いと思うか，という2つ質問を提示し，最高1から最低7までの7段階（中央の4が平均並み）で回答するよう求めた。被験者の回答に一方向に偏る傾向がなければ，回答の平均値は7段階の真ん中である4になると予想される（すなわち帰無仮説の平均は4である）。ところが，回答の平均値は質問（ⅰ）が2.65，質問（ⅱ）が2.26であり，学生たちには実際よりも楽観的に考える傾向のあることがわかった。これら2つの平均値と帰無仮説平均4との差は0.5％の水準で統計的に有意である。また，72名の学生のうち，自分自身の賢さが同級生の平均並みであると回答した者は10名，平均より低いと回答した者はわずか2名にすぎなかった。

続いてLarwood and Whittaker（1977）は，同じ72名の学生に対して，現在5つの企業が等しいシェアを有しているマーケットに，自分が販売担当役員を務める企業が新規に参入すると想定したら，4年後にどのくらいのマーケットシェアを獲得できると思うかを回答してもらった。この回答の平均は19.1％であり，自社を加えた6社が均等なシェアを持つ場合の16.7％（6分の1）よりも高くなった。16.7％以上のシェアを獲得できると回答した学生は72名中54名であり，この比率は0.1％の水準で有意に2分の1を超えている。

さらにLarwood and Whittaker（1977）は，学生に認められた自信過剰の傾向が社会経験を積んだ経営者にも存在するのかどうかを検証するために，ニューヨーク州の製造業から無作為に抽出した企業の社長48名に対する聞き取り調査を行った。業界の平均と比べた自社の来年度の売上予想を，4を平均並みとする7段階で評価するように依頼したところ，回答の平均値は3.04となった。帰無仮説平均4との差は0.1％の水準で統計的に有意である。また，48名の社長のうち27名が来年度の自社の売上は業界平均よりも良好であると予想し，業界平均よりも悪いと予想した経営者はわずか4名であった。

この調査の結果から，Larwood and Whittaker（1977）は，学生と同様，経

営者にも自信過剰になる傾向があり，これが企業の楽観的な事業計画につながる可能性を指摘した。彼らは，こうした傾向が及ぼす悪影響として，マーケットが縮小するときに生産調整が遅れることを挙げているが，本章のテーマである企業のリスク管理に対しても悪影響をもたらしうる。すなわち，経営者が自社の品質管理や内部統制のあり方に対して自信過剰になると，リスク管理投資が不十分になる可能性がある。

次に取り上げるWeinstein（1980）は，リスク管理に対する経営者の心理状態を理解する上で，非常に興味深い研究である。Weinstein（1980）は，大学生の被験者グループに42件のライフイベントを提示して，そのイベントが将来自分に起きる相対的な可能性を自己評価するように求めた。ライフイベントとして提示したのは，「卒業後の仕事を気に入る」，「持ち家を所有する」といったポジティブなイベント18件と，「結婚後数年で離婚する」，「大学で落第する」，「心臓麻痺を起こす」といったネガティブなイベント24件である[4]。また，相対的な可能性を自己評価するというのは，同性のクラスメート全体の平均的な確率と比べて，それぞれのイベントが自分に起きる確率がどのくらい高い（もしくは低い）かを自分自身で評価するという意味である。学生の自己評価に一方向への偏りがなければ，自己評価の平均は0になると予想される。反対に，この自己評価の平均が有意にプラス（マイナス）であれば，学生たちが全体として自分に起きる確率を過大（過小）評価する傾向を持つという証拠になる。

この調査の結果，ポジティブなイベントに関する自己評価の平均は15.4％（自分に起きる確率が平均よりも15.4％高いという評価）であり，ネガティブなイベントに関する自己評価の平均は−20.4％（自分に起きる確率が平均よりも20.4％低いという評価）であった。これらはともに0.1％の水準で統計的に有意である。この結果は，人間には，ポジティブなイベントについては自分に起きる可能性が平均よりも高いと考え，ネガティブなイベントについては自分に起きる可能性が平均よりも低いと考える傾向があることを示している。

さらに興味深いことに，ネガティブなイベントについては，管理可能性の高い（自分の行動で防ぎうる程度が高い）イベントほど，自己評価がより楽観的になる（自分に起きる可能性を全体の平均よりも低く評価する程度が大きい）という傾向が認められた。これは，ネガティブなイベントを防ぐ管理能力について，人が自信過剰になりやすいことを示唆する。また，起きる可能性の高い

人をイメージしやすいイベントほど，自己評価が楽観的になるという傾向も認められた。これは，ネガティブなイベントが起きやすい人をイメージできる場合，人は自分がそのイメージとは違うと思い込みやすいことを示唆している。[5]

　Weinstein（1980）の調査は，米国の大学生に対するものであるが，先に紹介したLarwood and Whittaker（1977）が大学生と経営者について同じ傾向を見出したことを踏まえると，Weinstein（1980）が見出した傾向も経営者に妥当すると考えて大過ないであろう。そうすると，経営者には，自社の製品に問題があったり，社内で不祥事が起きたりするというネガティブなイベントに対しては，実際よりも低い生起確率を想定する傾向があることになる。また，自社の品質管理や内部統制に関する問題は，経営者自身による管理可能性が高いことから，自己評価が楽観的になりやすい。さらに，メディアの報道などによって事故・不祥事を起こした企業の経営者に対するイメージが形成されると，他の経営者は自分がこのイメージとは違うと思い込みやすくなる。このようにして，なぜ企業のリスク管理が甘くなるのか，という本章の問いに対して，行動ファイナンスあるいはその原点となった心理学的な研究からは非常にシンプルな解答が得られる。すなわち，人間には自信過剰あるいは楽観的になる傾向があり，経営者もまた人の子である，というものである。

　しかしながら，行動ファイナンスモデルが示唆するように問題の根がシンプルであれば，かえって一筋縄では解決できなくなる。それは次の2つの理由による。第1に，自信過剰や楽観的になるという人間の傾向は変えようにも変えられない。それどころか，多くの人が明るい未来を描いて生活する方が社会は良い方向に向かうだろうし，新たなビジネスを興したり，イノベーションに挑戦したりする人材を輩出するためには，自信過剰な傾向が人間に備わっていることも重要である。半数以上の人間が自分の能力は平均以下だと感じている社会が沈滞する様子は想像にかたくない。したがって，人間が自信過剰や楽観的となる傾向は，変えられないだけでなく変えるべきでもない。

　第2に，経営者の持つ自信過剰の傾向が，企業価値を最大化するような行動を妨げているのであれば，経営者の行動を是正するためにインセンティブを与えることが無意味となる。エージェンシーモデルの想定とは反対に，行動ファイナンスモデルでは，経営者は企業価値を最大化するように努力しているつもりなのである。ただ，経営者が非合理的（自信過剰）であるため，結果として

企業価値が最大化されてはいない。このような経営者にいくら企業価値を高めるようなインセンティブを与えても，自分がすでにそのように行動していると思い込んでいる経営者の行動は変わらないであろう。

このように，エージェンシーモデルと行動ファイナンスモデルはともに企業のリスク管理が甘くなるという状況を示唆するが，そのメカニズムには大きな違いがある。このような点を含めて，次節では2つのモデルに対するより詳細な比較を行う。

3 エージェンシーモデルと行動ファイナンスモデルの比較

第1節と第2節でみたように，エージェンシーモデルと行動ファイナンスモデルのいずれも，企業のリスク管理投資が最適なレベルよりも小さくなることを説明できる。本節ではこれら2つのモデルの類似性と相違点を検討する。以下ではまず，投資を決定する経営者の目的関数を簡単な誘導形で表すとき，それが2つのモデルで同じになるという類似性を示すことにする。[6] なお，ここでのエージェンシーモデルは，簡単な生産関数による定式化が可能な帝国の建設モデルを想定する。[7]

企業の投資には，生産型投資とリスク管理投資の2種類があるものとし，それぞれの投資のレベルをI, Kで表す。また，それぞれの投資が企業にもたらすグロスのリターンをf, gという関数で表す。f, gは単調増加型の凹関数とする。企業の資本コストをrとし，それ以外の資金調達に伴うコストはないと仮定する。このとき，2つのモデルにおける経営者の目的関数を下式のような誘導形で表すことができる。

$$\max_{I, K} (1+\gamma)f(I)/(1+r) + (1-\delta)g(K)/(1+r) - (I+K)$$

エージェンシーモデルの場合，γは，経営者が企業規模から私的な利益を得る程度（企業を大きくすることからくる満足感など）を表すパラメータであり，δは，その反動としてリスク管理投資がおろそかになる程度を表すパラメ

ータである。行動ファイナンスモデルの場合，γは，経営者が自信過剰になることによって生産型投資のリターンを過大に評価する程度を表すパラメータであり，δは，自信過剰によってリスク管理投資のリターン（事故・不祥事の可能性）を過小評価する程度を表すパラメータである。経営者の選ぶそれぞれの投資のレベルは，次の1階の条件によって与えられる。

$$f_I = \frac{1+r}{1+\gamma}$$

$$g_K = \frac{1+r}{1-\delta}$$

 もし，経営者にエージェンシー問題（規模拡大志向）がなく，自信過剰のバイアスもないと想定すれば$\gamma = \delta = 0$であり，2種類の投資のレベルは，ともに限界的なリターン（f_Iおよびg_K）が資本コスト（$1+r$）に等しくなるファーストベストの水準に決定される。エージェンシー問題もしくは自信過剰の問題が存在する場合には，$\gamma > 0$および$\delta > 0$であり，生産型投資のレベルは，限界リターンが資本コストを下回る過大投資となり，リスク管理投資のレベルは限界リターンが資本コストを上回る過小投資となる。

 このように，エージェンシーモデルと行動ファイナンスモデルにおける経営者の目的関数は，同じ誘導形によって表現することができる。このことは，様々な企業行動に対して2つのモデルが同じ予測を持ちうること，すなわち実証分析によってモデルの現実妥当性を識別することが困難であることを示している（Baker *et al.*（2007））。

 また，2つのモデルは排他的ではないので，どちらがより強い説明力を持つかが状況によって変わることも十分に予想される。例えば，第1節でみたように，エージェンシーモデルのいくつかのバリエーションによって，バブル崩壊後の日本企業でリスク管理が不十分となり，事故・不祥事が続発したことを多面的に説明することができる。一方，企業の事故・不祥事が普遍的な問題であることを説明する場合には，行動ファイナンスモデルの方により説得力があると思われる。

 実証による識別が困難であることとは対照的に，リスク管理投資を含む企業の投資をファーストベストなレベルに近づけるためにどのような方策が有効か，という規範的な示唆に関しては，2つのモデルに大きな相違がある。エー

ジェンシーモデルでは,経営者は,規模の拡大,評判の獲得といった私的な目的を持っており,これを合理的に追求する。したがって,経営者に企業価値(株主利益)を尊重するようなインセンティブを与えれば,経営者はこれに合理的に反応すると予想される。すなわち,報酬契約などのインセンティブ契約が,最適なリスク管理投資を含む企業価値の最大化に向けて,経営者を規律づける有効な手段となる。

これに対して,行動ファイナンスモデルでは,経営者は自分があくまでも企業価値を最大化していると信じている。ただ自信過剰なゆえに,投資機会のもたらすキャッシュフローやリスク管理体制に対して楽観的になっているのである。このように経営者がすでに企業価値を最大化していると思い込んでいる以上,インセンティブ契約によって行動を修正することは困難である。こうして行動ファイナンスモデルは,報酬などのインセンティブ契約が,最適なリスク管理投資を含む企業価値の最大化にとって有効ではないことを示唆する。

また,エージェンシーモデルと行動ファイナンスモデルは,ともに社外取締役などのチェック機能を充実させることがコーポレートガバナンス(企業価値の最大化)にとって有効であることを示唆するが,その理由は異なっている。チェック機能が働く場合,エージェンシーモデルによれば,経営者はやりたいことをやることができなくなる。これに対して,行動ファイナンスモデルによれば,自信過剰な経営者に頭を冷やす機会が与えられる。

4 おわりに

学術理論には転機がつきものである。コーポレートファイナンスの理論も例外ではない。その中でも企業経営者の理論的な扱いは大きな変化をとげてきた。古典的な経済理論では,経営者は利潤(企業価値)を最大化する経済主体としての企業の一部であり,彼らに大きな存在意義はなかった。その後,エージェンシー理論により,経営者は自分自身の利益を最大化する独立した経済主体であり,その目的は企業価値の最大化とは異なるというフレームワークが提示された。このフレームワークは企業行動の分析に多大な成果をもたらした。

また，経営者に企業価値の最大化を意識させるためには適切なインセンティブを与えることが重要であることを示した。その一方で，エージェンシー理論においても，あくまで経営者は合理的な経済人であり，自己の利益を最大化するために最適な行動を取る，と想定されていた。本章の前半でみたように，エージェンシーモデルが想定する経営者の行動パターンによって，バブル崩壊後の日本企業でリスク管理が不十分となった事情を多面的に説明することができた。

最近になって，コーポレートファイナンスの理論に再び転機が訪れた。それは経営者が非合理的な（自信過剰となる傾向を持つ）人間であると想定するものである。この行動ファイナンスと呼ばれるアプローチは，企業の行動に対してエージェンシーモデルよりも簡単な説明を与えることができる。企業のリスク管理が不十分になることに対しても，経営者には自社の品質管理や内部統制のあり方について自信過剰になる傾向があるというシンプルな理由づけが可能となる。

エージェンシーモデルと行動ファイナンスモデルは，ともに企業行動に対する豊富な示唆を持っており，企業のリスク管理が甘くなることに対してもそれぞれのモデルから説得力のある説明が得られる。その半面，規範的な議論においては，経営者にインセンティブを与えることが，エージェンシーモデルでは最適なリスク管理にとって有効となる一方，行動ファイナンスモデルでは有効とはならない。

行動ファイナンスモデルを採用する場合に，人間が持つ自信過剰となる傾向自体を悲観することは適切ではない。自信過剰気味であること，楽観的になりがちであることは，人間がチャレンジ精神を持ち社会にイノベーションをもたらすための重要な要素である。したがって，このような傾向が，リスク管理の面では企業や社会にとってマイナスに作用しうるということを，経営者を含むすべての人々が認識し，そのマイナスの影響を小さくするように工夫することが重要となる。これからのコーポレートガバナンスに期待されているのもそのような方向性であろう。

企業のリスク管理やコーポレートガバナンスに対して，エージェンシーモデルと行動ファイナンスモデルが共通して示唆するのは，経営者をチェックする体制の重要さである。経営者による意思決定の歪みが利己的な動機によるもの

第3章 なぜ企業のリスク管理が甘くなるのか

か，自信過剰によるものかにかかわらず，チェック機能が働くことによって問題が是正されうる。したがって，経営者の監視役に十分な地位と権限を与えること，経営者が自ら率先して監視役の意見を尊重すること，意思決定（投資の選択）について十分な説明をすること，といった基本的な取り組みが重要となる。この方向に沿う最近の動きとして，内部統制に関する経営者の報告と会計士の監査が金融商品取引法によって制度化されたことが挙げられる。こうした制度は企業に相当の費用負担をもたらすが，これは経営者と監視役の相互作用によって企業価値を高めるための有効な投資と捉えることができる。

最後に，本章では意思決定者として経営者を念頭に置いて議論を進めてきたが，同じような意思決定の問題が企業には階層的に存在することにも注意が必要である。企業の中の一部門長にも，自らの担当部門を大きくしたいという規模拡大志向や，早く業績を上げたいという短期志向によってエージェンシー問題が生じうる。あるいは，自分の部門については統率がとれているという自信過剰になる傾向もあろう。このように，本章で分析した問題は企業内の様々な階層で生じうる。最適なレベルのリスク管理が実施される体制を作ることは想像以上に困難であり，それだけに企業の組織的な力が試されている。

[注記]
1) トービンのqは，総資産の取替価額に対する企業価値（株式と負債の時価）の比率である。企業が資産を効率的に利用するほど，理論上トービンのqが大きくなることから，実証研究では，トービンのqを企業の効率性（パフォーマンス）の代理変数として使用することが多い。
2) 本文で論じたように，経営者のインセンティブ（規律づけ）が強いほど企業の価値（パフォーマンス）が高まる，という結論部分においては，帝国の建設モデルと静穏な生活モデルは整合的である。経営者の持つインセンティブをモデル化した最近の研究にTeshima and Shuto（2008）がある。
3) 行動ファイナンスをベースとする自信過剰な経営者のモデルには，情報の非対称性やエージェンシー関係をベースとする従来のモデルよりもシンプルに企業の行動を説明することができる利点がある。例えば，企業による資金調達の方法に，内部留保，負債の発行，株式の発行という優先順位（ペッキングオーダー）がみられるという現象に対しては，自信過剰な経営者は自社の株式が市場で過小に評価されていると考えるため，新株を発行したがらないという説明が可能である。また，過大投資の問題については，自信過剰な経営者は将来キャッシュフローを楽観的に評価するため，プロジェクトの正味現在価値を誤って正と判断しがちであるという説明が可能である。
4) それぞれのイベントがポジティブなのかネガティブなのかは，別のグループの大学生が行

った評価によって確認された。
5）これはKahneman and Tversky（1972）が指摘した，人間には実際の確率よりも代表的な特徴を持つかどうかで起こりやすさを判断する傾向があるという代表性（Representativeness）のヒューリスティックに通じるものである。
6）本節の誘導形モデルは，Stein（2003）とBaker *et al.*（2007）がそれぞれのサーベイ研究の中で提示したものを参考にしている。
7）また，企業規模を拡大するような生産型投資が過大になると，リスク管理投資が過小になるという意味で，何らかの資金制約があることを暗に仮定している。

[参考文献]

Aggarwal, Rajesh K. & Andrew A. Samwick (1999), "Empire-Builders and Shirkers : Investment, Firm Performance, and Managerial Incentives," NBER Working Paper 7335, National Bureau of Economic Research.

Baker, Malcolm, Richard S. Ruback & Jeffrey Wurgler (2007), "Behavioral Corporate Finance," in B. Espen Eckbo ed., *Handbook of Corporate Finance : Empirical Corporate Finance Vol.1*, North-Holland, pp.145-186.

Baumol, William J. (1959) *Business Behavior, Value and Growth*, Macmillan. (ウィリアム J．ボーモル著，伊達邦春，小野俊夫訳『企業行動と経済成長』ダイヤモンド社，1962年)

Berle, Adolf A., Jr. & Gardiner C. Means (1932), *The Modern Corporation and Private Property*, Macmillan. (アドルフ A．バーリ Jr.，ガーディナー C．ミーンズ著，北島忠男訳『近代株式会社と私有財産』文雅堂書店，1958年)

Bertrand, Marianne & Sendhil Mullainathan (2003), "Enjoying the Quiet Life? Corporate Governance and Managerial Preferences," *Journal of Political Economy*, Vol.111, pp.1043-1075.

Hart, Oliver & John Moore (1995), "Debt and Seniority : An Analysis of the Role of Hard Claims in Constraining Management," *American Economic Review*, Vol.85, pp.567-585.

Heaton, James B. (2002), "Managerial Optimism and Corporate Finance," *Financial Management*, Vol.31, pp.33-45.

Jensen, Michael C. (1986), "Agency Costs of Free Cash Flow, Corporate Finance, and Takeovers," *American Economic Review*, Vol.76, pp.323-329.

Jensen, Michael C. & William H. Meckling (1976), "Theory of the Firm : Managerial Behavior, Agency Costs and Ownership Structure," *Journal of Financial Economics*, Vol.3, pp.305-360.

Kahneman, Daniel & Amos Tversky (1972), "Subjective Probability : A Judgment of Representativeness," *Cognitive Psychology*, Vol.3, pp.430-454.

Larwood, Laurie & William Whittaker (1977), "Managerial Myopia : Self-Serving Biases in Organizational Planning," *Journal of Applied Psychology*, Vol.62, pp.194-198.

Malmendier, Ulrike & Geoffrey Tate (2005), "CEO Overconfidence and Corporate Investment," *Journal of Finance*, Vol.60, pp.2661-2700.

Montier, James (2002), *Behavioural Finance : Insights into Irrational Minds and Markets*, John Wiley & Sons.(ジェームス・モンティア著，真壁昭夫監訳，川西諭，栗田昌孝訳『行動ファイナンスの実践』ダイヤモンド社，2005年)

Narayanan, M. P. (1985), "Managerial Incentives for Short-term Results," *Journal of Finance*, Vol.40, pp.1469-1484.

Roll, Richard (1986), "The Hubris Hypothesis of Corporate Takeovers," *Journal of Business*, Vol.59, pp.197-216.

Scharfstein, David S. & Jeremy C. Stein (1990), "Herd Behavior and Investment," *American Economic Review*, Vol.80, pp.465-479.

Stein, Jeremy C. (1989), "Efficient Capital Markets, Inefficient Firms : A Model of Myopic Corporate Behavior," *Quarterly Journal of Economics*, Vol.104, pp.655-669.

Stein, Jeremy C. (2003), "Agency, Information and Corporate Investment," in George M. Constantinides, Milton Harris & Rene M. Stulz eds., *Handbook of the Economics of Finance Vol.1 : A Corporate Finance*, Elsevier, pp.111-165.(ジェレミーC. シュタイン著，高橋大志訳「エージェンシー，情報，そして企業の投資」，加藤英明監訳『金融経済学ハンドブック1：コーポレートファイナンス』丸善，2006年，pp.121-177.)

Stulz, Rene M. (1990), "Managerial Discretion and Optimal Financing Policies," *Journal of Financial Economics*, Vol.26, pp.3-27.

Teshima, Nobuyuki & Akinobu Shuto (2008), "Managerial Ownership and Earnings Management : Theory and Empirical Evidence from Japan," *Journal of International Financial Management & Accounting*, Vol.19, pp.107-132.

Weinstein, Neil D. (1980), "Unrealistic Optimism about Future Life Events," *Journal of Personality and Social Psychology*, Vol.39, pp.806-820.

Zwiebel, Jeffrey (1996), "Dynamic Capital Structure under Management Entrenchment," *American Economic Review*, Vol.86, pp.1197-1215.

第4章 会計リスク顕在化の経済的影響

はじめに

　現行の会計基準は，財務諸表を作成するために，多くの会計上の見積もりを要求しており，主要な見積もりの根拠は財務諸表での開示が求められている（Eccles et al., 2002）。Eccles et al. (2002) は，このような会計上の見積もり等に関する不確実性を会計リスクと呼んだ。会計上の見積もりにはミスが伴うことがあるため，公表された会計数値に事後的に誤謬が発見されることがある。また経営者が意図的な不正を行って，自己に都合が良いように会計数値を歪めるケースもある。つまり公表済みの財務諸表の数値には，誤りが含まれている可能性が少なからず存在するのである。米国では，このような会計数値に関する誤謬が事後的に発覚した場合には，ただちに財務諸表を修正することが求められる。

　このような修正は修正再表示（restatement）と呼ばれ，会計リスクの顕在化と考えられる。修正再表示とは，過去に公表した財務諸表についてミスや不正などの誤謬が存在した場合，その訂正を過去に遡及して反映するための修正のことをいう[1]。

　近年の米国の会計研究をみると，修正再表示に関する論文が数多く公刊されている。米国では過去10年において，この修正再表示が急増しており，その実態を解明するために多くの研究が取り組まれている（Wilson, 2008）。本章では，修正再表示に関する米国の実証研究をサーベイすることによって，修正再表示に関する実態を明らかにすることを目的とする。すなわち，会計リスクの顕在化が企業活動に与える影響を検討する。

サーベイの対象とする論文は，2つの分析視点から検討を行う。第1の分析視点は，修正再表示の公表の経済的影響を解明することである。具体的には，修正再表示の公表に対する株価反応を確認することで，修正再表示が投資家の意思決定に影響を与えているかどうかを検討する。また株価反応だけではなく，訴訟の発生可能性，経営者交代または取締役の解任等に与える影響も検討することによって，修正再表示の経済的影響を包括的に解明する。

　第2の分析視点は，修正再表示の決定要因を明らかにすることである。修正再表示を発生させる要因と抑制する要因について，先行研究の発見事項に依拠して体系化を行う。ここでは，経営者報酬制度，取締役会および監査委員会の独立性や能力などが修正再表示の公表を促す（または抑制する）要因となっていることを明らかにする。

　わが国では，米国とは異なり，公表済み財務諸表を過年度に遡って修正するという会計実務は基本的に行われてこなかった。しかし会計基準委員会は，2008年6月に「会計上の変更及び過去の誤謬に関する検討状況の整理」（以後，検討状況の整理）を公表しており，草案の公開を経て，わが国でも修正再表示を含む過年度遡及修正が実施される見通しである。したがって本稿の議論は，過年度遡及修正が定着していない，わが国の会計実務に新基準が与える影響を考察する上でも有益であると思われる。[2]

　またリスクマネジメントに関する多くの研究では，事業リスク，市場リスクおよび信用リスクの分析に焦点が集中し，会計情報に付随するリスクについてはあまり議論されることはない。本論文では，修正再表示が企業価値に影響を与えることを示すとともに，そのマネジメントに有効な対応策についても言及を行う。したがって会計リスクの管理という観点から，実務に対する示唆を提示することも，本研究の目的の1つとしたい。

　以下第3節では，修正再表示の公表が株式市場に与えた影響を検証した一連の研究成果を要約する。第4節では，株価反応以外の経済的影響を調査した研究を検討する。続く第5節では，修正再表示の決定要因に関する研究を紹介する。最後の第6節において，本稿における発見事項の要約を行い，わが国の会計実務に対するインプリケーションを提示する。

1 米国における修正再表示の開示実務

1-1 修正再表示の対象項目

　個別の実証研究の検討に入る前に,米国における修正再表示の開示実務を概観しておこう。ここでは,①修正再表示の対象となった項目,②修正再表示の開示を促した主体,③修正再表示の質的内容,という3点について米国の先行研究のデータに依拠して確認する。

　Palmrose and Scholz (2004) では,1995年から1999年までの期間に行われた492件の修正再表示をサンプルにして,修正再表示の対象となった項目を要約している。具体的には,経常的な営業活動が反映されるコア利益 (core earnings) に関する項目と,そうでない項目の修正再表示に大別し,さらに詳細な項目ごとの開示数とその割合を要約した (Palmrose and Scholz, 2004, p.157, Table 4)。彼らの調査結果を図表4-1に要約している。

　図表4-1をみると,コア利益に関連する項目の修正は305社(全体の62%)であり,コア利益に関連しない項目の修正は253社(51%)となっている。すべての項目の中で,最も多い修正は収益認識に関するものであり,修正再表示を行った492観測値の中で,184社(37%)がその修正を報告している。続いて多い項目は,営業費用に関連する項目であり,165社(34%)がこの項目に

図表4-1　修正再表示の対象となった項目

項目	企業数	割合
コア利益に関連する項目	305	62%
収益認識	184	37%
売上原価	73	15%
営業費用	165	34%
再分類による表示変更	3	1%
コア利益に関連しない項目	253	51%
一時的・特別項目	78	16%
M&A関連	141	29%
営業外項目	65	13%

注:Palmrose and Scholz (2004, p.157 Table 4)をもとに筆者が要約。

関係する修正を行っていた。

そして3番目に多いのは,M&Aに関連する項目であった。141社（29％）がM&Aの項目に関する報告を行っているが,その中でも特に多かったのが,仕掛かり中の研究開発費（in-process R&D：IPR&D）に関するものであり,93社（19％）がこれを報告していた。この後は,リストラ関連費用といった一時的および特別項目（16％）,売上原価（15％）,金融商品の処理などに関連する非経常項目（13％）,勘定科目の再分類による表示変更（1％）,といった順番になっている。[3]

1-2 修正再表示の質的内容

またPalmrose et al.（2004）は,修正再表示の開示を促した主体とその質的内容について要約を行っている。彼らのサンプル選択基準は,Palmrose and Scholz（2004）と同一であるが,追加的なデータの入手可能性から最終的な観測値数は403となっている。調査結果は,図表4－2にまとめている。

修正再表示の開示を促した主体としては,企業（経営者）自身による開示が107社（27％）であり,SECによる指導が96社（24％）となっている。米国では,SECが粉飾決算や不正会計の摘発・処罰を実施し,その詳細を「会計と監査に関する執行措置通牒」（Accounting and Auditing Enforcement Release：AAER）において公表することが知られている（須田,2000,p.366）。このようなSECの調査や摘発は,しばしば企業の修正再表示を導くことになる。また

図表4－2　修正再表示の開示を促した主体および質的内容

開示を促した主体	企業数	割合
監査人	72	18％
SEC	96	24％
企業（経営者）	107	27％
不明	128	32％
質的内容		
会計不正	83	21％
会計不正ではない	320	79％

注：Palmrose et al.(2004, p.72 Table 4)をもとに筆者が要約。

外部監査人の指摘による公表は72社（18％）であり，SECのケースよりも少ない。残りの32％は，開示を促した主体が，公表情報において不明であると報告されている。

さらに，修正再表示の質的内容についても特定されている。ここでいう質的内容とは，修正再表示の原因が，経営者による意図的な会計上の不正（fraud or irregularities）によるものか，単なるミスによる誤謬（errors）かの相違をいう。彼らの報告によれば，403観測値中の83社（21％）が不正による修正であり，320社（79％）が不正ではないと識別されている。[4] 約5分の1の企業の修正再表示が不正会計に起因するという集計結果は，修正再表示の開示実務に慣れていないわが国の感覚からすると，予想外に高い割合である。以後に検討する実証分析では，本節で概観した修正再表示の具体的な内容が重要な検討材料となる。なぜなら修正再表示の内容の相違に応じてその経済的影響が異なることが予想されるためである。以下では修正再表示の公表の具体的な経済的影響を検討していく。

2 修正再表示の株式市場に与える経済的影響

2-1　修正再表示と株価反応

　修正再表示の経済的影響を考察するにあたり，修正情報の公表が株価形成に与える影響から検討していきたい。先行研究の多くは，修正再表示情報の公表日前後の短期の株価反応を調査し，異常リターンが負の値になることを報告している（Anderson and Yohn, 2002; Palmrose et al., 2004; Lev et al., 2008; Hennes et al., 2007）。例えばPalmrose et al.（2004）は，修正再表示の公表日前後の異常累積リターンは平均で－9.2％となり，Lev et al.（2008）は－10.7％となること示した。また公表される修正額の大きさと，株価反応の大きさは正の相関関係を有することも示されている。これらの調査結果は，修正再表示の公表が市場に負の影響を与え，負の方向への利益修正額が大きいほど，株価下落も大きくなることを示唆している。

　また修正再表示に対する株価反応は，修正の内容によって異なることも明ら

かとなっている。特に負の市場反応が大きくなるケースは，第1に，単なる誤謬ではなく，意図的な会計上の不正によって修正再表示を行った場合である。Hennes et al. (2007) は，意図的な不正による修正再表示に関する公表日前後の15日間の累積異常リターン（−13.64％）は，意図的ではない単なる誤謬の累積異常リターン（−1.93％）よりも大きな負の値になることを示した。同様の傾向を示す結果は，Palmrose et al. (2004) や Lev et al. (2008) でも報告されている。また企業の監査人によって強制された修正再表示に対しても，市場の負の反応はより大きくなることを示す経験的証拠も存在する（Palmrose et al., 2004）。

第2に，修正対象の項目の相違に応じて株価反応が異なることが検証されている。具体的には，売上高の認識に関する修正やコア利益に関する修正は，負の株価反応がより一層大きくなることが示されている（Anderson and Yohn, 2002; Palmrose et al., 2004; Lev et al., 2008）。将来の収益性に関する投資家の期待形成において，収益の認識やコア利益の改訂は重要な影響を与え，市場は大きな反応を示したと考えられる。

第3に，修正再表示の公表時に，修正の額を開示しない企業については，負の異常リターンが相対的に大きくなることも明らかとなっている（Palmrose et al., 2004; Lev et al., 2008）。これは修正に関する詳細な情報が欠如しているため，その不確実性に対して，市場がネガティブな反応をしたと解釈できる。

第4に，連続増益や連続黒字を修正するといった過去の利益パターンを変更する修正再表示に対して，負の株価反応はより大きくなることが示されている（Lev et al., 2008）。Lev et al. (2008) は，修正再表示によって連続増益や連続黒字がとぎれるような場合には，そうでない修正再表示の公表と比較して，株式リターンはより大きな負の反応を示す，という結果を提示した。彼らの調査結果は，上に挙げた他の修正再表示の内容をコントロールしてもなお頑健であった。

以下では，修正再表示の公表の株価反応を包括的に分析した Lev et al. (2008) の研究を概観しよう。彼らは，1977年から2002年までの間に公表された米国上場企業の修正再表示について，分析に必要なデータが入手可能な821観測値をサンプルとした。修正再表示の影響が株式市場に与える影響を調査するために以下のような回帰式を設定した。

$$R = \alpha + \beta_1 Current + \beta_2 Currentmag + \beta_3 Laggedmag$$
$$+ \beta_4 Undoearngrow + \beta_5 Undoearnpos + \beta_6 Revenue$$
$$+ \beta_7 Nonumbers + \beta_8 SEC + \beta_9 Fraud + \varepsilon$$

R = 修正再表示の公表日前後3日間のベータ調整済みリターン。
$Current$ = 修正再表示が必要な直近の決算日から4か月以内に修正再表示を公表した場合には1, そうでなければ0を示すダミー変数。
$Currentmag$ = 直近の決算日で行われた修正再表示の修正総額を時価総額で基準化した値。
$Laggedmag$ = 直近の決算日以外で行われた修正再表示の修正総額を時価総額で基準化した値。
$Undoearngrow$ = 修正再表示により連続増益が途切れた場合には1, そうでなければ0を示すダミー変数。
$Undoearnpos$ = 修正再表示により連続黒字が途切れた場合には1, そうでなければ0を示すダミー変数。
$Revenue$ = 収益認識に関する修正再表示があれば1, そうでなければ0を示すダミー変数。
$Nonumbers$ = 修正再表示の総額が修正再表示の公表日に開示されていなければ1, そうでなければ0を示すダミー変数。
SEC = SECの強制による修正再表示であれば1, そうでなければ0を示すダミー変数。
$Fraud$ = 不正を伴う修正再表示であれば1, そうでなければ0を示すダミー変数。

従属変数には, 修正再表示公表日前後の株式リターンを用いており, 推計には最小2乗法が用いられている。Lev $et\ al.$ (2008) の主要な関心は, 修正再表示の公表によって連続増益や連続黒字が途切れた場合に, 負の株価反応がより大きくなるかを検証することである。すなわち修正再表示が, 修正時までの利益の推移を変更した場合の株価反応を, 他の修正再表示と比較したのである。分析に当たっては, 修正再表示により連続増益 (連続黒字) が途切れたか否かを示す $Undoearngrow$ ($Undoearnpos$) というダミー変数を設定した。

図表4-3 Lev et al.（2007）の調査結果

	従属変数＝R	
	予測符号	係数（t値）
α		−0.035* (−2.3)
Current	?	−0.013 (−0.9)
Currentmag	＋	0.128* (2.5)
Laggedmag	＋	−0.050 (−0.9)
Undoearngrow	−	−0.052* (−2.8)
Undoearnpos	−	−0.039 (−2.5)
Revenue	−	−0.050* (−4.3)
Nonumbers	−	−0.079* (−6.3)
SEC	＋	0.049* (3.7)
Fraud	−	−0.094* (−5.1)
R^2		20.2%

注：Lev et al. (2007, Table 3) をもとに筆者が要約。各変数の定義については，本文の回帰式を参照。
* 5％水準もしくは1％水準で有意。

　また先行研究の発見事項に依拠して，収益認識に関する修正（*Revenue*），修正額の公表の有無（*Nonumbers*），SECの強制による修正（*SEC*）および不正会計に起因する修正（*Fraud*）といった要因を識別するダミー変数も回帰式に追加している。すでに確認したように，収益認識に関する修正，修正額を公表しない場合，SECの強制による修正および不正会計による修正については，負の株価反応が大きくなることが予想される。回帰式の推定結果は図表4-3に要約した。

　図表4-3をみると，*Undoearngrow*（*Undoearnpos*）の係数は−0.052（−0.039）であり，有意な負の値となっているのがわかる。この結果は，修正再

表示を実施することで，連続増益や連続黒字がとぎれるような場合には，株式リターンはより大きな負の反応を示す，ということを意味している。設定した他の変数も，事前の予測並びに先行研究と整合的な調査結果となっている。Lev et al. (2008) は，この結果に基づいて，過去からの利益成長や動向に修正をもたらすような項目の開示は，企業や投資家にとって重要なインプリケーションをもたらすとして，修正再表示情報の重要性を主張している。

2-2　株式市場に関するその他の研究

修正再表示の公表が，利益反応係数（earnings response coefficient）に与える影響を考察した研究として，Anderson and Yohn (2002) と Wilson (2008) がある[5]。Anderson and Yohn (2002) は，修正再表示の公表が，利益反応係数で測定される利益の情報内容に与える影響を調査し，修正再表示の公表後の四半期報告書において，企業の利益反応係数が低下することを示した。

さらに Wilson (2008) は，そのような利益反応係数の低下傾向は一時的なものであり，公表後の4四半期後（1年後）には情報内容が回復していることを示した。ただし，収益認識に関する修正に関しては，他の項目よりも低下傾向が継続することも明らかになっている。これらの結果は，修正再表示の公表後の短期間においては，利益の情報内容が大きく減少することを意味しており，財務報告に対する投資家の信頼性が低下したことを示唆している。

この他にも，修正再表示の公表は資本コストを増加させる (Hribar and Jenkins, 2004)，アナリスト予想値の正確性を低下させ，その分散を拡大する (Palmrose et al., 2004; Hribar and Jenkins, 2004)，といった株式市場に関係する経験的証拠も提示されている。いずれの結果も，修正再表示が投資家の行う企業の将来予測に関する不確実性を高めていることを示唆するものである。以上の本節で扱った調査結果は，修正再表示の開示が株式市場に実質的な影響を与えているとともに，その修正内容に応じて，投資家は異なる反応を行っていることを意味している。

3 修正再表示のその他の経済的影響

3-1 修正再表示と集団訴訟

　本節では，修正再表示に関するその他の経済的影響を要約する。まず修正再表示の公表と集団訴訟の関係を確認する。修正再表示の公表に伴う株価下落により，不利益を被った利害関係者が訴訟を起こす可能性を検討する。

　修正再表示と集団訴訟の関連性を調査した研究として，Palmrose and Scholz (2004)，Lev et al. (2008) およびHennes et al. (2007) がある。Palmrose and Scholz (2004) は修正再表示の項目内容に着目し，訴訟との関連性を分析した。その結果，コア利益に関連する修正再表示ほど，訴訟発生の可能性が高まることを示した。特にコア利益に関連する項目の中でも，収益認識に関する修正が大きな影響を有することを示し，さらに修正再表示における修正の項目数（勘定科目数）が多い企業ほど，訴訟の可能性が高まることを発見している。

　またHennes et al., (2007) は，修正の質的内容に注目し，意図的ではない単なる誤謬よりも，会計不正に伴う修正再表示のほうが訴訟を導く可能性が高いことを示した。会計不正による修正再表示と集団訴訟の有意な関連性は，Palmrose and Scholz (2004) とLev et al. (2008) でも確認されている。さらにLev et al. (2008) は，株価反応と同じように，連続増益のような過去の良好な利益パターンを変更するような修正は，訴訟の発生可能性を高めることを報告している。

　ここでは上述の研究の中から，Palmrose and Scholz (2004) の分析方法と調査結果を検討しよう。Palmrose and Scholz (2004) は，1995年から1999年までの期間に行われた492件の米国企業の修正再表示をサンプルとして，以下のようなロジット回帰式を設定した。

$$\begin{aligned}Litigation = \ & \alpha + \beta_1 Core\ accounting + \beta_2 Numberissues + \beta_3 Fraud \\ & + \beta_4 Percentage + \beta_5 Numberyears \\ & + Other\ control\ variables + \varepsilon\end{aligned}$$

　Litigation＝修正再表示の公表後に集団訴訟が行われていれば1，そうでな

ければ0を示すダミー変数。
Core accounting ＝コア利益に関する修正再表示であれば1，そうでなければ0を示すダミー変数。
Numberissues ＝修正再表示によって修正される勘定科目数。
Fraud ＝不正を伴う修正再表示であれば1，そうでなければ0を示すダミー変数。
Percentage ＝修正再表示による利益変化（％）。
Numberyears ＝修正再表示により修正された年数。

　従属変数の*Litigation*は，集団訴訟の有無を示すダミー変数である。Palmrose and Scholz（2004）が仮説検証の対象とした変数は，*Core accounting*と*Numberissues*の2つである。彼らは，①コア利益に関する修正（*Core accounting*）と②修正対象となる項目数（*Numberissues*）が多い修正再表示ほど，負の株価反応は大きくなると予測した。また，不正の有無（*Fraud*），修正再表示が利益額に与える影響（*Percentage*）および修正された年数（*Numberyears*），といった項目もコントロール変数として設定した。さらに規模などの企業特性，株価変動または監査法人の規模などの訴訟の発生に与える影響要因（*Other control variables*）もコントロールしている。

　ロジット回帰式の推定結果は図表4-4に報告している。*Core accounting*と*Numberissues*の係数をみると，予測通り，有意な正の値となっている。したがって，コア利益に関する修正再表示と修正対象となる勘定科目数が多い修正再表示ほど，集団訴訟の発生可能性が高まることが示されている。その他の変数については，*Fraud*の係数が予測符号と一致する形で有意な値となっていた。これは不正会計に起因する修正再表示が訴訟の可能性を高めることを示唆している。以上の調査結果は，経営陣に対する訴訟を分析したものになるが，Palmrose and Scholz（2004）は監査人に対する訴訟に関しても分析を行い，ほぼ同様の結果を得ている。したがって本節で検討した先行研究は，特定のケースの修正再表示が集団訴訟の可能性を高めることを意味している。

図表4-4　Palmrose and Scholz (2004) の調査結果

	従属変数=Litigation	
	予測符号	係数 (p値)
α		−4.63*** (0.000)
Core accounting	+	1.02*** (0.001)
Numberissues	+	0.44*** (0.002)
Fraud	+	1.77*** (0.000)
Percentage	−	0.04** (0.049)
Numberyears	+	0.13 (0.477)
Log likelihood		355.5
Model Chi-square		202.3

注：Palmrose and Scholz (2004, Table 6) をもとに筆者が要約。各変数の定義については、本文の回帰式を参照。上記以外のコントロール変数については、掲載を省略した。
*** 1％水準で有意，** 5％水準で有意。

3-2　修正再表示と経営陣の交代

　会計上の誤謬に起因する修正再表示の実施は，経営陣の責任問題となる可能性がある。そこで修正再表示の公表後に，経営者交代が行われているかどうかを検証した研究に注目したい。修正再表示の公表と経営者交代の可能性の関係を分析した研究として，Desai *et al.* (2006) と Hennes *et al.* (2007) がある。Desai *et al.* (2006) は，修正再表示の公表企業では，規模や業績を勘案したコントロール企業と比較して，経営者交代の可能性が増加することを示した。修正再表示を公表した企業の60％では，公表後24か月以内に，少なくとも1人以上のCEOの交代が行われている。これに対して，コントロール企業の経営者交代の発生確率は35％であり，その差は有意であった。

　さらに退職した経営者は，後の再就職においても，前職と同規模の企業に就職することや，同等の職位を得ることが困難になることがわかっている。これは修正再表示の公表が，経営者に対して，内部と外部の労働市場における，名

声の下落という厳しいペナルティを課していることを意味する[6]。またHennes et al. (2007) は，株価反応ならびに集団訴訟の分析結果と一致する，会計不正に起因する修正のほうが経営者交代の可能性を高めるという証拠を提示した。

同様の分析視点から，修正再表示に伴う外部取締役のペナルティに着目した研究として，Srinivasan (2005) がある。Srinivasan (2005) は，修正再表示は財務諸表に関する誤謬であるため，特にその責任が重いと思われる監査委員会の外部取締役に注目した。調査を行った結果，監査委員会の外部取締役は，修正再表示後に離職をしているケースが多く，後に他企業の取締役会に再就任することも困難となっていることがわかった。修正再表示の公表による評判低下のペナルティは，財務諸表の質を保持することが期待される監査委員会の外部取締役には特に厳しいことがうかがえる。以上の結果から，修正再表示の公表は，経営陣の交代や再就職といった経営者労働市場にも影響を与えていることが推測される。

4 修正再表示の決定要因

4-1 修正再表示を発生させる要因

前節までの検討で，修正再表示の公表が様々な経済的影響をもたらすことが確認された。本節では，修正再表示が生じる原因や，反対にそれを抑制する要因を検討する。Burns and Kedia (2006) は，経営者報酬制度が修正再表示を生じさせる要因となっていることを特定した。様々な種類の報酬契約の中で，ストック・オプションによる動機づけが高い企業では，修正再表示が発生する可能性が高いことがわかった。このような企業の経営者は，報酬を増加させるために，株価のマネジメントを意識した会計上の操作を行うため，修正再表示の件数が相対的に多くなると説明される。

Kedia and Philipon (2007) もまた，修正再表示の遡及修正の対象となる期間内において，経営者は積極的にストック・オプションの行使を行っていることを示した。さらに，この期間においては，労働者の雇用の拡大や過剰な投資が実施されていることも示されており，公表後にはそのような行動は有意に減

少する。企業の低い生産性を隠したい経営者は，利益数値を歪めるだけでなく，雇用や投資行動に関しても好調な経営活動を印象づける行動を取っているようである。

またRichardson et al. (2002) は，修正再表示を行った企業は，公表前の期間において外部資金調達に積極的であったことを示した。また同企業は，公表前に，連続増益や連続黒字といった傾向を維持しているという特徴も確認された。前者の結果は，低い資金調達コストを意識した結果であり，後者は利益成長が途切れた場合の株価下落を懸念したものと考えられる。したがって修正再表示企業は，資本市場の強いプレッシャーを受けていた企業であると解釈することができる。

4-2　修正再表示を抑制する要因

以上は，修正再表示を引き起こす要因として理解することができるが，一方で，修正再表示を抑制する要因も，先行研究によって明らかとなっている。多くの研究は，コーポレートガバナンスの観点からこれを議論している。例えば，Agrawal and Chadha (2005) は，取締役会や監査委員会の独立性と修正再表示の発生可能性の関係を分析した。ここでいう独立性の高い取締役とは，経営者との利害関係が少なく，客観的な意思決定ができる役員を指し，社外取締役などがこれに該当する。独立性の高い取締役会や監査委員会のメンバーは，経営者を監視する高い能力が期待されるため，修正再表示の発生を抑えることが期待される。分析を行った結果，独立性の高い取締役会と監査委員会のメンバーが会計・財務のエキスパートである場合には，修正再表示の発生を有意に抑えることがわかった。一方で，経営者が創業者一族に属する場合には，修正再表示の発生する可能性は高くなることが示された。

またAbbott et al. (2004) は，監査委員会の独立性が高い企業，委員会の活動が活発な企業（監査委員会を年に4回以上開催）では，修正再表示の発生件数が有意に減少することを示す分析結果を提示した。さらに監査委員会に，会計・財務のエキスパートがメンバーとして所属している場合にも，修正再表示は減少することがわかった。

さらに第3節において，修正再表示の公表は利益の情報内容を減少させるこ

とを確認したが，Wilson（2008）によれば，修正後に監査人や経営者が交代していれば，情報内容の減少は生じないことが示されている。これは投資家が，修正再表示企業の人事関連の対応策を高く評価し，財務報告の信頼性が維持されたことを意味する。同時にこの結果は，監査人や経営者が，修正再表示が毀損した財務報告の信頼性を回復するために重要な役割を果たしていることを示唆している。

この他にも最高財務責任者（CFO）の属性に注目した研究として，Aier et al.（2005）がある。彼らは，CFOが会計・財務の専門能力が高い場合には，当該企業の修正再表示の発生は抑制されることを示している。具体的には，従属変数に修正再表示の有無を示す変数を用いて，以下のようなロジット回帰分析を行った。

$$REST = \alpha + \beta_1 CFOEXP + \beta_2 ELSE + \beta_3 MBA + \beta_4 CPA + Other\ control\ variables + \varepsilon$$

$REST$ = 修正再表示を行っていれば1，そうでなければ0を示すダミー変数。
$CFOEXP$ = CFOとしての経験年数。
$ELSE$ = CFOが他の企業での職務経験があれば1，そうでなければ0を示すダミー変数。
MBA = CFOがMBAの学位を有していれば1，そうでなければ0を示すダミー変数。
CPA = CFOが公認会計士の資格を有していれば1，そうでなければ0を示すダミー変数。
$FreeC$ = 外部資金調達の需要。
$FinRaised$ = 総資産額で基準化した外部資金調達額。
$EPS\ Growth$ = 修正前までに少なくとも4四半期以上のEPSの成長を続けていれば1，そうでなければ0を示すダミー変数。
LEV = 負債比率。

Aier et al.（2005）は，1997年から2002年までに公表された456の修正再表

図表4-5　Aier *et al.* (2005) の調査結果

	従属変数＝REST	
	予測符号	係数（z値）
α		0.757 (1.34)
CFOEXP	＋	−0.036** (−1.66)
ELSE	＋	−0.451 (−1.01)
MBA	＋	−0.631*** (−2.55)
CPA	−	−0.765*** (−3.66)
FreeC		0.014 (0.01)
FinRaised		0.183 (0.82)
EPS Growth		0.051 (0.68)
LEV		0.626* (1.36)
LR Chi-square		33.69
Pseudo R^2		0.0533

注：Aier *et al.* (2005, Table 3) をもとに筆者が要約。各変数の定義については，本文の回帰式を参照。
*** 1％水準で有意，** 5％水準で有意，* 1％水準で有意。

示を分析対象としている。CFOの特徴を示す要因として，CFOとしての経験年数（*CFOEXP*），CFOとしての職務経験（*ELSE*），MBAの学位の有無（*MBA*）および公認会計士の資格の有無（*CPA*）に注目した。彼らのロジット回帰分析の推定結果は，図表4-5に要約している。

　図表4-5の推定結果をみると，*CFOEXP*，*MBA*および*CPA*の係数が有意な負の値となっているのがみて取れる。これらの調査結果は，CFOが①以前にもCFOとして職務経験がある，②MBAの学位を有している，③公認会計士の資格を有している場合，当該企業の修正再表示の発生件数は有意に減少することを意味している。したがってCFOの職務経験や専門能力は，修正再表示を抑制する重要な要因となっていることがうかがえる。

5 総括と展望

5-1 発見事項の要約

　本章では，修正再表示に関する米国の実証研究をサーベイすることによって，修正再表示に関する経済的影響を明らかにした。本章で明らかになった主要な発見事項を要約すれば以下のようになる。第1に，修正再表示の公表は，公表日付近の短期の株価反応から判断して，株式市場に負の影響を与えていることが明らかとなった。興味深い発見事項は，修正再表示情報に対する市場の負の反応は，修正再表示の内容に応じて変化することである。

　具体的には，①意図的な誤謬に起因する修正，②収益認識またはコア利益に関する修正，③修正の総額を開示しない修正，または④過去の良好な利益パターンを変更する，といった修正再表示に対しては，市場の負の反応は大きくなることがわかった。また修正再表示の公表は，一時的ではあるが，利益の情報内容を低下させることもわかった。以上の調査結果は，修正再表示に関する公表が，株式市場において情報内容を有していることを示す証拠となる。ただし，その影響の大きさは修正の内容に応じて変化する。

　また株価反応以外にも，修正再表示の公表は，集団訴訟の発生可能性，経営者および取締役の交代の可能性などを高めることがわかった。これは財務諸表の利用者だけでなく，開示主体の関係者も結果的に不利益を被ることを意味しており，修正再表示の公表が様々な経済的影響を生むことが理解できる。

　第2に，修正再表示を生じさせる要因として，経営者へ付与されるストック・オプションの影響が大きいことが確認された。さらに連続増益や連続黒字を維持しようとする企業ほど，結果的に修正再表示を行う可能性が高くなることも明らかとなった。このような結果から，経営者の株価を意識した会計数値の操作が，修正再表示の要因となっていると推測される[7]。

　第3に，コーポレートガバナンスの形態が修正再表示の発生可能性と関連していることがわかった。具体的には，取締役会，監査委員会のメンバーまたはCFOの会計・財務の専門能力の高い場合に，修正再表示の発生は有意に減少することが示された。

5-2 発見事項のインプリケーション

　最後に，以上の発見事項に依拠して，わが国の会計実務に対するインプリケーションを提示したい。第1に，修正再表示の公表は，有意な負の株式リターンを導くことから，株式市場に新情報を提供していると判断できる。特にLev et al. (2008) は，過去の利益パターンを変更する遡及的な修正が実施されることの重要性を主張し，遡及修正を様々な状況で容認するような方向で会計制度がさらに整備されるべきであると論じている。

　米国商務省の経済分析局（the Bureau of Economic Analysis）が公表するGDPの値が，新情報に応じて絶えず遡及改訂され，かつそのような情報が情報利用者の意思決定に有用となっている実証研究を例に挙げ，会計制度だけが遡及修正の実施に対して保守的な態度であることを非難している。これは過年度遡及修正の導入に前向きなわが国の会計制度が改善される可能性を期待させる。ただし，Lev et al. (2008) の主張は，わが国の検討状況の整理にみられるような比較可能性を論拠としている訳ではない点に注意すべきである。[8]

　第2に，会計不正を原因とする経済的影響が相対的に大きいことから，修正再表示の開示には，その内容（不正か否か）を明記することが極めて重要となる。しかしこの点は，日米の制度的環境の相違が大きく影響すると考えられる。すでに述べた通り米国では，SECの調査によるAAERの公表により，不正会計の存在が公表時に周知される。また経営者が自ら不正を認めるケースも確認されたが，これもSECのプレッシャーに起因する可能性が高い。なぜならSECは公式な粉飾の調査を行う前に，非公式な内部調査を複数回行うことが知られており，この段階で，経営者が不正の発覚をおそれて早期の公表に踏み切るケースが指摘されているためである（Feroz et al., 1991）。したがって不正の有無に関する情報開示は，いずれもSECの調査とAAERの存在に依拠しているのである。

　これに対してわが国では，会計監査以外で粉飾の有無を経常的に調査するような制度的環境は整えられていない。したがって経営者が何の規制的背景も無しに，自ら不正を認めるような開示実務が行われるかどうかは疑わしい。検討状況の整理でも，誤謬の定義は米国会計基準を参照して議論されてきたが，このような実際の規制環境の相違は検討されていない。修正内容の詳細な開示が

行われなければ，修正再表示情報の有用性が損なわれる可能性が懸念される。

　第3に，コーポレートガバナンスが会計リスクの管理に有効であることが示された。Eccles *et al.*（2002）は，会計上の見積もり等に関する不確実性を会計リスクと呼んでいる。修正再表示の公表は，会計リスクの顕在化に他ならない。不正会計の発覚や修正再表示の公表は，株式価値の減少を通じて，企業価値を毀損することが明らかとなった。また経営陣は，公表後に解任される可能性が高まることも示された。会計リスクの顕在化は，企業に実質的な不利益をもたらすのである。

　本稿が検討した研究によれば，会計・財務の専門能力が高い取締役は，会計リスクの管理に長けていることが示されていた。したがって，このような会計リスクの顕在化を防ぐためには，取締役会に関するコーポレートガバナンスの機能を強化する必要がある。具体的には，会計の専門能力が高い取締役の育成や雇用が，リスクを軽減するための重要な課題となろう。これからは，わが国でもそのような人材の需要がより大きくなるかもしれない。

　以上のような点を考慮しながら，今後のわが国の会計実務を観察していくことが有益であると思われる。また日本では，修正再表示に関する実証研究は存在しない。近い将来において修正再表示の制度が整備されるのであれば，そのような検証は必須の課題となろう。

［注記］
1）米国では，財務会計基準書（SFAS）第154号「会計上の変更及び誤謬の訂正」において，修正を行う際の取り扱いが包括的に定められている。なお表示方法の変更に関する取り扱いは，会計調査公報（ARB）第43号「ARBの再説及び改訂」の中で過年度財務諸表の組み換えに関する取り扱いとして規定されている。
2）ただし誤謬については，会計上の取り扱いとは別に，証券取引法（金融商品取引法）に基づいて訂正報告書を提出し，その中で過年度財務諸表を修正再表示しなければならない場合がある。また決算短信で公表した情報を，証券取引所の要請に従って改訂する会計実務も定着している。しかし米国のSFAS第154号のような，遡及修正の会計上の取り扱いを詳細かつ包括的に規定した会計規制はまだ存在しない。
3）同一の企業が一度に複数項目の修正を行うことが多いため，各項目の割合の合計値は100％にならないことに注意してほしい。
4）多くの研究において，不正に起因する修正再表示を識別する方法として，①経営者が公表時に報告書の中で不正に起因するものと認めている，②SECの調査に基づきAAERにおいて公表されている，といったケースを不正による修正とみなしている。Palmrose *et al.*（2004）

もこの2つの定義に基づいて識別を行っている。
5) 会計学の文献で議論される利益反応係数（earnings response coefficient）とは，会計利益1単位に対して株価がどの程度変化するのかを示すものである（音川，1999）。典型的には，期待外利益を異常株式リターンで回帰したときの傾き（係数）によって推定される。
6) このような発見事項とは対照的に，Beneish (1999) やAgrawal et al. (1999) は，修正再表示の公表と経営者交代の間には，有意な関連性は存在しないという分析結果を提示している。Desai et al., (2006)はこの調査結果の相違について，(1) 上述の研究が相対的に古い年代の企業をサンプルとしているため，経営者労働市場のモニタリング・メカニズムが大きく変容している，(2) 特定の少数サンプルに依拠しているためサンプル抽出バイアスが存在し，検定力に疑問が残る，という2つの要因を指摘している。
7) ストック・オプションなどの経営者に対する株式ベースの労働インセンティブは，エクイティ・インセンティブと呼ばれるが，エクイティ・インセンティブが大きな企業ほど利益調整を実施する可能性が高まる，という経験的証拠とも首尾一貫している（Cheng and Warfield, 2005; 首藤，2007b）。また連続増益を達成するために利益調整を実施するという分析結果とも整合的な結果である（Myers et al., 2007; 首藤，2007a）。
8) わが国の過年度遡及修正に関する比較可能性の議論については山田（2007）が有用である。

[参考文献]

Abbott, L. J., S. Parker, and G. Peters (2004) Audit committee characteristics and restatements. *Auditing : A Journal of Practice and Theory* 23 : 69-87.

Agrawal, A., J. F. Jaffe, and J. M. Karpoff (1999) Management turnover and governance changes following the revelation of fraud. *Journal of Law and Economics* 42 : 309-342.

Agrawal, A., and S. Chadha (2005) Corporate governance and accounting scandals. *Journal of Law and Economics* 48 : 371-406.

Aier, J., J. Comprix, M. T. Gunlock, and D. Lee (2005) The financial expertise of CFOs and accounting restatements. *Accounting Horizons* 19 : 123-135.

Anderson, K., and T. Yohn (2002) The effect of 10-K restatements on firm value, information asymmetries, and investors' reliance on earnings. Working paper, Georgetown University.

Beneish, M. D. (1999) Incentives and penalties related to earnings overstatements that violate GAAP. *The Accounting Review* 74 : 425-457.

Burns, N., and S. Kedia (2006) The impact of performance-based compensation on misreporting. *Journal of Financial Economics* 79 : 35-67.

Cheng, Q., and T. D. Warfield (2005) Equity incentives and earnings management. *The Accounting Review* 80 : 441-476.

Desai, H., C. Hogan, and M. Wilkins (2006) The reputational penalty for aggressive accounting : Earnings restatements and management turnover. *The Accounting Review* 81 : 83-112.

Eccles, R. G., R. H. Herz., E. M. Keegan., and D. M. H. Phillips (2002) *The ValueReporting Revolution : Moving Beyond the Earnings Game*. John Wiley and Sons, Inc.（中央青山監

査法人，PwC コンサルティング訳（2002）『企業情報の開示—次世代ディスクロージャーモデルの提案』東洋経済新報社。）

Feroz, E. H., K. Park, and V. S. Pastena (1991) The financial and market effects of the SEC's accounting and auditing enforcement releases. *Journal of Accounting Research* 29 : 107-148.

Hribar, P., and N. Jenkins (2004) The effect of accounting restatements on earnings revisions and the estimated cost of capital. *Review of Accounting Studies* 9 : 337-356.

Hennes, K. M., A. J. Leone, and B. P. Miller (2007) The importance of distinguishing errors from irregularities in restatement research : The case of restatements and CEO/CFO turnover. Working paper, Pennsylvania State University.

Kedia, S., and T. Philipon (2007) The economics of fraudulent accounting. *Review of Financial Studies* Online first.

Lev, B., S. Ryan., and M. Wu (2008) Rewriting earnings history. *Review of Accounting Studies* 13 : 419-451.

Myers, J. N., L. A. Myers, and D. J. Skinner (2007) Earnings momentum and earnings management. *Journal of Accounting, Auditing and Finance* 22 : 249-284.

Palmrose, Z-V., V. J. Richardson, and S. Scholz (2004) Determinants of market reactions to restatement announcements. *Journal of Accounting and Economics* 37 : 59-89.

Palmrose, Z-V., and S. Scholz (2004) The circumstances and legal consequences of non-GAAP reporting : Evidence from restatements. *Contemporary Accounting Research* 21 : 139-180.

Richardson, S., A. I. Tuna, and M. Wu (2002) Predicting earnings management : The case of earnings restatements. Working paper, University of Michigan.

Srinivasan, S. (2005) Consequences of financial reporting failure for outside directors : Evidence from accounting restatements and audit committee members. *Journal of Accounting Research* 43 : 291-334.

Wilson, W. M (2008) An empirical analysis of the decline in the information content of earnings following restatements. *The Accounting Review* 83 : 519-548.

音川和久（1999）『会計方針と株式市場』千倉書房。

首藤昭信（2007a）「連続増益の達成と利益平準化行動」『産業経理』第 67 巻第 1 号：58-67。

首藤昭信（2007b）「利益調整の動機分析—損失回避，減益回避および経営者予想値達成の利益調整を対象として—」『会計プログレス』第 8 号：77-93。

須田一幸（2000）『財務会計の機能—理論と実証』白桃書房。

山田康裕(2007)「過年度遡及修正による比較可能性の向上—会計方針の変更を題材として—」『企業会計』第 59 巻第 9 号：36-43。

第5章
レピュテーション・マネジメントとバランスト・スコアカードの意義
―企業リスクマネジメントの見地から―

はじめに

　企業リスクマネジメントにおいては，1990年代の中頃に伝統的リスクマネジメント（以下「伝統的RM」と表記）から現代的リスクマネジメント（以下「現代的RM」と表記）へと変化するパラダイムのシフトがあった。そうした変化を象徴するものとして，第1に，対象とするリスクがハザードリスクから全般ビジネスリスク（general business risk）へ変化したこと，第2に，有形資産（hard assets）よりは無形資産（soft assets）にフォーカスするものとなったこと[1]，そして第3にリスクマネジャーの職位が中間管理職から上級管理職へと変化したことが挙げられる（McNamee and selim, 1998, p.149）。

　中でも有形資産（tangible assets）から無形資産（intangible assets）へのシフトは，企業資産に占める有形資産と無形資産の比重が逆転したことによるものである。例えば米国では1978年末から1998年末の20年間に，上場企業の資産構成における有形資産の割合が83％から31％に減少している（岩井，2003，p.270）。わが国でも，2004年の通商白書では「知的資産の活用による価値創造が新たな競争のあり方として広がりつつある」ことが検証されており，市場価値の総額に占める無形資産の割合は4割に達するとされている（経済産業省，2004，p.58，p.61）。

　櫻井（2005, p.1）によればレピュテーション・マネジメントとは「経営者および従業員による過去の行為の結果，および現在と将来の予測情報をもとに，企業を取りまく様々なステークホルダーから導かれる持続可能な競争優位」である。伝統的なレピュテーション・マネジメント（あるいはレピュテーション・

リスクマネジメント）と区別するためにこれを戦略的レピュテーション・マネジメントと呼ぶことにする。

バランスト・スコアカード（あるいは「バランス・スコアカード」,以下「BSC」と表記）とはいま幅広い分野でその可能性が注目されているマネジメントシステムであり,「財務的視点，顧客の視点，社内ビジネスプロセスの視点，学習と成長の視点という4つの視点から業績評価基準を設定することにより，短期的利益と長期的利益のバランス，全社目標と部門目標のバランス，あるいは株主・顧客・従業員などの利害関係者間のバランスを維持しながら企業変革を推進すること」である（アンダーセン，2001, p.10）。

戦略的レピュテーション・マネジメントもBSCも1990年代に米国で生まれたものであり[2]，その背景には，リスクマネジメントにおけるパラダイムのシフトに通底するものがある[3]。いずれもポスト産業資本主義あるいはニューエコノミー[4]などと呼ばれる大競争時代[5]の申し子であり，共通するのは価値創造をもって競争力の源泉とする考え方である。すなわち現代的RMはリスクマネジメントの付加価値を高めるものであり，同様に戦略的レピュテーション・マネジメントやBSCも企業価値の創造を目的とするものである。

無形資産の重要性が飛躍的に高まっているにもかかわらず，わが国ではリスクマネジメントの分野においてレピュテーション・リスクを本格的に取り上げた論考はあまり見当たらない。また戦略的レピュテーション・マネジメントについても，その研究はわが国においてはまだ緒に就いたばかりである。そこで欧米の先行研究および櫻井（2005）などの研究成果に依拠して，企業リスクマネジメントにおいては戦略的レピュテーション・マネジメントとBSCをどのように位置づけるべきかを考察するのがこの論文の目的である。そうすることによって無形資産のリスクマネジメントとは何かがより具体的にみえてくるであろう。

現代的RMの枠組み，あるいは伝統的RMと現代的RMの違いをもとに，戦略的レピュテーション・マネジメントには現代的RMに通じるものがあること，そして無形資産のリスクマネジメントにはBSCが有効であることを導出する。

1 現代的リスクマネジメントの枠組みと射程

1-1 戦略整合性[6]

　企業リスクマネジメントに関しては伝統的RMと現代的RMという2つの潮流がある。伝統的RMは保険管理から始まった米国流のリスクマネジメントであり，損失のみを発生させる純粋リスクを主たる対象とするのに対し，現代的RMは利得を生むこともある投機的リスクをその対象に含めるという違いがある。

　現代的RMとは1990年代の中頃から，Enterprise-wide Risk Management, Enterprise Risk Management, Holistic Risk Management, Integrated Risk Management, Total Risk Managementといった名称で提唱された新しいタイプのリスクマネジメントである。対象とするリスクの違いに加えて，前者は部門別，サイロ型のものであり，後者は部門・機能・文化横断的な全社的かつ統合的なものであるという特徴がある（DeLoach, 2000, p.5）。全社的リスクマネジメントや統合リスクマネジメントという名が示す通り，現代的RMには，「全社的なリスクマネジメント」と「リスクの統合的な処理」という2つの側面がある[7]。

　投機的リスクをも対象にするということが意味するところは大きい。リスクをマイナスのみを生じさせるものではなく，プラスのチャンスをもたらすものでもあるとすることは，事業や業務それ自体がリスクになることであり，リスクマネジメントの射程が事業活動の全域に広がることを意味する。そして，リスクマネジメントの目的は，伝統的RMでは「倒産の防止」という防衛的なものであるのに対して，現代的RMでは「価値創造」という攻撃的なものとなる。

　リスクマネジメントの形態については「保険管理型リスクマネジメント」「危機管理型リスクマネジメント」「経営管理型リスクマネジメント」「経営戦略型リスクマネジメント」という4分類がある（亀井，2001, pp.15-23）。その分類に即していえば，現代的RMは経営戦略型リスクマネジメントであり，戦略整合性がその最大の特徴である。現代的RMの枠組みと射程の問題に関連して，コーポレートガバナンス，内部統制そしてCSR（企業の社会的責任）との関係を述べておきたい。

1-2　コーポレートガバナンス

　リスクマネジメントとコーポレートガバナンスの関係については，英国のターンバルガイダンスをはじめとして，コーポレートガバナンスにおけるリスクマネジメントという捉え方が一般的である。これはコーポレートガバナンスを所与のものとして，そのコーポレートガバナンスを強化するための方策としてリスクマネジメントがあるということである。しかし，そもそもコーポレートガバナンスのないのが問題であるとすれば，コーポレートガバナンスはマルチ・ステークホルダーによるリスクマネジメントの手段であるということもいえよう（杉野，2005）。

　いずれにしても，かつては「経営者の持ち物」であるといわれた内部統制においてもコーポレートガバナンスの視点が重視されることになり，その結果，内部統制とリスクマネジメントは一体として機能すべきものであるとされるにいたった（経済産業省，2003）。コーポレートガバナンスについては，企業外部からのガバナンスだけでなく，企業内部のガバナンスもあるという見方があるが，どちらが主であるかといえば，やはり「株主をはじめとするマルチ・ステークホルダーが経営者を規律づけるための仕組みとプロセス」であるということになるだろう。そして企業内部のガバナンスはむしろ内部統制の領域であろう。

　情報開示は，最近は内部統制との関連で取り上げられることが多いが，コーポレートガバナンスの要素としての意義も重要である。情報開示の目的は投資家，顧客などがそのリスクを適切に評価するためのものであり，それは投資家や顧客などによるリスクマネジメントの前提条件となるものである。また経営者は情報開示を行うことによって，結果的に自らを律することになるという効果も考えられる。

　ちなみにコーポレートガバナンスを世界的な視点で考えると①公正さと透明性，②ボードの役割（「オーバーサイト」の機能），そして③ディスクロージャーという3つのポイントがあり（神田，2005，pp.38-40），良いステークホルダーを確保するためには，すべてのステークホルダーと公平な取引を行っていることを示す必要があり，その透明性を確保するための情報提供活動がディスクロージャーである（若杉，2005，p.29）。

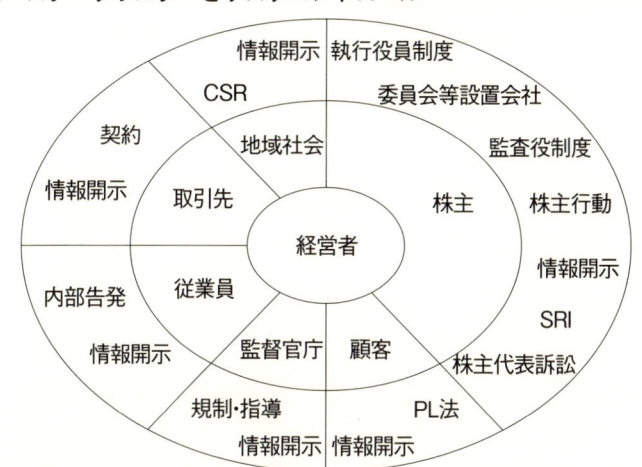

第5章　レピュテーション・マネジメントとバランスト・スコアカードの意義

図表5-1　ステークホルダーとリスクコントロール

（図：同心円状にステークホルダーとリスクコントロール手段を示す。中心：経営者。内側の円：取引先、従業員、監督官庁、顧客、株主、地域社会。外側の円：CSR／情報開示、契約／情報開示、内部告発／情報開示、規制・指導／情報開示、PL法／情報開示、株主代表訴訟、SRI、情報開示、株主行動、監査役制度、委員会等設置会社、執行役員制度／情報開示）

出所：杉野，2005，p.11の図を一部修正。

　主要なステークホルダーと各ステークホルダーによるリスクコントロールを示したものが図表5-1である。例えば執行役員制度や委員会等設置会社などコーポレートガバナンスのための制度は株主によるリスクコントロールの手段といえよう。

1-3　内部統制

　内部統制はリスクマネジメントを包含するものであるとの説もあるが，リスクマネジメントは内部統制の一部であると同時に内部統制を含むものでもある。リスクマネジメントとは思考法あるいは方法論であり，全体であると同時に部分でもあるという特徴がある。それはリスクマネジメントの主体者が誰か，何を目的とするリスクマネジメントであるかによって全体でもあるし，部分にもなる。経営者による経営戦略上のリスクマネジメントという前提に立てば，リスクマネジメントは内部統制を含むものである。

　その間の事情はトレッドウェイ委員会支援組織委員会（COSO）が1992年に公表した『内部統制の統合的枠組み』（以下「COSO1」と表記）が2004年になって『全社的リスクマネジメント』（以下「COSO2」と表記）になった通りである（図表5-2）。COSO1ではリスクマネジメントは内部統制の要素の1つ

図表5-2　COSO1とCOSO2の関係

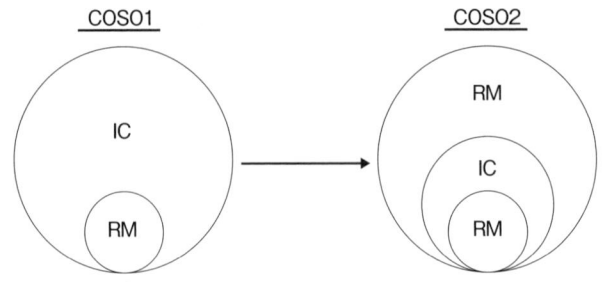

```
   COSO1              COSO2
  ┌─────┐          ┌─────────┐
  │ IC  │    →     │   RM    │
  │ ┌─┐ │          │  ┌───┐  │
  │ │RM││          │  │IC │  │
  │ └─┘ │          │  │┌─┐│  │
  └─────┘          │  ││RM││  │
                   │  │└─┘│  │
                   │  └───┘  │
                   └─────────┘
```

出所：杉野，2007，p.43の図表4。

であったが，COSO2においては，内部統制自体は前者を踏襲しながら，それはリスクマネジメントに包含されるものであるとされた。もともと内部統制とはマネジメントの機能の1つである「統制」であったとすれば，リスクマネジメントの一部として位置づけられてしかるべきものであった（杉野，2007）。

1-4　企業の社会的責任（CSR）

　CSRは，コーポレートガバナンス，コンプライアンス，企業倫理，CSR，内部統制，情報開示，事業継続マネジメント（以下「BCM」と表記）のすべてを包含するものである。CSRは，「経済的責任」「法的責任」「倫理的責任」「社会貢献責任」からなるものであり（Carroll, 1993, pp.32-37），トリプルボトムラインの「社会面」「環境面」「経済面」からなるものであり（Elkington, 1998, pp.69-96），また「効率性」「適法性」「倫理性」からなるものである（本間，1994）。CSRといえばかつては環境や社会貢献であったが，現代の日本では本業によるCSRが中心になっている（杉野，2006）。これは本業において，コーポレートガバナンス，企業倫理，内部統制，情報開示，BCMなどを実現することである。

　CSRはリスクの源泉であり，リスクマネジメントとは表裏の関係にあるものである。そしてCSRは，コーポレートガバナンス，コンプライアンス，企業倫理，内部統制，情報開示，BCMなどを包含するものであるので，リスクマネジメントも同様にコーポレートガバナンスなどを包摂するものである（図表5-3参照）。

図表5-3　リスクマネジメントとCSR，コーポレートガバナンスなどとの関係

表	裏	
リスクマネジメント	企業の社会的責任 （CSR）	コーポレートガバナンス
		コンプライアンス
		企業倫理
		内部統制
		情報開示
		BCM

出所：杉野，2008，p.31の表2。

2 企業価値と無形資産

2-1　企業価値とは

　ここまで「企業価値」あるいは「価値創造」という言葉を定義なしで使用してきた。しかしその意味するところは必ずしも自明ではないので，若干の考察を加えておきたい。「価値観」という言葉があるように，「何をもって価値とするか」は人によって様々である。企業経営の文脈における「価値」も同様であり，企業価値の定義は専門分野やテーマによって，あるいは論者によって極めて多様である。そして企業価値を定義することは「総合格闘技」のようなものであるといわれる。[8] 企業価値をめぐっては財務と会計と経営戦略という3つの学問領域があり，それほど企業価値というテーマは「単一の学問的知識だけで分析を試みるにはあまりにも豊かで多面的」なのである（伊藤（邦），2007，p.3）。

　例えば企業価値の定義には「企業の値段」（伊藤（邦），2007，pp.52-53）というシンプルなものから「主要なステークホルダーにとっての価値の総和」（伊藤（邦），2007，p.546）というやや曖昧なものまで大きな幅がある。それは言うなれば株式会社には「モノ」と「ヒト」の二面性があるからである（岩井，2003，pp.39-69；神田，2006，pp.5-6）。株主からみれば会社は「モノ」であるが，同時に会社は権利義務の主体となる法人であり，その意味では「ヒト」であるということになる。

　したがって企業の価値には「モノ」としての価値と「ヒト」としての価値が

あるといえる。「モノ」の価値であれば「値段」でよいが，「ヒト」としての価値には値段は付けにくい。一般に企業価値とは「将来のキャッシュフローの現在価値（discounted cash flow）」「株式時価総額（market value）」「株式時価総額と有利子負債の合計額（enterprise value）」などであるとされる。これらは市場における「企業の値段」であり，「モノ」としての価値である。それに対して，企業倫理，社会貢献，CSRなど，あるいは「経営者や従業員による過去の行為の結果」によって創造される価値がある。これらが「ヒト」としての価値である。

　また企業価値には経済価値だけでなく，社会価値や組織価値も含まれるとされる（櫻井，2003, pp.24-25；同2005, p.30, pp.105-106）。企業価値をこのように広義に捉えるのは日本的な企業観によるものと思われる。ちなみに英語には「企業価値」に当たる言葉はなく，米国などで企業価値の意味で使用されるのは「株主価値（shareholders' value）」であり，「企業価値」は日本的な企業観と米国的資本主義を対比する上での最も重要なキーワードであるとされる（森生，2006, p.73, p.75）。しかし上述したような「企業の値段」は専ら価値尺度としてグローバルスタンダードになっているのであり，それが論理的な帰結として「株主価値」であるというのは，「株主価値」を価値尺度にしているということにすぎない。[9]

　つまり企業価値を金銭的に評価可能なものに限るとすれば，「株式時価総額」などは企業価値を評価するための「指標」あるいは「算定方法」であるのに対して，「経済価値だけではなく社会価値や組織価値も含まれる」という場合の「社会価値」や「組織価値」は企業価値の決定因子というべきものである[10]。図表5－4と図表5－5がそれらの概念を示すものであり，他方，金銭的な評価にはこだわらず「企業の値段」よりも広義のものであるとするなら図表5－6のような概念図となるであろう。

　したがって単に「企業価値」ではなく「株主価値」という言葉が使用されることをもって「日本的経営」の対立軸とされる「株主主権論」の証左であるとするのは当たらない。例えば，「ステークホルダー・アプローチ」や「BSC」についても，米国では「BSCは株主価値を向上させるものである」という言い方がされる。この場合の株主価値とはわが国でいう「企業価値」のことであり，株主以外のステークホルダーの存在を重視することと，「株主価値の向上」と

図表5-4 企業の値段（日本）		
決定因子	指標	呼称
経済価値	企業の値段	企業価値
社会価値		
組織価値		

図表5-5 企業の値段（米国）		
決定因子	指標	呼称
経済価値	企業の値段	株主価値
社会価値		
組織価値		

図表5-6 企業価値		
因子・指標		呼称
経済価値		企業価値
社会価値		
組織価値		

が矛盾するものではない。

なお「価値創造」の定義は，「企業価値」の定義にそれぞれ対応するものであり，仮に企業価値をエンタープライズ・バリューであるとすれば，「株主の期待収益率と債権者の期待収益率の双方を超過するキャッシュフローを生み出すこと」と定義される（伊藤（邦），2007, p.265）。

2-2 無形資産とは

有形資産（tangible assets）とは土地，建物，機械設備，在庫，現預金，債権などをいい，無形資産（intangible assets）とは目に見えない価値であるブランド，顧客資産，企業文化，人材，知的資産，経営ノウハウなどのことであるが，その無形資産は「物的な実体を持たないが，将来のキャッシュフローを生み出し，企業価値の創造に影響を与える経営資源のこと」と定義される（『岩波現代　経済学事典』）。貸借対照表に計上されるものとされないものという言い方もなされるが，法的保護の対象となる無形固定資産である特許権，借地権，商標権，営業権などは貸借対照表に計上されるので，無形資産とは貸借対照表に計上されないものということにはならない。

ただし今，無形資産の重要性が増しているのは，企業価値は，貸借対照表に計上される物的資産や金融資産だけでは評価できないとされ，将来のキャッシュフローや成長性などにより強く関係するのは，有形資産よりはむしろ従業員やサプライヤー，顧客，組織などの価値であり，そうした貸借対照表にはのらない無形資産が企業価値の重要な要素であるとされるからである。

無形資産と同義で使用される用語に知的資本がある。知的資本には「従来の

会計手法では把握できない見えない資産」と「単に利益に転換し得る知識」があり（榛沢，1999, p.164, p.168），前者が無形資産である。欧州では知的資本，米国では無形資産と言うことが多いが，資本とか資産というのは「ステークホルダーから借りているもの」とするか「持ち合わせている資産をいかに活用するか」という立場の違いである（アンダーセン，2001, p.147）。いずれにしても貸借対照表には表れないものが中心である。

『通商白書2004』では，無形資産と知的資本を含めて広義の「知的資産」とし[11]，企業経営の基盤が有形資産から無形資産へ変化した背景としては，第1に世界的に企業間の競争が激化していること，第2に財・サービスの差異性を生み出す源泉としての知識が重要になったことを挙げ，知的資産について適切に評価し開示していくことが国際的な方向性になっているとしている（経済産業省，2004, p.58）。

無形資産の分類については，Lev（2001）による三分類（①発見・革新，②組織実務，③人的資源），Kaplan and Nortonによる三分類（①人的資本，②情報資本，③組織資本），さらに吉田他（2006）とアンダーセン（2001, p.149）あるいは国際会計士連盟による三分類（①人的資本，②顧客資本，③組織資本）などがある。3つの分類に共通するのは人的資本（人的資源）と組織資本（組織実務）であり，残りの1つが「発見・革新」か「情報資本」か「顧客資本」であるかという違いがある（図表5－7）。バランスト・スコアカードの4つの視点は①財務の視点，②顧客の視点，③業務プロセスの視点，④学習と成長の視点であり，無形資産の主要なものについてはカバーされているといえる。

図表5－7　無形資産の分類

Lev	発見・革新	組織実務	人的資源
Kaplan他	人的資本	情報資本	組織資本
吉田他	人的資本	顧客資本	組織資本

3 戦略的レピュテーション・マネジメント

3-1 パラダイムのシフト

　戦略的レピュテーション・マネジメント以前のレピュテーション・マネジメントとは，レピュテーション・リスクのマネジメントのことであり，レピュテーション・リスクとは企業不祥事，事件，事故，災害などによる評判の低下や風評リスクのことであった。米国におけるエンロン，ワールドコムなど，あるいは日本における三菱自動車，雪印乳業，不二家，赤福，船場吉兆など，いずれもレピュテーション・リスクの事例である。長年にわたり築き上げた名声が，不祥事あるいは事件や事故への不適切な対応により一夜にして潰え去る。

　不正会計，リコール隠し，食品中毒，賞味期限偽装などによって世界有数の大企業や伝統のある名門企業が消滅したり，あるいは長期の業績不振にあえぐことになる。そうした事例をみれば，レピュテーションが企業にとっていかに貴重な資産であるか，レピュテーション・リスクの大きさがいかなるものであるかは誰の目にも明らかであろう[12]。それにもかかわらずレピュテーション・リスクに対するリスクマネジメントはこれまでほとんど放置されてきた[13]。

　それは第1に，レピュテーション・リスクが複雑であり，測定が困難であり，そしてコントロールが容易ではないからである（Atkins *et al.*, 2006, p.24）。例えばBIS規制ではレピュテーション・リスク（風評リスク）は戦略リスクとともにオペレーショナルリスクの定義から除かれているが，それはリスクの計量化が極めて困難であると認識されているからである（甲斐他, 2004, p.215）。

　第2に，レピュテーション（評判）というのは，「経営者や従業員の行為の結果」であるのだから，まず行為をコントロールすればよい，評判はそれについてくるものであるという考え方がありうる。つまり企業経営上，まず取り組まなければならないのは「コーポレートガバナンス」「コンプライアンス」「企業倫理」「内部統制」「情報開示」「BCM」などの具体的な施策であり，抽象的で捉えどころのない「評判」ではないという理由である。

　リスクマネジメントの分野におけるレピュテーション・マネジメントとしては，例えば危機管理の例を挙げることができる。しかし，それは危機が発生したあとの受身のダメージ・コントロールが中心であり，前向き（proactive）

の全体的（holistic）なものではない（Atkins *et al.*, 2006, p.24）。仮に戦略的レピュテーション・マネジメント以前にもレピュテーション・マネジメントがあったとすれば、それは危機管理や訴訟対策などの一部であるか[14]、企業不祥事、事故・災害などのリスク対応に付随するものであった。

それに対して、川上にある個別のリスクではなく、川下にある膨大なレピュテーション・リスクそのものを対象にするというのは、大きな発想の転換を伴うものであり、パラダイムのシフトである。それを可能にしたのは第1に会計学からのアプローチであり、第2に現代企業経営に浸透したステークホルダー・アプローチであり、そして第3にBSCの開発である。

新しいマネジメントのシステムが成立するためにはインセンティブと方法論がなければならない。戦略的レピュテーション・マネジメントについては、インセンティブは「価値創造」であり、方法論は「ステークホルダー・アプローチ」と「BSC」である。ちなみにレピュテーション・リスクは利益を生むこともある投機的リスクであり、レピュテーション・リスクマネジメントの目的は「倒産の防止」という防衛的なものではなく「企業価値の創造」という攻撃的なものである。

3-2　会計学からのアプローチ

会計学では、無形資産によって獲得される超過収益力を、1980年代までは一括して"のれん"として貸借対照表に計上してきたが、その実体が何であるかは分析されないままであった（櫻井, 2005, p.39；Fombrun *et al.*, 2004, 邦訳, iii頁）。一方、米国においてはこの差額部分が1980年代の後半からとみに拡大したため、その実体を解明するための試みが様々な視点からなされた。

米国の財務会計基準審議会（FASB）が定める「財務会計基準書」、米国公認会計士協会による「ジェンキンス報告書」を受け継いだFASBの調査研究プロジェクト、スウェーデンの保険会社であるスカンデイア社の「知的資本報告書」、EUの8つのビジネススクールが取り組んだ共同プロジェクトであるPRISMなどである（Fombrun *et al.*, 2004, 邦訳, iii頁）。

1990年代には"のれん"にかわって知的資本の語が用いられるようになり、1997年には知的資本は人的資本と構造資本（顧客資本と組織資本）からなる

第5章 レピュテーション・マネジメントとバランスト・スコアカードの意義

ものとするスカンディア市場価値体系 (Edvinsson and Malone, 1997) が著され，2000年代に入ると無形資産はインタンジブルズであるとする説がレブ (Lev, 2001)，ブレアとウォールマン (Blair and Wallman, 2001)，スチュアート (Stewart, 2001) らによって主張された (櫻井, 2005, pp.66-68)。

無形資産 (インタンジブル・アセッツ) をインタンジブルズと呼ぶことにしたのは，「会計学で固有の意味が与えられてきた無形資産」「伝統的な意味での無形資産」(櫻井, 2005, p.68) との，あるいは従来の学説との区別を明確にするためである[15]。ちなみにブレアとウォールマン (Blair and Wallman, 2001, pp.51-56) では，インタンジブルは①所有，販売できる資産 (特許権，著作権，商標権など)，②管理できるが分離できない資産 (開発中のR&D，レピュテーション資本，企業秘密など)，③まったく管理できないインタンジブルズ (人的資本，コア・コンピタンス，組織資本など) に分類されており，櫻井 (2005, p.67) によれば，それぞれ①オンバランスされる資産，②オフバランスであるが補足的に情報提供すべき資産，③会計学では資産という概念にはまりきれないインタンジブルズと解される。

上述の先行研究を踏まえて，フォンブランとヴァン・リール (Fombrun et al., 2004) は超過収益力はインタンジブルズであり，インタンジブルズにはコーポレート・レピュテーションが含まれるとの見解を提示した。フォンブランとヴァン・リールによれば，企業の市場価値は①物的資本，②金融資本，③知的資本，④レピュテーション資本の4つからなり，後者2つの③知的資本と④レピュテーション資本がインタンジブルズであり，さらに知的資産とは「独創的な知」と「独創的なスキル」であり，レピュテーション資産は「ブランド・エクイティ」と「ステークホルダー関係性」からなるものとされた。

フォンブランとヴァン・リール (Fombrun et al., 2004) が画期的であったのは，インタンジブルズをコーポレート・ブランドによって説明するのが一般的であった中で，ブランド・エクイティとステークホルダー関係性を分別したことである (Fombrun et al., 2004, 邦訳, iv頁)。それを可能にしたのは1996年にフォンブランがハリス・インタラクテイブ社と共同で開発した「レピュテーション指数 (RQ^{SM})」である。

RQ^{SM} は「製品とサービス」「財務業績」「職場環境」「社会的責任」「ビジョンとリーダーシップ」「情緒的アピール」という6つの次元ごとに設けられた「高

い品質」「革新性」など合計20の属性要因によってレピュテーションのスコアを評価するものである。1999年に開始されたRQ^{SM}調査の結果は毎年ウォール・ストリート・ジャーナル紙に掲載されており，米国ではレピュテーションの測定値として広く利用されているものである。その特徴は①経営者の役割だけでなく，従業員，株主，顧客，社会など多様なステークホルダーとの関係が強調されていること，②財務業績に代わって情緒的アピールといった心理的な属性が大きな役割を果たしていることである（櫻井，2005，p.19）。

　コーポレート・レピュテーションの評価指標としては，RQ^{SM}の他にもフォーチュン誌が1982年から実施している「最も称賛される企業」の調査がある。フォーチュン誌の調査は世界346社の1万人以上の会社役員とアナリストが9つの評価項目を用いて①オールスター，②国別リーダー，③評価項目別の勝ち組と負け組,④業種別にランクづけを行うものである。2004年度の評価項目は，①革新性，②資産効率，③グローバル性，④経営者の資質，⑤卓越した従業員の能力，⑥財務の健全性，⑦長期投資価値，⑧社会的責任，⑨製品・サービスの品質である。

　コーポレート・レピュテーションが重要なのは，①顧客の購買決定に影響を及ぼし，②従業員の就職，勤労，勤続の決定に影響を及ぼし，③投資家の意思決定に影響を及ぼし，④メディアによる報道の決定に影響を及ぼし，⑤ファイナンシャル・アナリストの表現に影響を及ぼし，⑥戦略的ポジショニングに影響を及ぼすからである（Fombrun et al., 2004；邦訳，pp.16-31）。ちなみに企業がレピュテーション・マネジメントを導入する理由は，①従業員の雇用と確保（73％），②取引と戦略的提携の促進（61％），③売上高の増大（56％），④株価の上昇（45％),⑤危機の影響の軽減（36％),⑥公的な方策の支援（17％)，⑦その他（6％）である（Resnick, 2004；櫻井，2005，p.104）。

　コーポレート・レピュテーションによって業績を上げた企業の事例はオールソップ（Alsop, 2004）に詳しいが，両者の関連は実証研究によっても明らかにされている（櫻井，2005，p.2, p.25, p.47；Bellcaoui, 2001）。代表的なものとしてはベルカウイの研究とフォンブランの「RQプロジェクト」がある。ベルカウイは米国企業の実証研究から①企業規模，②資産価値の適切な市場評価（トービンのq），③資産回転率，④利益率がレピュテーションに大きな影響を及ぼしていることを導き出した（櫻井，2005，p.47）。

第5章 レピュテーション・マネジメントとバランスト・スコアカードの意義

　フォンブランの「RQプロジェクト」では2000年から米国，欧州，オーストラリア地域の12か国の消費者を対象に大規模なRQ調査を行った。その調査で得られたデータをもとに，RQスコアの高い企業と低い企業の合計60社について，その財務業績を分析した結果，RQ調査によって測定されたコーポレート・レピュテーションと業績指標との間には強い関連性のあることが確認された。すなわちRQスコアと「消費者のサポート」「株価純資産倍率（PER）」「長期負債比率」「資産収益率（ROA）」「5年間の1株当たり利益成長率」「1年間の雇用成長率」との間には，いずれも正の相関関係が認められた（Fombrun et al., 2004, 邦訳, pp.75-91）。

　会計学からのアプローチということで，「超過収益力とは何か」を解明することが会計学における主要なテーマであったこと，その結果，伝統的な意味の無形資産とは別にインタンジブルズという新たな概念が確立されたこと，さらにそのインタンジブルズを構成するものとして「知的資本」と「レピュテーション資本」があることをみてきた。しかしインタンジブルズの要素として「知的資本」と「レピュテーション資本」を識別したのは経営学者のフォンブランであり，インタンジブルズには知的資産だけでなく，コーポレート・レピュテーションも含めるべきであるとの見解は会計学以外の研究領域を専門とする研究者が提唱したものである（櫻井, 2005, p.75）。

　それではレピュテーション・マネジメントにおける会計学の貢献とは何であろうか。「資産とは何か」は会計学における中心的な課題の1つであるが，無形資産に関する研究は比較的近年のものである。そしてブランドの資産性や評価に関する研究はどちらかといえば財務会計の領域であり，管理会計の分野ではわずかに数えるほどの研究があるにすぎなかった（櫻井, 2005, p.28）。しかし今後は管理会計の役割が大いに高まるであろう。それは知的資産やコーポレート・レピュテーションをいかに管理するかが企業の価値創造や競争優位に直結するものとなったからである。ちなみに会計学（管理会計）とレピュテーション・マネジメントそしてBSCの関係について櫻井（2005）を参考に述べると以下の通りである（図表5-8参照）。

　無形資産やブランド研究の流れとは別に，BSCの研究において，無形資産を管理するためのツールとしてBSCの応用可能性が注目されることとなった。そしてBSCの特徴はステークホルダー・アプローチであるので，BSCによっ

図表5-8 会計学(管理会計),コーポレート・レピュテーションとBSCの関係

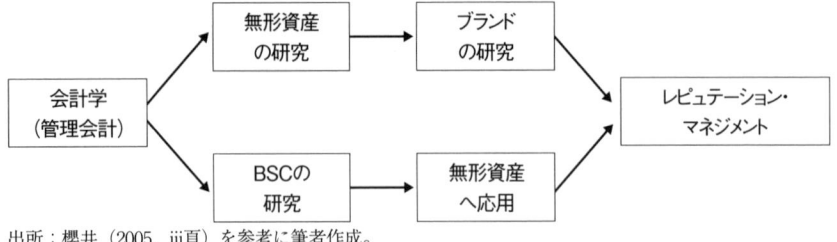

```
会計学      →  無形資産  →  ブランド
(管理会計)      の研究       の研究       →  レピュテーション・
     ↓                                        マネジメント
          BSCの      →  無形資産
          研究           へ応用
```

出所:櫻井(2005, iii頁)を参考に筆者作成。

て管理されるべき無形資産とは,顧客を通じて生み出されるブランドではなく,マルチ・ステークホルダーから導かれるコーポレート・レピュテーションであるとされた。それはレピュテーション・マネジメントとBSCをつなぐものはステークホルダー・アプローチであるということである。

企業価値をめぐる学問領域が財務,会計,経営戦略などにまたがるのと同様に,コーポレート・レピュテーションにも財務,会計,経営戦略,あるいはコミュニケーション,マーケティング,リスクマネジメントなど異なる専門領域からのアプローチがありうる。しかしコーポレート・レピュテーションの戦略性,全体性,統合性などからして経営の中枢にかかわる会計学や経営学,さらには管理会計からの研究はますます重要になるであろう。

3-3 ステークホルダー・アプローチ

戦略的レピュテーション・マネジメントの中核となる概念はステークホルダー・アプローチもしくはステークホルダー・マネジメントである。それはレピュテーション・マネジメントとは「多様なステークホルダーから導かれる競争優位」であり(櫻井,2005, p.1),「ステークホルダーの合理的な期待に応える」ことである(Atkins et al., 2006, p.23)という定義にも表されている通りである。ステークホルダーは日本では「利害関係者」と訳されるが,その定義は「企業に影響を与え,企業から影響を受ける人々のグループ」である(Freeman et al., 2007, vii頁)。

ステークホルダーの語源については,米国で1950年代に生まれた造語であるとか,1960年代にstockholderをもじって使用されるようになったものである

との説もあるが（Kiston and Campbell, 1996, p.108），正確なところは不明である（Freeman, 1984, p.49）。確かなのは1963年にスタンフォード研究所（Stanford Research Institute）の内部メモに使用されたことであり，そのときの定義は「企業の生存に不可欠な関係者」というものであった（Freeman, 1984, pp.31-32）。その後ステークホルダーの概念は戦略計画，システム論，CSR，組織論など経営学の各分野において発展し（Freeman, 1984, pp.31-51），現在では上述の定義が一般的なものとなっている。

わが国では「株主資本主義」と「ステークホルダー資本主義」を対比させて，前者をアングロサクソン型経営の，後者を日本的経営の特徴であるとする議論がある。しかしそれは米英の企業は株主重視であるのに対して，日本の企業は法人資本主義（奥村，2000），従業員主権企業（伊丹，2000），ステークホルダー型企業統治（岩田，2007, p.42），コーポレートガバナンスの多元主義（ステークホルダー）モデル（稲上，2000, p.13）などであるとされる文脈のものであり，日本企業にあってはステークホルダー・アプローチが十分に採用されているということを意味するものではない。例えば法人資本主義とは法人による株式の持合を指す用語であり，そこでは株主の権利が尊重されていないという問題点がある。株主も重要なステークホルダーの1つであり，従業員の権利を重視するあまり株主の権利を軽視するというのではステークホルダー・アプローチとはいえない。

ステークホルダー資本主義あるいはステークホルダー・アプローチとは，「社会的な存在である企業」による「価値創造」が資本主義の本質であり（Freeman et al., 2007, viii頁），多様なステークホルダーとのインターアクションにこそ成長とイノベーションの源泉があるとするものである（Freeman et al., 2007, p.35）。したがってあるステークホルダーの利益のために別のステークホルダーの利益を犠牲にするという二項対立のものではなく，マルチ・ステークホルダー間の利害を調整することによって，すべてのステークホルダーの期待にトータルに応えることを目的とするものである。あるいは，顧客，従業員，地域の利益になることが結果として株主の利益になるのであり，それらの利益に反することによって株主の利益を実現するということはありえない。

それはステークホルダー間の利害が複雑に絡み合うようになったからであり，①グローバルな市場の自由化，②政治体制の変化，③環境など社会的責任

論の台頭，そして④情報技術の爆発というマクロの環境変化と，①顧客について，価格と性能がトレードオフの関係にあったのが，価格も性能も同時に要求されるようになったという変化，②取引先について，やはり価格と性能がトレードオフの関係にあったのが信頼とパートナーシップをベースとするものに変化したことなど，おのおののステークホルダーの側のミクロの変化を背景とするものである（Freeman et al., 2007, pp.37-64）。

フリーマン他（Freeman et al., 2007, pp.72-73）によれば，ステークホルダーには一次的なものと二次的なものがあり，一次的なものとは企業の成長と生存に不可欠なものであり，顧客，従業員，取引先（supplier），地域共同体，投資家（financier）であり，二次的なものとは一次的なステークホルダーとの関係に影響を及ぼす環境を形成するものであり，活動家（activists），政府，ライバル企業，メディア，環境論者，会社批評家（corporate critics），特別利害関係者（special interest groups）などである。

ステークホルダー・アプローチとは，そうした多様なステークホルダーとそのニーズを識別，分析，評価し，それによってステークホルダー戦略を策定し，ステークホルダーとの間のインターアクションによって，良好な関係を築いていくことである。ステークホルダーの検討にはステークホルダー・マップ（Freeman et al., 2007, p.89）やステークホルダー・イッシュー・マトリックス（Freeman et al., 2007, p.153；Atkins et al., 2006, p.49）などが利用される。その際，上記カテゴリー別のステークホルダーはさらに細分化されるわけであるが，その内容や重要度のランクづけに関係するのは，ブランド・リスクマネジメントの観点からいえば，①業種，②業界内のポジション，③リスクの種類，④時代背景などの要素である（博報堂ブランドエイドチーム，2004, pp.75-77）。

ステークホルダー・アプローチは，米英の企業には株主偏重を改めさせ，日本の企業には株主重視への修正を促すものであり，株主主権論と日本的経営の二元論を克服するものである（図表5-9参照）。前者の経営理論としては，例えばポーターによるポジショニング理論（Porter, 1985）が，後者の経営理論としては，コア・コンピタンス経営（Hamel and Prahalad, 1994）や知識創造企業（野中・竹内，1996）などがある。そしてアングロサクソン経営は「企業外部に差異を求める戦略合理」であるのに対して，日本型経営は「企業内部に差異を求める資産合理」であるが，「現実の企業は両者の経営スタイルを兼ね

図表5-9　ステークホルダー・アプローチの意義

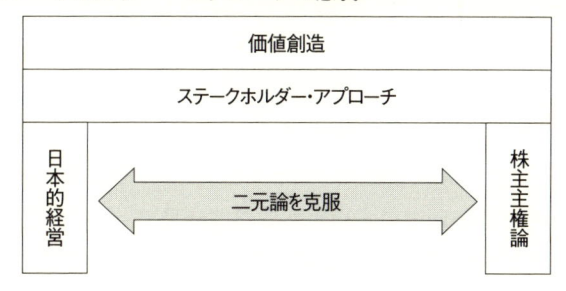

```
┌─────────────────────────────────────┐
│            価値創造                  │
├─────────────────────────────────────┤
│      ステークホルダー・アプローチ       │
├───┬─────────────────────────┬───────┤
│日 │                         │株     │
│本 │  ←――― 二元論を克服 ―――→  │主     │
│的 │                         │主     │
│経 │                         │権     │
│営 │                         │論     │
└───┴─────────────────────────┴───────┘
```

備えており,全体としてどちらが優勢であるかの問題である」とされる(内田他,2008, pp.21-36, p.39)。同様にステークホルダー・アプローチの経営戦略にも,外部のステークホルダーであれば前者,内部のステークホルダーであれば後者の理論が適用されることになるので,ステークホルダー・アプローチは両者の理論のバランスを取るものであるといえる。

リスクマネジメントの分野でも,ステークホルダー・アプローチは伝統的RMから現代的RMへのシフトを特徴づけるものである。例えばラム(Lam, 2003, pp.133-145)は,全社的リスクマネジメント(Enterprise Risk Management)を構成する7つのコンポーネントの1つとしてステークホルダー・マネジメントがあるとしており[16],米国の企業経営者も株主以外のマルチ・ステークホルダーの重要性を認識しつつあるとの調査結果を紹介している(Lam, 2003, pp.133-145)。中でもステークホルダー・マネジメントは最も「全社的」な取り組みを必要とするコンポーネントである(Lam, 2003, p.145)。

リスクマネジメントの用語に関する国際的な指針であるISO/IEC GUIDE 73 : 2002においても,ステークホルダーの定義(3.2.1)に基づき,リスク基準(3.1.6)の作成,リスクの認識(3.2.3),リスク・コミュニケーション(3.2.4),リスク分析(3.3.2),リスク特定(3.3.3)そしてリスク算定(3.3.5)はステークホルダーとの関係において行うものとされている(日本規格協会,2003, pp.88-93)。現代的RMにおけるステークホルダー・アプローチの重要性を反映するものである。

4 コーポレート・コミュニケーション

　その領域がレピュテーション・マネジメントと重なり合うものにパブリック・リレーションズとコーポレート・コミュニケーションがある。いずれもわが国では50年近くの実践と研究の蓄積がある学問分野である。パブリック・リレーションズは企業と利害関係を持つ様々な人々に「企業の考え方や企業活動を理解してもらい，好意を持ってもらうように活動すること」であり（『岩波現代経済学事典』），コーポレート・コミュニケーションは「当該企業の活動内容を積極的に知らせることにより，企業の社会的存在意義を明らかにするとともに，正確で望ましい企業イメージや価値を形成していくためのコミュニケーション活動」である（『岩波現代経済学事典』）。

　一般的な広報・コミュニケーションという意味では同様であるが，コーポレート・コミュニケーションは企業の社会的存在意義を明らかにし，企業イメージや価値を形成することが目的であるとされるのが特徴である。パブリック・リレーションズはもともと政策の遂行に際して行政が住民に対して行う広報の意味であったが，日本では1960年代にPRという略称によって企業社会で多用されるようになってから，プロパガンダとの区別が曖昧になり，その本質は変容していった（猪狩他，2002，pp.31-32）。

　一方，コーポレート・コミュニケーションの概念が広く認知される契機となったのは，1972年にフォーチュンが開催した「コーポレート・コミュニケーション・セミナー」である。1970年代というのは，高度経済成長のかたわらで大規模な災害や製品事故，公害，オイルショックによる企業の買占め・売り惜しみなどが相次ぎ，企業の社会的責任が厳しく問われるようになった時代である。そうした中で，市場や社会に対して有効なメッセージを発信し，同時にそこからのフィードバックによって自己を変革させていくものとして生まれたのがコーポレート・コミュニケーションである。

　広報・コミュニケーションは，主にマーケティング・コミュニケーションや危機管理の分野におけるテーマであったが，コーポレート・コミュニケーションはそうした既成の枠内にはとどまらず，社内の活性化や組織のあり方などにも及ぶものであった。コミュニケーションとは本来「人びとに共通目的と誘因

図表5−10 コミュニケーションとレピュテーション・マネジメントの比較

	パブリック・リレーションズ	コーポレート・コミュニケーション	戦略的レピュテーション・マネジメント
出自	行政広報	企業の社会的責任（1972年フォーチュン）	会計学からのアプローチ
主体	個人，組織体	組織体	組織体
対象	公衆（集団）	ステークホルダー	ステークホルダー
目的	好意の醸成，理解の促進	社会的存在の保全，自己変革	企業価値の創造
手法	リニア型の情報の受発信	サイクル型の情報交換	バランスト・スコアカード
担当	広報部門	経営者の直接関与	経営者の直接関与

出所：猪狩他（2002, p.36）の図表2-1を参考に筆者作成。

を知らせ協働への意欲を顕在化させたり，目的達成のため諸活動を調整したり，組織の構造や範囲を規定したりする」ものであり（二神，1997, p.210），「貢献意欲」「共通目的」とともに組織の成立に不可欠な3つの要素であるとされている通りである（Barnard, 1938, 邦訳, p.85）。

コーポレート・コミュニケーションが伝統的な広報・コミュニケーションと異なるのは，それが全社的で戦略的な取り組みであることである。すなわち従来はマーケティング，危機管理，IR，社内広報など分野ごとのものであったが，コーポレート・コミュニケーションは事業活動にかかわるすべてのコミュニケーションを総合的かつ統合的に執り行うものである。例えばコーポレート・コミュニケーションの基本的な枠組みとしては，マーケティング・コミュニケーション，マネジメント・コミュニケーション，ソーシャル・コミュニケーション，そしてビヘイビア・コミュニケーションという4つの領域があり，その中心に経営戦略とコーポレート・アイデンティティ（CI）があるとされるごとくである（猪狩他，2002, p.37）。

コーポレート・コミュニケーションの定義は論者によって，また発表の年代によって多少の相違はあるが，共通するのは企業と社会の「関係性」のあり方や，多様なコミュニケーション活動の「統合」の側面を重視する立場，そして変革や価値認識を伴う「コミュニケーション戦略」と捉える考え方である（猪狩他, 2002, pp.34-35）。ちなみにコミュニケーションとは「関係を創り出す行為」であり，「多様なステークホルダーとの良好な関係を保全する活動」である（猪

狩他，2002，p.40）。またそのようにして保全された企業価値を可視化し具現化するものとしてコーポレート・クオリティが提唱されている。コーポレート・クオリティの評価基準は①商品の質，②サービスの質，③ワークスタイル，④人的資源，⑤マネジメント，⑥イメージ水準，⑦情報対応力などである（猪狩他，2002，p.42）。

5 バランスト・スコアカード

　BSCは1992年にハーバード・ビジネススクールのキャプランとコンサルタント会社のノートンが戦略的業績管理システムとして考案したものである（Kaplan and Norton, 1992 ; *ibid.*, 1993）。その後，BSCは戦略マップの開発によって戦略の実行システムとなり（Kaplan and Norton, 2000 ; *ibid.*, 2004），さらに戦略マップが戦略の策定にも利用されるようになったことにより，BSCは戦略の策定と実行のシステムであるとされるにいたっている（櫻井，2003，p.25）。

　企業が実践しているBSCには様々なタイプのものがあるが，米国では60％，日本では19～48％の企業が何らかの形でBSCを導入している（伊藤（和），2007，pp.177-178）。BSCは日本企業が得意とする品質管理や経営品質あるいは方針管理などとの親和性にも優れており，BSCのマネジメントシステムとしての有用性は，わが国でも高く評価されている。

　BSCの特長は，経営のビジョンと戦略を可視化すること，それによって戦略の全社的な共有化が図られること，すなわちトップから現場の担当者まで，すべての従業員のベクトルが経営戦略に向けて収斂されることであり，戦略を現場からのフィードバックによって修正すること（創発戦略）などである。そしてBSCによる戦略の実践を通じて可能となるのは組織の変革であり（伊藤（和），2007，pp.181-182），組織価値の向上である。

　ちなみに櫻井（2003，p.29）によれば，BSCの意義とは，①戦略策定と実行のマネジメントシステムであること，②業績評価システムであること，③経営品質の向上にも資するものであること，④IRにも有用であること，⑤コミュ

ニケーションを促進するものであること，⑥システム投資の評価にも利用できること，そして⑦ビジネスの共通言語になることである。

BSCが従来のマネジメントシステムと大きく異なるのは，ビジョンや戦略を単なるトップダウンの掛け声に終わらせることなく，全階層の従業員に浸透させることを可能にしたことである。それはビジョン→戦略→戦略目標→重要成功要因（Key Success Factor, Critical Success Factor）→パフォーマンスドライバー→実施項目（initiative）という順番で作成されるいわば戦略実行のための青写真である。

この矢印を逆にたどれば，戦略を達成するための要因が因果関係で結ばれていることになり，例えば重要成功要因は戦略目標を達成するために不可欠な要因であり，パフォーマンスドライバーは重要成功要因の成果に影響を与える要因である。BSCの特徴は目標に対する達成度を測るための測定指標が含まれることであり，パフォーマンスドライバーは先行指標（leading indicators），パフォーマンスドライバーによって達成される成果の指標は遅行指標（lagging indicators）と呼ばれる。「品質の改善によって得られる経常利益の増大」という例でいえば，品質の改善が先行指標であり，経常利益の増大が遅行指標である（櫻井，2003, p.39）。

戦略マップ（strategy map）とは戦略を記述するための論理的で包括的なフレームワークであり（Kaplan and Norton, 2001），それぞれの視点ごとに記載された戦略テーマ間の因果関係を示すものであり，それによって全従業員による共通の理解が可能となるものである。そこでは顧客満足，市場占有率，顧客リピート率，革新性，コンピタンスといった価値創造のプロセスが記述・測定され，従業員の士気，スキル，顧客情報システムといった無形資産が，新商品開発や収益・利益といった有形資産に変換されていくプロセスが記述される。つまり無形資産から企業価値が創造される筋道が可視化されることになるのである（櫻井，2003, p.77）。

バランスの意味は，①財務指標と非財務指標のバランス，②外部尺度（財務と顧客の視点）と内部尺度（内部ビジネスプロセスと学習と成長の視点）のバランス，③結果（成果）とプロセス（パフォーマンスドライバー）のバランス，そして④定量的評価と定性的評価のバランスであるとされるが（櫻井，2003, pp.30-31），より一般的にはステークホルダー間のバランスを取るものであると

いえるだろう（櫻井，2003，p.165）。これは株主利益を重視する欧米では注目すべきことかもしれないが，そうではない日本的経営におけるBSCの意義は[17]，戦略の可視化と戦略目標の達成度，および無形資産の測定を可能にすることであろう（櫻井，2003，p.31，p.171）。

伊藤（克）（2002，pp.119-125）によれば，ブランド構築のための管理会計システムとしてBSCが適切であるのは，第1に，短期的な業績に過度にとらわれる弊害を是正し，長期的な利益を目指す方向へ経営者を動機づける，第2に，戦略マップ作成の過程で，ブランド戦略に関する全社的な合意が形成される，第3に，部門ごと，あるいは個人ごとのBSCによって，ブランド構築の方法論に対する共通の理解が得られる，第4に，戦略管理システムとしてのBSCは創発型戦略の利点をもたらすからである。ブランドはレピュテーションの一部であるので[18]，ブランドをレピュテーションと読み替えれば，これらはBSCがレピュテーション・マネジメントにおいて持つ意義となる。BSCはレピュテーション・マネジメントの方法論を提供するものであるとされる所以である。

6 結びにかえて

リスクマネジメントとコミュニケーションとレピュテーション・マネジメントには共通のパラダイム・シフトがあり，それぞれの発展形である現代的RM，コーポレート・コミュニケーション，戦略的レピュテーション・マネジメントは同じパラダイムの内にあるものである（図表5－11参照）。リスクマネジメントとコミュニケーションとレピュテーション・マネジメントには互いに重なり合う部分があり，同じ政治・経済・社会事情のもとにある以上これは当然のことであろう。

フォンブランとヴァン・リール（Fombrun et al., 2004, p.222）によれば「レピュテーション・マネジメントはリスクマネジメントにほかならない」とのことである。しかしこの主張についてはレピュテーションをどう捉えるかによって異論が生じうるところであろう。レピュテーションをリスクあるいはリスクの源泉とすれば，レピュテーション・リスクマネジメントという用語もあるよ

図表5-11 新旧パラダイムの概念図

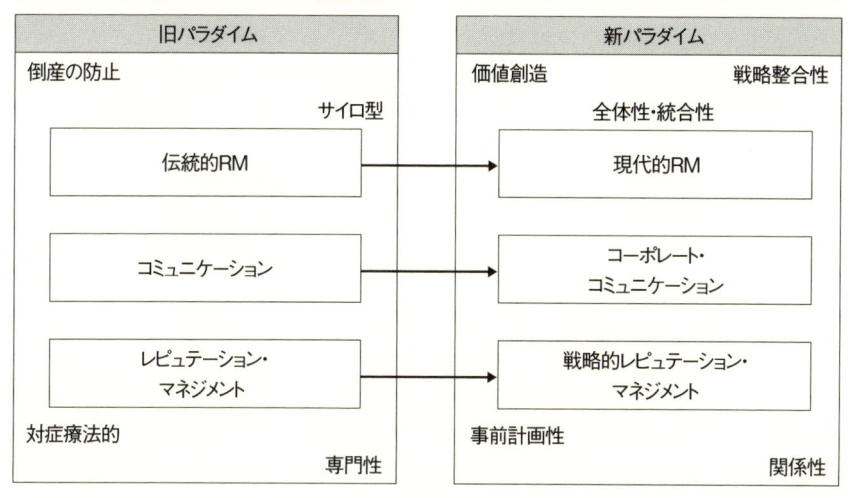

旧パラダイム	新パラダイム
倒産の防止　　　　　　　　　サイロ型	価値創造　　　　　　　　戦略整合性
	全体性・統合性
伝統的RM	→ 現代的RM
コミュニケーション	→ コーポレート・コミュニケーション
レピュテーション・マネジメント	→ 戦略的レピュテーション・マネジメント
対症療法的　　　　　　　　　専門性	事前計画性　　　　　　　　関係性

うに，その通りであるといえるだろう。しかしレピュテーション・マネジメントの定義を，冒頭に述べた通り「経営者および従業員による過去の行為の結果，および現在と将来の予測情報をもとに，企業を取りまく様々なステークホルダーから導かれる持続可能な競争優位」とした場合にはどうであろうか。

「経営者や従業員の営み」「持続可能な競争優位」といったことがリスクマネジメントと同じであるとすることには違和感が生じるかもしれない。しかし，現代的RMの考え方によれば必ずしもそうとはならない。それは現代的RMが，投機的リスクを対象に含めることによって，事業や業務それ自体がリスクとなり，リスクマネジメントの射程が事業活動の全域に及ぶものとなるからである。

BSCがレピュテーション・マネジメントに有効な理由は前述の通りであるが，それはそのままリスクマネジメントにも当てはまることである。BSCは経営戦略を事業部別，階層別，個人別に，置き換え，分解し，展開させていくことである。これは現代的RMが部門・機能・文化横断的な全社的なものであるということとパラレルの関係にあるものである。そしてBSCをリスクマネジメントに利用するということは，BSCがリスクマネジメントの思考法に基づいて実行されるということである。そこでBSCとリスクマネジメントの関係について，事例を挙げて敷衍すれば以下の通りである。

モービル社の北米マーケティング・精製部門は1993年にBSCを導入し，

図表5-12 モービル社のBSC効果

項目	成果(改善)
使用資本利益率	6% → 16%
競合他社との収益性比較	業界最下位 → 業界第1位
キャッシュフロー	(-)500万ドル → (+)700万ドル
顧客満足度	3年間連続向上
安全性=年間事故件数	150件 → 30件
環境保全	環境影響要因が63%減
従業員意識=戦略意識度	20% → 80%

出所:森沢,2001,pp.59-60を参考に筆者作成。

1999年にエクソン社との合併が決まるまでの間,経営陣のリーダーシップのもとで全員参加のBSCを実践した。その結果,同社は以下のような業績の向上を実現した(森沢,2001,pp.59-60)。

まず「年間事故件数の減少」という項目がある。これがリスクマネジメントであることはいうまでもない。しかしそれだけでは伝統的RMの域を超えるものとはならない。現代的RMではリスクとは「組織体の目的と目標に重大な影響を及ぼす事象と結果の不確実性」のことであり(McNamee and Selim, 1998, p.2, p.125),「損失あるいは利益の期待値と期待値回りの変動」のことである(Harrington and Niehaus, 2004, 邦訳, pp.1-2)[19]。リスクをそのようなものとすれば,「年間事故件数の減少」に加えて,「利益率」「キャッシュフロー」あるいは「顧客満足度」などもリスクマネジメントであるということになる。

例えば,利益率とはもろもろの「不確実性」や「期待値回りの変動」の結果の集積からなるものであり,リスクを最小化しリターンを最大化することが投機的リスクのリスクマネジメントだからである。それがBSCはリスクマネジメントのためにも利用が可能であるとする理由である。

新パラダイムの構成要素である全体性,統合性,戦略整合性,関係性などのうち,戦略的レピュテーション・マネジメントにおいて特に重要なのは「全体性」であり,それはレピュテーションが「経営者および従業員による過去の行為の結果」であるとされる通りである。現代的RMについていえば,リスクマネジメントとは「経営者と従業員の全員が実行する」ものであり,「共通言語」

による「リスク・コミュニケーション」によって「リスク文化」を醸成することである。

「全体性」とは組織の構成員が全員で「何事か」に取り組むことであり，その「何事か」を一部の専門家のものにはしないということである[20]。その意味で，戦略的レピュテーション・マネジメントとは現代的RMの部分でありながら，現代的RMの特質を最もよく具現化したものであるといえる。それが現代的RMにおける戦略的レピュテーション・マネジメントの意義である。

「経営者および従業員による過去・現在・未来の行為」とは，全社員の行為のことであり，日常の業務はもちろんコーポレートガバナンス，コンプライアンス，企業倫理，内部統制，情報開示，BCMなどのすべてを含むものである。そうした膨大かつ広範多岐にわたる問題に対してはBSCの導入が有効である。BSCの眼目はトップの経営戦略と現場社員の活動とを結び付けることである。戦略を可視化し，全社員を戦略の実行に巻き込み，それによって組織を活性化させる。戦略の実現に向けて全社員の動機づけを行い，組織のパワーを最大限に引き出す。そうしたことがなければ，「社員1人ひとりの行為によって多様なステークホルダーの期待に応える」ことは難しいであろう。

米国の経営者は「レピュテーション」という言葉をごく自然に使うが，わが国の経営者が「評判」をそのように使用することはまず考えられない。つまり「レピュテーション」にぴったりの日本語はないということであり，レピュテーション・マネジメントも同様に優れて西欧的なものである。しかしそのレピュテーション・マネジメントを構成する要素には日本の企業が得意とするものが少なくない。「企業は人なり」という人口に膾炙した標語に始まり「日本型品質管理」「長期相対取引」「知的熟練」「不確実性をこなすノウハウ」「問題と変化をこなすノウハウ」などである（杉野，2003）。

現代的RMや戦略的レピュテーション・マネジメントが組織に定着するかどうかは，経営者の意識改革とそのリーダーシップの如何にかかっている[21]。まずは経営者自身がリスクマネジメントとレピュテーション・マネジメントに目覚め，BSCの実践にリーダーシップを発揮することである。BSCは現代的RMの思考法を組織に浸透させ，現代日本企業の経営においてかつての日本型品質管理のような役割を果たす可能性がある。BSCの導入によって日本的経営の美徳とされたものをどう生かしていくかが問われるだろう。

[注記]

1) ロンドンの経営コンサルタント会社（Arthur D. Little）の調査によれば，企業リスクに占める社会的責任と環境責任の割合は71％にのぼり，有形資産など保険の対象になりうるリスクの割合は29％でしかなかったとのことである（Lenckus, 2008）。
2) 会計学の領域で，コーポレート・レピュテーションが正面から取り上げられるようになったのは1990年代以降である（櫻井, 2005, p.15）。
3) 現代的RMの背景は，IT化，グローバリゼーション，金融技術の進化，規制の変化，事業の合併・再編，組織構造の変化，消費者意識の変化などであった（Barton et al., 2002, pp.2-3）。レピュテーションが重要性を高めた背景には，グローバリゼーション，情報化の進展，製品の均質化，メディアの影響力，飽和状態の広告，行動に出るステークホルダーなどの環境変化があった（Fombrun et al., 2004, 邦訳, pp.14-17）。
4) 一般には情報技術を基盤におく企業の成長世代のことであるが，「新しいビジネスモデルを築き，無形資産を含む競争優位を持つ企業のみが勝ち残れる環境」と理解すべきである（アンダーセン, 2001, p.151）。
5) グローバリゼーション，ITそして環境問題などによってもたらされた質も規模も従来のものとはまったく異なる競争（メガ・コンペティション）であり，21世紀型の社会システムや企業経営を可能にするためには乗り越えなければならないハードルである（猪狩他, 2002, p.8）。
6) 「戦略整合性」とは「企業戦略とリスクマネジメントをバッティングさせることなく，一定の仕組みの中に融合させ連携させること」である（アンダーセン, 2001, pp.4-5）。現代的RMではリスクを事業機会と表裏一体のものと捉え，リスクマネジメントは戦略の概念（strategic concept）と優れた実践（executional excellence）との間をつなぐものであるとする。それが「戦略と一体化したリスクマネジメント」の意味である（DeLoach, 2000, xii頁）。
7) この点に関し，現代的RMと日本型品質管理あるいは全社的品質管理との類似性については杉野（2003）参照。
8) 「企業価値分析・評価は総合格闘技である」とは産業再生機構専務兼COOの冨山和彦氏が2005年7月，一橋大学商学研究科MBAコースの講演で述べた言葉である（伊藤（邦）, 2007, p.56）。
9) ただしわが国独自の「企業価値」という用語については，「あえて企業価値という言葉を好む多くの日本企業経営者には，会社とその経営責任に対する曖昧さの本音が垣間見える」（森生, 2006, p.72）との一面も否めない。
10) 後述のBSCは財務的な業績指標と非財務的な業績指標とのバランスを取るものであるが，非財務的な業績指標は財務的な業績指標の原因系をなすものである（伊藤（嘉）, 2001, pp.4-5）。
11) 無形資産，知的資本，知的資産とその用語法は必ずしも統一されておらず，知的資産はエコノミストによって，知的資本は経営学と法学の分野で多く使用されるようである（櫻井 p.67；Lev, 2001, p.5）。
12) 米国のある調査では，大企業の経営者が重視する上位10のリスクに事業中断や製造物責任などとともにレピュテーション・リスクが含まれている。しかしそのことは必ずしもレピュ

第5章　レピュテーション・マネジメントとバランスト・スコアカードの意義

テーション・リスクが適切にコントロールされていることを意味するものではない (Atkins *et al.*, 2006, pp.6-7)。
13) 英国企業の調査でも、レピュテーション・リスクの「評価が十分でない」が53%,「管理が十分でない」が41%,「責任の所在が明確でない」が53%との結果が出ている (Atkins *et al.*, 2006, p.93)。レピュテーション・リスクのリスクマネジメントは、米英においてもまだ伝統的RMのレベルにある企業がほとんどであり、戦略的レピュテーション・マネジメントを実践している企業は少ないと思われる (Atkins *et al.*, 2006, p.24)。
14) 米国には危機管理のコンサルティングを行う会社が60社以上あり、そうした会社による1999年度の広報関係の売上げは30億ドルであった (杉野, 2004, p.275)。
15) インタンジブルズとは「財貨の生産またはサービスの提供に貢献するかそれらに用いられ、その利用をコントロールする個人または企業に対して将来の生産的便益を生み出すと期待される非物的な要因」である (櫻井, 2005, pp.36-37 ; Blair and Wallman, 2001)。
16) 他の6つのコンポーネントは、①コーポレートガバナンス、②ライン・マネジメント、③ポートフォリオ・マネジメント、④リスクの移転、⑤リスク分析、⑥データ・テクノロジー資源である (Lam, 2003, pp.51-56)。
17) BSCには日本的経営との類似性があり (伊藤 (嘉), 2001, pp.17-20)、日本企業の経営スタイルや職場風土との親和性がある (森沢, 2001, p.48)。
18) ブランドは商品やサービスの提供によって顧客を通じて生み出されるものである (櫻井, 2005, p.2) のに対して、コーポレート・レピュテーションはマルチ・ステークホルダーから導かれるものであるので、ブランドはコーポレート・レピュテーションの一部である。コーポレート・ブランドも含めて、ブランドとレピュテーションの違いは「ストック」と「フロー」のようなものであり (櫻井, 2005, p.23)、さらにコーポレート・イメージ (会社を全体として消費者が記憶にとどめている連想—Keller, 2003) との比較では、コーポレート・レピュテーションは「時間をかけて形成される」ものであり、「過去に何を行ったかを基礎にしている」という特徴がある (櫻井, 2005, p.21)。
19) Harrington and Niehaus (2004) では「損失の期待値あるいは期待値回りの変動」であるが、現代的RMが対象とするリスクには投機的リスクも含まれるのでこのような定義とした。
20) 全体性は「戦略というものが戦術との関連において持つ基本的な性格」であり、「体系的に、組織全体としての有機的な、連動性を持った、バランスのとれた行動を起こすこと」である (二味, 1991, pp.160-161)。
21) 野村総合研究所は3年間にわたり、10近くの日本企業にBSC導入のコンサルティングを行った。その経験によると、日本企業においては「トップの発案ではなく、部門のエゴによる手法・ツールありきの改革になりやすい」「経営トップの戦略策定へのコミットメント度が低い」などがBSCを導入する際のボトルネックになっているとのことである (森沢, 2001, pp.48-61)。

[参考文献]
Alsop, R.J. (2004) *The 18 Immutable Laws of Corporate Reputation : Creating Protection, and Repairing Your Most Valuable Asset*, Wall Street Journal Book. (トーマツCSRグルー

プ訳『レピュテーション・マネジメント』日本実業出版社，2005年）
アンダーセン（2001）『バランス・スコアカードのベストプラクティス』東洋経済新報社。
アンダーセン／朝日監査法人（2001）『図解　リスクマネジメント』東洋経済新報社。
Atkins, D., I. Bates and L. Drennan (2006) *Reputational Risk : A Question of Trust*, Lessons (Publishing) Limited.
Barnard, C. I. (1938) *The Functions of The Executive*, Harvard University Press.（山本安次郎・田杉競・飯野春樹訳『新訳　経営者の役割』ダイヤモンド社，1983年）
Carroll, A. B. (1993) *Business & Society : Ethics and Stakeholder Management*, South-western Publishing Co.
COSO (The Committee of Sponsoring Organizations of the Treadway Commission) (1992) *Internal Control : Integrated Framework*.（鳥羽至英・八田進二・高田敏文訳『内部統制の統合的枠組み（理論篇）（ツール篇）』白桃書房，1996年）
COSO (The Committee of Sponsoring Organizations of the Treadway Commission) (2004) *Enterprise Risk Management : Integrated Framework -Executive Summary and Framework*.（八田進二監訳・中央青山監査法人訳『全社的リスクマネジメント　フレームワーク篇』東洋経済新報社，2006年）
DeLoach, J. W. (2000) *Enterprise-wide Risk Management : Strategies for Linking Risk and Opportunity*, Pearson Education Limited (UK).
Elkington, J. (1998) *Cannibals with Forks : The Triple Bottom Line of 21st Century Business*, New Society Publishers.
Fombrun, C. J. and C. B. M. Van Riel (2004) *Fame and Fortune : How Successful Companies Build Winning Reputations*.（花堂靖仁監訳・電通レピュテーション・プロジェクトチーム訳『コーポレート・レピュテーション』東洋経済新報社，2005年）
Freeman, R. E. (1984) *Strategic Management : A Stakeholder Approach*, Pitman Publishing Inc. 335 F46
Freeman, R. E., J.S. Harrison and A.C. Wicks (2007) *Managing for Stakeholders : Survival, Reputation, and Success*, Yale University Press.
二神恭一編著（1997）『ビジネス・経営学辞典』中央経済社。
二味巌（1999）『企業危機管理の時代―不測事態対応戦略の実戦的展開―』産能大学出版部。
博報堂ブランドエイドチーム（2004）『ブランドリスクマネジメント―リスクに強いブランドマーケティングとコミュニケーションの実務』金融財政事情研究会。K675 H 19
Hamel, G. and C. K. Prahalad (1994) *Competing For The Future*, Harvard Business School Press.（一條和生訳『コア・コンピタンス経営』日本経済新聞社，1995年）
Harrington, S. E. and G. R. Niehaus (2004) *Risk Management and Insurance*, 2nd edition, The McGraw-Hill Companies.（米山高生・箸方幹逸監訳『保険とリスクマネジメント』東洋経済新報社，2005年）
榛沢明浩（1999）『知的資本とキャッシュフロー経営』生産性出版。
本間正明（1994）「コーポレート・ガバナンス」（やさしい経済学）日本経済新聞1994年2月5日～2月11日。

第 5 章 レピュテーション・マネジメントとバランスト・スコアカードの意義

猪狩誠也・上野征洋・剣持隆・清水正道・城義紀（2002）『コーポレート・コミュニケーション戦略』同友館.

稲上毅（2000）「新日本型コーポレート・ガバナンスと雇用・労使関係」稲上毅・連合総合生活開発研究所編著『現代日本のコーポレート・ガバナンス』東洋経済新報社, pp.3-74.

伊丹敬之（2000）『日本型コーポレートガバナンス 従業員主権企業の論理と改革』日本経済新聞社.

伊藤克容（2002）「ブランド構築のための管理会計システム」『成蹊大学経済学部論集』第 32 巻第 2 号, pp.111-129.

伊藤和憲（2007）『ケーススタディ 戦略の管理会計―新たなマネジメント・システムの構築』中央経済社. K336.8 I89

伊藤邦雄（2007）『ゼミナール企業価値評価』日本経済新聞出版社.

伊東光晴編（2004）『岩波現代経済学事典』岩波書店.

伊藤嘉博（2001）「日本企業再生の切り札としてのネオ・バランスト・スコアカード経営」伊藤嘉博・小林啓孝編著『ネオ・バランスト・スコアカード経営』中央経済社.

岩井克人（2003）『会社はこれからどうなるのか』平凡社.

岩田規久男（2007）『そもそも株式会社とは』筑摩書房.

甲斐良隆・加藤進弘（2004）『リスクファイナンス入門―事業リスクの移転と金融・保険の融合』金融財政事情研究会.

亀井利明（2001）『危機管理とリスクマネジメント（改訂増補版）』同文舘出版.

Kaplan, R. S. and D. P. Norton (2004) *Strategy Maps*, Harvard Business School Press.（櫻井通晴・伊藤和憲・長谷川恵一監訳『戦略マップ バランスト・スコアカードの新・戦略実行フレームワーク』ランダムハウス講談社, 2006 年）K336.1 Ka61

Kaplan, R. S. and D. P. Norton (2006) *Alignment*, Harvard Business School Publishing Corporation（櫻井通晴・伊藤和憲監訳『BSC によるシナジー戦略―組織のアラインメントに向けて』ランダムハウス講談社, 2007 年）K336.1 Ka61

神田秀樹（2005）「会社法の現代化とコーポレート・ガバナンス」神田秀樹編『コーポレート・ガバナンスにおける商法の役割』中央経済社.

経済産業省（2003）「リスク新時代の内部統制―リスクマネジメントと一体となって機能する内部統制の指針」6 月 27 日.

経済産業省（2004）『通商白書 2004―「新たな価値創造経済」へ向けて―』7 月 5 日.

Kiston, A. and R. Campbell (1996) *The Ethical Organization : Ethical Theory and Corporate Behaviour*, McMillan Press Ltd.

Lam, J. (2003) *Enterprise Risk Management : From Incentives to Controls*, John Wiley and Sons, Inc.（林康史・茶野努監訳『統合リスク管理入門―ERM の基礎から実践まで』ダイヤモンド社, 2008 年）

Lenckus, D. (2008) "Sustainability to take ERM to next level", *Business Insurance*, April 7.

McNamee, D. and G. M. Selim (1998) *Risk Management : Changing the Internal Auditor's Paradigm*, The Institute of Internal Auditors Research Foundation.

森生明（2006）『会社の値段』筑摩書房.

森沢徹（2001）「バランスト・スコアカード導入の実際」伊藤嘉博・小林啓孝編著『ネオ・バランスト・スコアカード経営』中央経済社.

財団法人日本規格協会（2003）『JIS Q 2001: 2001 リスクマネジメントシステム構築のための指針』財団法人日本規格協会.

奥村宏（2000）『株式会社はどこへ行く』岩波書店.

Post, J.E., L.E. Preston and S. Sachs（2002）*Redefining The Corporation-Stakeholder Management and Organizational Wealth*, Stanford Business Books.

櫻井通晴（2003）『バランスト・スコアカード―理論とケース・スタディ―』同文舘出版. K336 Sa47

櫻井通晴（2004）『管理会計〔第三版〕』同文舘出版. K336.8 Sa47

櫻井通晴（2005）『コーポレート・レピュテーション「会社の評判」をマネジメントする』中央経済社.

杉野文俊（2003）「現代的リスクマネジメントの可能性に関する一考察―日本型品質管理との類似性について―」『保険学雑誌』第582号, pp.152-172.

杉野文俊（2004）『米国の巨額PL訴訟を解剖する―クラスアクションの脅威とその対策』商事法務.

杉野文俊（2005）「リスクマネジメントとコーポレートガバナンスに関する一考察―「経営者リスク」のリスクマネジメントについて―」『専修大学商学研究所報』第37巻第2号.

杉野文俊（2006）「CSR（企業の社会的責任）と製品安全マネジメントに関する一考察―米国の製造物責任訴訟とリコール問題を題材として―」『損害保険研究』第68巻第1号.

杉野文俊（2007）「内部統制との融合によるリスクマネジメントの新展開」『専修ビジネス・レビュー』Vol.2 No.1, pp.37-48.

杉野文俊（2008）「製品安全とリスクマネジメント―消費者保護の新時代へ向けて，PLからCSRへ―」『専修ビジネス・レビュー』Vol.3 No.1, pp.29-44.

内田恭彦・ヨーラン・ルース（2008）『日本企業の知的資本マネジメント』中央経済社.

上田和勇（2003）『企業価値創造型リスクマネジメント　その概念と事例』白桃書房.

若杉敬明（2005）「現代経営とコーポレート・ガバナンス―株主の責任と経営者の責任―」神田秀樹編『コーポレート・ガバナンスにおける商法の役割』中央経済社.

第6章 各国関係規格からの現代的リスクマネジメントの形成

はじめに

　本書は，現代企業が曝されている経営環境，並びに期待される企業姿勢について，特にリスクマネジメントの側面からとりまとめている。現代企業は，継続的に収益を上げ続けなければならないという経済的な宿命だけではなく，利害関係者に対する説明責任を果たしながら事業継続を続けていくという社会的責任も強く求められている。企業の説明責任の目的は，企業自身および利害関係者のリスクを最小化することにあり，まさにここに現代的リスクマネジメント（現代的RM）の重要な側面があるのである。

　本章では，特に企業にどのようなリスクマネジメントが求められてきているかを，社会的なコンセンサスのもと制定される「規格」に着目して概観していく。企業姿勢を社会にアピールするには，公正な視点で客観的な指標に基づく評価がなされなければ，独りよがりなものとなってしまう。そこで，公的な「規格」が役に立つのである。具体的には，次のようになる。環境に対する姿勢を打ち出す企業はISO14000（環境マネジメントシステム）を用いる。品質保証に対する姿勢を打ち出す企業はISO9001（品質マネジメントシステム）を用いる。他には，情報セキュリティマネジメント規格，苦情処理マネジメント規格，CSR規格などがあり，その国その国で最も信頼されるマネジメント規格が用いられる。安全管理の分野では，食品分野のHACCP（「危害分析重要管理点」といわれる食品の安全管理システム），薬事関連分野のISO13485（品質マネジメント要求事項）のような個別分野のマネジメント規格もあり，法的な枠組みの中に組み込まれ始めている。

リスクマネジメントの規格も存在する。国単位や国際的なレベルでの社会的なコンセンサスを得た規格であり，様々な社会的な要求を反映しながら発展してきている。個別安全管理の分野から，企業が持続的発展を続けていくための社会的責任に必要な要件を盛り込んだものまで様々である。以下，リスクマネジメント規格の検討を行いながら，企業に期待されるリスクへの対応姿勢の趨勢を国家規格，並びに国際規格に着目してとりまとめていく。

1 規格の捉え方

　規格，特にここでは国家規格や国際規格レベルの公的な規格を取り上げる。特にその中でも企業や組織が行うリスクマネジメントに関する規格を対象とし，いつ頃からどのような内容のリスクマネジメント規格が定められるようになってきたか，そしてどのような方向に向かっていくのかについて整理する。この点に着目するのは，リスクマネジメント規格に限らず，すべてのマネジメント規格が，時代時代において社会環境が企業や組織に求めているマネジメントの姿を表しているからである。以下に，ここで取り扱おうとする規格について若干の説明を加える。

1-1　規格とは

　規格は英語でstandardsと表す。すなわち，標準化されたものを意味する。標準化とは，物流の円滑化を図るための馬車の轍幅に始まり，レールの構造や幅，コンテナの形状やサイズ，ねじや材料の仕様，建築・構造物部材の形状や特性，コネクタなどの互換性のある電気・通信技術などの様々な分野の共通仕様を定めることによって，国や地域を超えた産業や生活の発展を支えてきた基盤技術である。これら標準化を進めていくための仕様が書かれている文書が規格ということになる。規格の定義としては次のようなものがある。[1]

　「与えられた状況下で，適切な程度の秩序を達成することを目的とし，諸活動またはその結果に関する規格，指針または特性を，共通かつ繰り返し使

用するための文書であり，合意によって確立され，公認機関で承認されたもの。」

この定義は，次のことを語っている。規格は，何の意味も持たない秩序の整備だけを目的としているのではなく，一定の適切な秩序，すなわち産業の発展，安全などの社会的な規範となる秩序の整備という根本的な目的を持っているということである。さらに，規格が有効に役割を果たすための文書となるには，合意という社会的コンセンサスを得るプロセス，並びに公的な機関による承認を得るプロセスが求められている。

1-2 規格の種類と位置づけ

規格の承認機関に則して，規格の位置づけが決定される。その関係を図表6－1に示す。

「国際規格」とは，各国の代表による投票によって採否が決定され，その結果を受けて以下のような国際標準化機関で承認され，国際規格となる。

・国際標準化機関；International Organization for Standardization（略称「ISO」）
・国際電気標準会議；International Electrotechnical Commission（略称「IEC」）

図表6－1　規格の承認機関の違いによる位置づけ

- 国際規格（International Standards）
- 地域規格（Regional Standards）
- 国家規格（National Standards）
- 団体規格（Associate Standards）
- 業界規格（Industry Standards）
- コンソーシアム規格（Consortium Standards）
- 社内規格（Company Standards）

「地域規格」とは，特定の地域の各国が連合体を構成して，加盟国間でのコンセンサスを経て承認される規格である．地域規格であるからといって，国際規格を無視することはなく，上記の国際機関と協定を結び[2]，整合化などの方策が講じられている．次のような地域標準化機関がある．いずれも作成される規格は欧州規格（EN規格）となる．なお，ENはドイツ語のEuropaischen Normenの頭文字をとっている．

・欧州標準化委員会；European Committee for Standardization（略称「CEN」）
・欧州電気標準化委員会；European Electrotechnical Standardization Committee（略称「CENELEC」）

「国家規格」とは，文字通り各国で独自に制定する公的な規格であるが，大きく次の3種類に分けられる．
　①政府による強制規格（Government Standards/Regulations）
　②政府による任意規格（National Standards/Regulations）
　③標準化機関による任意規格（National Member-body Standards）
　この標準化機関による任意規格は，正式には国家規格ではない．しかし，市場や流通において影響力を持つ場合があり，また国によっては別規制法や州法などで規格への遵守義務を課す場合もあり，準国家規格的に用いられている．後述の「団体規格」との中間的位置づけということもできる．ここでは便宜的に国家規格の中に含める．

「団体規格」とは，業界団体や，日本でいう財団法人などの民間機関が定める規格をいい，マーク表示や認証制度を有する場合もある．ここでいう団体には，次のような団体がある．
　①学会
　②試験・検査機関
　③財団
　④保険会社

「業界規格」とは，工業会や連合会などの団体による規格のことである．

「コンソーシアム規格」とは，業界による自主的な規格ではあるが，工業会のような団体でコンセンサスを得た規格ではなく，同じ意識をもった特定の企業有志によって定められた規格である。

「社内規格」とは，言葉通り個々の企業が独自に作成する規格である。

本章で取り扱うリスクマネジメントの「規格」は，原則として国家規格レベル，および第三者機関が作成する団体規格レベルのものを対象とする。このような公的な規格の特徴には，次の点がある。作成過程は国や組織によって若干異なってはいても，一部の者が閉鎖的な環境下で作成したものではない。そして，企業等の組織の規格利用者，関係する利害関係者，関係分野の研究者，中立機関などによる委員会を構成して，コンセンサスを得ながら作成するものである[3]。そのため，利用する企業側だけの利便性を重視するのではなく，適正に利用されることを期待する側，すなわち外部の利害関係者側の意向が反映される。そして，その制定過程も国際規格では，各国メンバーによる投票などのステージが設けられている[4]。国家規格の場合は，標準化機関が自国内に関係企業，利害関係者，中立機関等による委員会を構成し，コンセンサスを得て制定される[5]。

2 リスクマネジメント規格の制定状況

国別にリスクマネジメント規格の制定状況を概観し，続いて地域規格および国際規格についても概観する。

2-1 英国

英国には，BSI（英国規格協会；British Standards Institution）が作成したBS規格がある。BSIは政府機関ではないが，英国を代表する標準化機関である。
英国におけるリスクマネジメント関係の規格には，以下がある。

- BS PD6668（2000） Managing risk for corporate governance
   （コーポレートガバナンスのリスクマネジメント）
- BS 6079-3（2000） Project management : Guide to the management of business related project risk
   （プロジェクトリスクマネジメント―ビジネス関連のプロジェクトリスクに対するマネジメントの指針）
- BS 7799-3（2006） Information security management systems : Guidelines for information security risk management
   （情報セキュリティリスクマネジメントの指針）
- BS EN ISO 14971（2007） Medical devices - Application of risk management to medical devices
   （医療用具―リスクマネジメントの適用）
- Draft BS31100（2008） Code of practice for risk management standard rate
   （リスクマネジメントの適正実施規準）

　上記の中のPDとは公表文書（Published Document）をいい，公式な規格ではない公表文書を意味する。BS EN ISO 14971の表記は，ISO 14971をEN（欧州規格）とともにBSでもそのまま自国の規格として採用したことを示しており，元になるISO規格などを規格番号中に残す表記をする（このような複数表記は日本のJISおよびオーストラリアのAS規格以外の各国でも行っている）。
　なお，国家規格ではないが，関係する団体が共同で作成した規格として以下も存在する。

- A risk management standard（2002）
   （リスクマネジメント規格）

　この規格は，リスクマネジメント協会（IRM；The Institute of Risk Management），保険およびリスクマネジャー協会（AIRMIC；The Association of Insurance and Risk Manager），および公共のリスクマネジメント協議会（ALARM；The National Forum for Risk Management in Public Sector）の3機関が連名で公表している。この規格は，以下特に指定がない限り本章ではAIRMICと称

する。

2-2 オーストラリア

オーストラリアには，オーストラリア規格協会（AS；Standards Australia）が作成したAS規格がある。このオーストラリア規格協会も政府機関ではないが，オーストラリアを代表する標準化機関である。

オーストラリアにおけるリスクマネジメント関係の規格には，以下がある。

- AS/NZS 4360（2004） Risk management
  （リスクマネジメント）
- AS/NZS 4810.1（2000） Medical devices – Risk management – Application of risk analysis
  （医療機器のリスクマネジメント―リスク分析の適用―）
- AS/NZS 3931（1998） Risk analysis of technological systems - Application guide
  （技術システムのリスク分析）
- AS HB 205（2004） OHS Risk Management Handbook
  （労働安全（OHS）リスクマネジメント）
- AS HB 141（2004） Risk financing guidelines
  （リスクファイナンスの指針）
- AS HB 246（2004） Guidelines for Managing Risk in Sport and Recreation
  （スポーツおよびレクレーションのリスクマネジメントの指針）
- AS HB 436（2004） Risk Management Guidelines：Companion to AS/NZS 4360:2004
  （リスクマネジメント指針―AS/NZS4360の手引き―）
- AS HB 231（2004） Information security risk management guidelines
  （情報セキュリティリスクマネジメントの指針）
- AS HB 254（2005） Governance, risk management and control assurance
  （ガバナンス，リスクマネジメントおよびコントロールアシュアランスの指針）

- AS HB 203（2006） Environmental risk management - Principles and process
 （環境リスクマネジメント―原則とプロセス―）
- AS HB 158（2006） Delivering assurance based on AS/NZS 4360:2004 Risk Management
 （内部監査への適用―AS/NZS4360の手引き―）
- AS HB 294（2006） National Post-Border Weed Risk Management Protocol
 （危険な植物種のリスクマネジメント）
- AS HB 167（2006） Security risk management
 （セキュリティリスクマネジメント）
- AS HB 296（2007） Legal risk management
 （リーガル・リスクマネジメント）

　なお，NZSとは，ニュージーランド規格協会（SANZ；Standards Association of New Zealand）によるニュージーランド規格をいう。オーストラリア規格協会とこのニュージーランド規格協会は，AS/NZSのような表記を用い，両国で承認された共通規格スタイルで規格を制定することがある。HBは公式な規格ではなく，ハンドブック（Hand Book）を意味し，正規の規格を利用する場合の参考文書的な位置づけである。

　リスクマネジメント規格の指針的な参考文書であるHBは11あるが，HB141, HB 436, HB 254, HB 158およびHB 296の5つが，AS/NZS 4360を基礎とした企業経営に直結するリスクマネジメントをとりあつかっている。他の規格は，労働安全，環境，動植物および情報セキュリティなどである。オーストラリアのリスクマネジメント規格は，AS/NZS 4360を中心とした組織的なリスクマネジメント，言い換えれば経営観点のビジネス・リスクマネジメントの分野と，応用編としての個別専門分野的・技術的なリスクアセスメント規格の2つの流れがあるともみることができる。この2つの流れは図表6-2のように表すことができる。

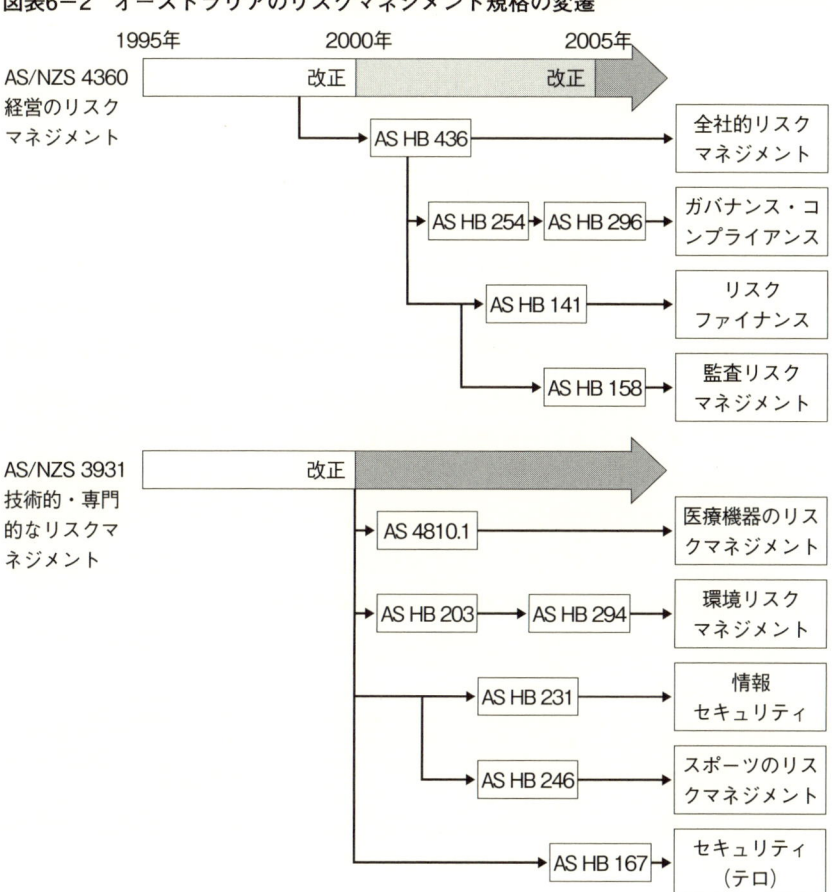

図表6-2　オーストラリアのリスクマネジメント規格の変遷

```
                1995年        2000年         2005年
AS/NZS 4360   ┌──────────────改正──────────改正─────→
経営のリスク   │
マネジメント   │
              ├─→ AS HB 436 ────────────→ 全社的リスク
              │                            マネジメント
              ├─→ AS HB 254 → AS HB 296 → ガバナンス・コン
              │                            プライアンス
              ├─→ AS HB 141 ─────────────→ リスク
              │                            ファイナンス
              └─→ AS HB 158 ─────────────→ 監査リスク
                                           マネジメント

AS/NZS 3931   ┌────改正──────────────────→
技術的・専門   │
的なリスクマ   ├─→ AS 4810.1 ─────────────→ 医療機器のリス
ネジメント     │                            クマネジメント
              ├─→ AS HB 203 → AS HB 294 → 環境リスク
              │                            マネジメント
              ├─→ AS HB 231 ─────────────→ 情報
              │                            セキュリティ
              ├─→ AS HB 246 ─────────────→ スポーツのリス
              │                            クマネジメント
              └─→ AS HB 167 ─────────────→ セキュリティ
                                           （テロ）
```

2-3　カナダ

　カナダには，カナダ規格協会（CSA；Canadian Standards Association）が作成したCSA規格がある。このカナダ規格協会も政府機関ではないが，カナダを代表する標準化機関である。

　カナダにおけるリスクマネジメント関係の規格には，以下がある。

・CSA-Q634-M91（1991）Quality analysis requirements and guidelines

　　　　　　　　　（リスク分析の要求事項と指針）【廃止】
・CSA-Q850（1997）　Risk management : Guideline for decision-maker
　　　　　　　　　（意思決定のためのリスクマネジメント指針）

　Q634は，制定が1991年と早いがすでに廃止されている。内容は技術的分野を主体とするリスク分析手法に特化したものある。

　もう1つのリスクマネジメント規格であるQ850は，企業に限定しないあらゆる組織におけるリスクマネジメントの導入指針的なものであり，リスクマネジメントの用語やプロセスの基礎，実行のための体制づくり，意思決定，利害関係者とのリスク情報の共有などについて示されている。すなわち，Q634が技術的なリスクマネジメントの分析手法に特化したハード面の規格であるのに対して，このQ850は組織がリスクマネジメントを経営システムとして導入する場合のソフト面の基本規格であるといえる。

　カナダにおけるリスクマネジメント規格には，上記のような標準化機関による以外に政府が作成した指針が存在する。以下である。

・Integrated risk management framework, Treasury Board of Canada Secretariat, 2001.4
　（「統合的リスクマネジメントフレームワーク」，カナダ財務委員会）

　この指針は，カナダ政府が公共政策機関としてリスクマネジメントを行っていこうというものである。タイトルでは「統合的」の表現を用いているが，上述の全社的リスクマネジメントと同義としている[6]。ここでいう統合的とは，次のように示されている。

　Q850もこのカナダ政府による行政機関の指針も，組織としての取組みを重視し，リスクマネジメントプロセスの各段階において利害関係者とのコミュニケーションを重視し，それを踏まえた意思決定が重要としている。ただ，政府による指針は「統合的」とのキーワードが強調され，各部門は自分の周囲のリスクだけ考えていればいいという身勝手なリスクマネジメントではだめであることが強調されている点が特徴である。

2-4　フランス

　フランスには，フランス規格協会（AFNOR；Association Française de Normalisation）が作成したNF規格（Norme Française）がある。このフランス規格協会も，政府機関ではないが，フランスを代表する標準化機関である。
　フランスにおけるリスクマネジメント関係の規格には，以下がある。

- FD X50-252（2006）Risk management - Guidelines for risk estimation
　　　　　　　　（リスクマネジメント—リスク算定の指針—）
- FD X50-117（2003）Project management - Risk management - Management of the risks of a project
　　　　　　　　（プロジェクトマネジメント—プロジェクトのリスクマネジメント—）
- NF S99-211，NF EN ISO 14971（2007）Medical devices - Application of risk management to medical devices
　　　　　　　　（医療用具　リスクマネジメントの適用）
- NF S97-601-1，NF EN ISO 22442-1（2008）Medical devices utilizing animal tissues and their derivatives - Part 1：Application of risk management
　　　　　　　　（動物組織を利用した医療用具　リスクマネジメントの適用）

参考
- FD X30-021（2003）SD 21000 Sustainable development - Corporate social responsibility
　　　　　　　　（企業のマネジメント・戦略の持続可能な開発—CSR—）

　上記はいずれもAFNORによるものであるが，FDは正規の規格ではない参考文書的な位置づけであり，フランス語のFascicule de Documentationsの頭文字をとっている。
　リスクマネジメント規格は，リスク算定に特化した規格のX50-252と，医療機器のリスクアセスメント関連のISO規格の自国への導入規格が2点である。

そして，プロジェクトリスクマネジメントの規格であるX50-117が存在する。X30-021のCSR規格は経営関連規格として参考までに列記した。

X50-252は，経営的なリスクマネジメントに関する規格ではなく，タイトルに示される通りリスク算定，すなわち特定されたリスクの定量化に特化した規格である。算定する人も，政府の専門家や，保険会社が相談する専門家と示されており，算定リスクの例としても，病気のような保健衛生上のリスク，工場やプラントの災害発生のリスク，労働作業の種類に応じた労働災害リスクが示されている。リスクマネジメント規格としては，特異なスタイルである。リスク算定の目的には，リスク情報の外部や社会での評価や共有を可能とする唯一の客観的なエビデンスという側面もある。そのため，この算定プロセスを重視しようとしていると考えるのが妥当であろう。

2-5　米国

米国には，米国規格協会（ANSI；American National Standards Institute, Inc.）が作成したANSI規格（American National Standards）が存在し，その原文が示す通りこの規格が米国の国家規格的なものとして用いられている。しかし，リスクマネジメント規格は，このANSI規格ではなく，むしろ次のような団体規格に存在する。

- 米国試験・材料協会（ASTM；American Society for Testing and Materials）によるASTM規格
- 米国機械技術者学会（ASME；American Society of Mechanical Engineers）によるASME規格
- 米国火災予防協会（NFPA；National Fire Protection Association）によるNFPA規格

以上のような団体による米国におけるリスクマネジメント関係の規格には，以下がある。

- ASTM E2081（2000）Standard guide for risk-based corrective action
　　　　　　（化学物質のリスクベースの是正措置計画）

・ASTM E2205（2002）Standard guide for risk-based corrective action for protection of ecological resources
　　（環境資源の保護のためのリスクベース是正措置指針）
・ASME RA-S（2002）Probabilistic risk assessment for nuclear power plant applications
　　（原子力プラントの確率論的リスクアセスメント）
・ASTM F2233（2003）Standard guide for safety, access rights, construction, liability, and risk management for optical fiber networks in existing sewers
　　（地下光ファイバーシステムのリスクマネジメント，安全等の指針）
・NFPA 1250（2004）Recommended practice in emergency service organization risk management
　　（非常時サービスのための組織的リスクマネジメント）
・NFPA 1600（2004）Disaster/Emergency management and business continuity programs
　　（災害緊急時のマネジメントと事業継続プログラム）
・ASTM E2506（2006）Standard guide for developing a cost-effective risk mitigation plan for new and existing constructed facilities
　　（構造物のコスト配慮形のリスク低減計画の指針）

　表記の通り，いずれも専門分野の技術的な内容の規格ばかりであり，その視点もリスクマネジメントというよりむしろリスクアセスメントの内容である。分野としては，NFPAは火災事故を主なリスクとして捉えた予防に力点が置かれており，ASTMは建築構造物，原子力，環境，化学物質等の様々なリスクを対象とした現場で利用されるアセスメント関連規格である。しかし，表記の各規格はそのほんの一例にすぎない。
　しかし，NFPA 1600は，災害をリスクとして捉えた事業継続プログラム（BCP）規格となっている。すなわち，他のリスクアセスメントのように，災害による直接的な損害の軽減という目前のリスク対応を目的としているのではなく，そのような損害リスクもベースにしながら事業を継続させようという経

営的な側面もある規格といえる。この事業継続とは，むしろ災害によって事業が停止せず，利害関係者の利益が寸断されないことを根本的な目的においた危機管理プログラムとも言い換えることができる。

2-6　日本

　日本では，労働安全衛生法，薬事法などの取締法で安全を目的としたリスクマネジメントが義務づけられている[7]。これは，国が省令や通達でリスクマネジメントの実施を促しているものである。

　規範的な公的文書として作成された標準文書には，工業標準化法に基づくJIS規格（Japanese Industrial Standards）がある。ここでは，さらに，類似の公的なリスクマネジメント文書についても考えていく。関連する規格類は，以下である。

- JIS B9702（2000）　　　機械類の安全性—リスクアセスメントの原則
- JIS Q2001（2001）　　　リスクマネジメント構築のための指針
- JIS Q14971-1（2001）　医療用具—リスクマネジメント—第1部：リスク分析の適用
- JIS T14971（2003）　　 医療用具—リスクマネジメントの適用—
- JIS TR Q0008（2003）　リスクマネジメント—用語—規格での使用指針
- JIS Z8051（2004）　　　安全側面—規格への導入指針

厚生労働省関係指針

- 厚生省（現厚生労働省），『家庭用化学製品に関する総合リスク管理の考え方』，1997
- 厚生労働省局長通達，『機械の包括的な安全基準に関する指針』，（制定：2001.6.1，改正2007.7.31）
- 厚生労働省局長通達，『危険性又は有害性等の調査等に関する指針』，2006.3.10

その他

・内閣府,『事業継続ガイドライン　第一版』, 2005
・製品安全協会,『消費生活用製品の安全性に関するリスク管理ガイド』, 2003

　我が国のリスクマネジメント規格は，基本用語規格に加え，組織がマネジメントシステムとして導入する場合の指針として作成されたJIS Q2001と，安全を目的としたリスクアセスメントに特化した規格（JIS B9702, JIS Q14971-1, JIS T14971およびJIS Z8051）の2つの方向性があるとみることができる。すなわち，経営視点の方向性と個別専門分野の方向性である。

　JIS TR Q0008は，後述するISO/IEC Guide 73（2002）を，JIS B9702はISO 14121（1999）を翻訳してJIS化した規格である。

　JIS Q14971-1およびJIS T14971は，医療機器のリスクマネジメント規格であるISO 14971（Medical devices - Application of risk management to medical devices）を翻訳してJIS規格化したものである。このISO 14971は，我が国だけではなく，欧州規格（EN），ドイツ（DIN），英国（BS），フランス（NF），スペイン（UNE），ロシア（GOST），オーストリア（OENORM）など多数の国でも自国語に翻訳して導入している[8]。内容は，安全面に関するリスクアセスメントに特化した個別専門分野規格であるが，主要各国で自国規格に翻訳導入されている唯一のリスクマネジメント規格である。「その他」に示される製品安全協会の『消費生活用製品の安全性に関するリスク管理ガイド』もこのISO 14971のリスクアセスメントの基本フローなどを基礎として引用している。

　もう1つの方向性は，JIS Q2001をベースとした組織経営上のリスクマネジメントの規格化の流れである。JIS Q2001の前身は，JIS TR Z0001（1995年）またはTR Q0001（1996年）の番号で公表された標準情報[9]である「危機管理システム」である。この前身規格は，阪神・淡路大震災を背景とした危機管理の視点が盛り込まれていた。その後，リスクの対象を災害に特化せず，組織がマネジメントシステムとしてリスクマネジメントを導入する場合の基本指針として再検討され，2001年に「リスクマネジメントシステム構築のための指針」が正式な規格として制定されている。この改訂時にはISOでリスクマネジメント用語の検討が開始されているが，このJIS Q2001は，リスクマネジメントの基本を提示するというよりも，マネジメントシステムの導入指針に特化した視点

であり，むしろ日本独自に作成されているといえる。

　2002年にISO/IEC Guide 73（リスクマネジメント用語）が制定され，このJIS版がJIS TRQ0008として制定されている。この標準情報では，リスクを好ましくない（negative）ものとして捉えている。しかし，その序文にはリスクには好ましい（positive）側面が認識されつつあることも示されている。

　リスクにおける好ましい側面を認めるということは，リスクマネジメントが災害や危害の発生可能性を低減し，損害を軽減するだけの機能からさらに発展したリスクマネジメントに変貌しつつあることを示している。これらのリスクマネジメントが併存することが可能なのか，リスクに対する認識が共有されるべきものなのかは未曾有な部分はある。

　「厚生労働省関係指針」を3つ示した。これらは，「その他」に示される製品安全協会のリスク管理ガイドと同様に，特定の分野におけるリスクに主たる目標をおいたリスクアセスメントに特化しているものである。しかし，「その他」に示される事業継続ガイドは，災害時における事業継続を目的としているが，災害時における損害の軽減を目的としたマネジメントというよりも，災害を被ったとしても必要な事業を継続するというものである。事業継続のためのマネジメントの重要性は，重要業務中断に伴う顧客の他社への流出，マーケットシェアの低下，企業評価の低下によって企業価値を低下させないことにあるとも本文中に示されている。このことから，事業継続のためのマネジメントは，特定の企業に限定される分野のマネジメントというよりも，経営戦略上のマネジメントとしても期待される面があるといえる。

2-7　欧州規格（地域規格）

　地域規格として，欧州における欧州標準化委員会（CEN；European Committee for Standardization）および欧州電気標準化委員会（CENELEC；European Electrotechnical Standardization Committee）によるEN規格制度がある。これらは，いずれも欧州域内の貿易の円滑化を目的として欧州共通の規格を標準化するための機関である。

　これらによるリスクマネジメント関連規格には，次のものがある。

- EN 1050（1997） Safety of machinery - Principles for risk assessment
（機械の安全性—リスクアセスメントの原則—）
- EN 1441（1998） Medical devices - Risk analysis
（医療用具—リスク分析—）
- EN 12442-1（2000） Animal tissues and their derivatives utilized in the manufacture of medical devices - Part 1: Analysis and management of risk
（動物組織を用いた医療機器のリスクマネジメント）
- EN 62305-2（2006） Protection against lightning - Part 2: Risk management
（雷に対する防護　第2部：リスクマネジメント）

　いずれも個別専門分野のリスクアセスメント主体の規格である。欧州規格の特徴には，EN 1050に始まる機械安全の分野のリスクアセスメント規格の充実ぶりがある。ここでは，その基礎となるEN 1050のみを示したが，これを基礎としたEN 414（機械安全規格の原則），EN 1037（予期しない機械装置の駆動防止）などが1992年以降順次作成されていることからもうかがい知れる。

　ここで関連規格の整理上問題となるのが，基本用語の使い分けである。上記の4規格をみただけでも「risk management」，「risk analysis」，「risk assessment」のタイトルがある。リスク分析とリスク評価の両方を含んだプロセスがリスクアセスメントであるが，それを使い分けして規格を定めているのである。リスクコントロールとリスクファイナンシングをリスクマネジメントの両輪とした場合，EN 12442-1やEN 62305-2のような個別専門分野の規格の名称では，リスクファナンシングまでも含んだマネジメント規格と思われるかもしれない。しかし，いずれも必ずしも相当するリスクファイナンシングに重点をおいて触れているわけではない。このことから，特定の分野における安全目的のリスク対応プロセスでは，リスクコントロール中心のプロセス規格を狭義に「リスクマネジメント」と称する場合があるとみることができる。

2-8　IEC規格（国際規格）

　国際規格には，ISO規格とIEC規格がある。IEC規格とは，電気製品・部品

等に関する国際規格である。

リスクマネジメント関連規格には，以下がある。

- Draft IEC 60300-3-9（2007）Dependability management - Part 3-9: Application guide - Risk analysis of technological systems
 （信頼性マネジメント　第3－9部：技術システムのリスク分析指針）
- IEC 62198（2001）　Project risk management - Application guidelines
 （プロジェクトリスクマネジメント―適用指針―）
- IEC 61882（2001）　Hazard and operability studies（HAZOP studies）- Application guide
 （操作危険性解析（HAZOP）―適用指針―）
- ISO/IEC Guide 73（2002）Risk management - Vocabulary - Guidelines for use in standards
 （リスクマネジメント　用語―規格での使用指針―）
- ISO/IEC 16085（2006）Systems and software engineering - Life cycle processes - Risk management
 （システム・ソフトのライフサイクルプロセス―リスクマネジメント―）
- IEC 62305-2（2006）　Protection against lightning - Part 2: Risk management
 （雷に対する防護　第2部：リスクマネジメント）
- ISO/IEC 27005（2008）Information technology - Security techniques - Information security risk management
 （情報セキュリティリスクマネジメント）

　Draft IEC 60300-3-9およびIEC 61882は，技術的リスクの分析手法に関する規格である。いずれも主として電気用品の故障や事故の発生機序や発生確率などの論理的な解法に用いられるものであり，金融や経営上のリスクの分析手法とは異なるものである。

　ISO/IEC 16085，IEC 62305-2およびISO/IEC 27005は，いずれも個別専門

分野におけるものであり，ITなどの新しい産業分野や新しいリスクを対象としたリスクアセスメント視点の規格が順次作成されてきている。

　他の特徴としては，IEC 62198のようにプロジェクトマネジメントの分野におけるリスクマネジメントがある。ここでは，作成の背景として電気製品の開発プロジェクトが主として想定されるが，内容的には他の分野におけるプロジェクトの管理にも参考となると思われる。プロジェクトリスクのマネジメント規格としては，上述のBS 6079-3，AFNOR FD50-117などのように国家規格レベルでも制定されている。

2-9　ISO規格（国際規格）

　ISO規格は，もともとが機械要素，化学，鉄鋼等の原材料，試験方法，運輸車両，繊維製品，建築部材などの工業標準の国際規格作成からスタートしている。しかし，1990年代からはISO9001やISO14000のようなマネジメントシステム規格の作成も積極的に行ってきており，リスクマネジメント規格もその一貫として議論されている。ISO規格は，1946年に発足し，ジュネーブに本部をおく国際標準化機関(ISO)によって作成される規格である。制定に当たっては，各国の代表による委員会が構成され，原案が作成されるが，各国1票の投票によって採択が決定される。日本は，日本工業標準調査会（Japanese Industrial Standards Committee）が国内の意見を調整し，代表する標準化機関として投票する権利を有している。

　リスクマネジメント関連規格には，以下がある。

- ISO 14121（1999）　機械の安全性—リスクアセスメントの原則—
- ISO/IEC Guide 73（2002）Risk management - Vocabulary - Guidelines for use in standards
　　　　　　　　　　　　（リスクマネジメント　用語—規格での使用指針—）
- ISO 17666（2003）　Space systems - Risk management
　　　　　　　　　　（宇宙システム—リスクマネジメント—）
- Draft ISO 15743（2005）Ergonomics of the thermal environment - Cold workplaces - Risk assessment and management

　　　　　　（低温下での作業の人間工学—リスクマネジメント—）
・ISO/TS 20993（2006）Biological evaluation of medical devices - Guidance on a risk-management process
　　　　　　（医療機器の生物学的評価—リスクマネジメントプロセス—）
・ISO/IEC 16085（2006）Systems and software engineering - Life cycle processes - Risk management
　　　　　　（システム・ソフトのライフサイクルプロセス—リスクマネジメント—）
・Draft ISO 10993-1（2007）Biological evaluation of medical devices - Part 1: Evaluation and testing within a risk management system
　　　　　　（医療機器の生体評価　第1部；リスクマネジメントシステムの評価と試験）
・ISO 22442-1（2007）Medical devices utilizing animal tissues and their derivatives - Part 1: Application of risk management
　　　　　　（動物組織を利用した医療用具—リスクマネジメンの適用—）
・ISO 14971（2007）　Medical devices - Application of risk management to medical devices
　　　　　　（医療用具—リスクマネジメントの適用）
・ISO/IEC 27005（2008）Information technology - Security techniques - Information security risk management
　　　　　　（情報セキュリティリスクマネジメント）

関連規格

・ISO/PAS 28000（2007）Specification for security management systems for the supply chain
　　　　　　（サプライチェーンのセキュリティマネジメント）
・ISO/PAS 22399（2007）Social security - Guideline for incident preparedness and operational continuity management
　　　　　　（社会のセキュリティ　緊急事態への準備と事業継続マ

第6章　各国関係規格からの現代的リスクマネジメントの形成

ネジメント）

　上述の内，Draftは制定直前の原案段階をいう。Guideは個別の規格とは異なる総則的な指針を示す文書をいう。TSとは標準仕様書（Technical Specification）をいい，正規の規格にいたらないが，参考として公表している文書をいう。PASも正規の規格ではなく，暫定的に公表する文書であり，「Publicly Available Specification（一般に利用可能な仕様）」の頭文字をとっている。正規に制定されたISO規格が6規格，制定直前のドラフトが2規格，TSが1文書，PASが2文書の計12規格・文書がある。ISOは図表6－1に示した通り，規格の最高峰に位置づけられることから，ENなどの地域規格をはじめ，各国の国家規格にも翻訳され，国家規格としてそのまま採用される性格のものである。上述でも示したが，ISO 14971（医療用具へのリスクマネジメントの適用）などは，ENやJISなど各国でも規格化されている。

　リスクマネジメントに関する基本用語規格が2002年に制定され，リスクにはロスだけではなく，ゲインの側面も含まれうるのではないかという議論が開始されたと2-6日本のJISの箇所で述べた。しかし，既存のISOの規格・文書は，機械安全が1規格，人間工学設計が1規格，医療分野が4規格，情報システム分野が2規格と，個別専門分野の安全を目的としたリスクアセスメント規格が計12規格・文書中の8規格を占めている。

　以上のことから，IEC, ISOを含んだ国際規格の潮流としては，まだまだ安全をリスクの主体としてみたリスクアセスメント中心であるが，次のような流れも表れ始めている。

①経営や経済側面の要素を踏まえたリスクのポジティブな面も着目され始めている。
②従前からのPDCAサイクル中心のマネジメントプロセスに，プロジェクトの進行という時間軸でのプロセス規格の特徴も存在している。
③災害や危機などのリスク下での損失の軽減という切り口だけではなく，リスク下でも事業を継続していくべきとする企業の持続性を社会的に重視するという現実的な側面が加わってきている。

3 リスクマネジメント規格研究から見えてくること

　前章では，各国または国際規格におけるリスクマネジメント規格の状況について概観した。この概観でわかったことの1つには，リスクマネジメントの共通理解を得るための基本用語規格が2002年にようやく制定されたという点がある。国際規格はないが，各国に国家規格類が存在する組織経営分野のマネジメント規格に着目し，リスクマネジメントにどのような期待がよせられているのか，規格毎にどのような特徴があるのか，国際的なコンセンサスがとれるのかなどについて，考察を行う。

3-1　リスクマネジメント規格の体系

　前章では，制定されているまたは制定直前のリスクマネジメント関係の各国家規格や国際規格を示した。それらは，大きく基本規格，組織経営関連規格および個別専門分野規格に大別することができる（図表6-3参照）。

　基本規格とは，分野を問わず用いられる基本用語や基本理論に関するものである。リスクマネジメントが世界共通の用語や概念で使用されないと，リスク情報の共有も，実施されているリスクマネジメントの客観的な有効性も社会的には評価されにくくなる。そのため，基本規格は重要である。用語規格としてはISO/IEC Guide 73が2002年に制定された。各国のリスクマネジメント規格が1900年代から制定され始めたのに比して遅く感じられるが，このISO用語規格が制定されるまでは，基本用語は各国の個別規格の中でそれぞれ定められていた。基本用語に関しては，次節でも述べる。

　組織経営関連の規格群とは，すなわち企業等の組織がリスクマネジメントをどのように導入していけばよいかに関するものである。この分野の特徴は，最高位規格である国際規格がないということである。カナダ（CSA-Q850）や日本（JIS Q2001），オーストラリア（AS/NZS 4360）は，独自の視点で企業等の組織がリスクマネジメントを導入する場合の指針的な規格を定めている。英国もDraft BS31100を作成しており，近く制定される見込みである。現在，こ

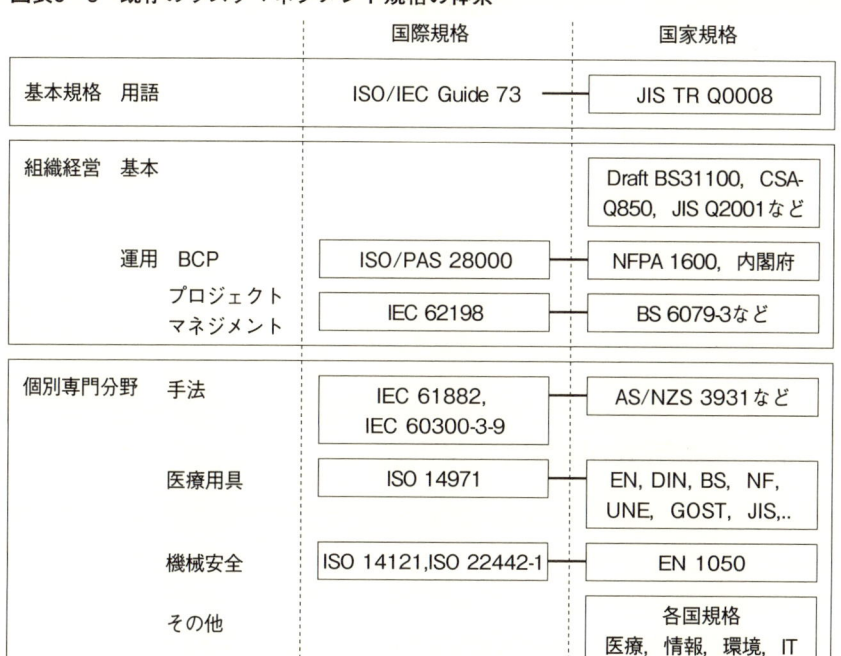

図表6-3 既存のリスクマネジメント規格の体系

		国際規格	国家規格
基本規格	用語	ISO/IEC Guide 73	JIS TR Q0008
組織経営	基本		Draft BS31100, CSA-Q850, JIS Q2001など
	運用 BCP	ISO/PAS 28000	NFPA 1600, 内閣府
	プロジェクトマネジメント	IEC 62198	BS 6079-3など
個別専門分野	手法	IEC 61882, IEC 60300-3-9	AS/NZS 3931など
	医療用具	ISO 14971	EN, DIN, BS, NF, UNE, GOST, JIS,..
	機械安全	ISO 14121, ISO 22442-1	EN 1050
	その他		各国規格 医療, 情報, 環境, IT

の分野の基本となるマネジメント規格としてのISO規格が検討されている。各国独自で展開してきているこの分野の規格の標準化の方向性を注目していきたい。

個別専門分野のリスクマネジメント規格は，いずれも個別の製品や技術分野における安全などの特定の目的がある規格群である。これらは，言うなれば部門管理のリスクマネジメントであり，主として安全を目的としたリスクアセスメント中心の内容となっている。上述の組織経営上のリスクマネジメント規格群は，製品分野や業種に抵触しない全社的なものといえるので，その意味でこれらは異なる種類に大別できる。

国際規格は，規格体系の中では最高位に位置するため，ISO 14971（医療用具のリスクマネジメント）のように，内容を変更することなく各国家規格として導入されることが多い。現時点では医療や機械の安全分野中心であるが，Draft ISO 15743（低温下の人間工学的リスクマネジメント）のような規格も

準備中であり,徐々に個別専門分野規格は拡大されてくると予想される。

IEC 62198(プロジェクトマネジメント)やISO/PAS 22399(事業継続マネジメント)のように特定の製品分野や業種に限らないマネジメント規格も一部制定され始めている。これらは,組織経営上のリスクマネジメントの発展的な展開を示すものと捉え,図表6-3のように組織経営上の規格の運用例として分類した。

以上のリスクマネジメント規格の大別化を基礎として,各々の特色や,発展性,並びに関連規格間での比較検討を行いながら,リスクマネジメント規格議論の行き着く先について引き続き考えてみる。

3-2　基本用語の標準化

リスクマネジメントが社会的に受け入れられていくためには,基本用語が確立していることが必須である。このことは,国レベルの標準化・規格化段階でも同様である。

上述の通り,用語の国際規格であるISO/IEC Guide 73は2002年に制定されており,それまでは各国の規格の中で基本用語が定義されていた。その関係を図表6-4に示す。なお,図表6-4中のISO/IEC Guide 51 (1999)とは,「安全側面—規格への導入指針(Safety aspects - Guidelines for their inclusion in standards)」であり,安全に関する標準化の基本となる指針である。その基本骨子はリスクアセスメントに特化したプロセスを示しており,上述の多くの個別専門分野規格の基本となるものであるため,図表6-4の対照表で引用している。

この図表6-4からは,次のことがわかる。

ISO/IEC Guide 73は,それまでに各国のリスクマネジメント規格で定義されていた主要な用語を盛り込んでいる。ただし,安全に特化したリスクアセスメントプロセスに用いる基本用語はISO/IEC Guide 51によるとの姿勢を示している。ISO/IEC Guide 73は,「リスク」を「事象の発生確率と事象の結果の組合せ」としており,リスクに「好ましい側面(ゲイン)」があることを明確に認めていない。しかし,だからといって「リスク」=「危害」とも捉えていない。リスクの影響を受ける者として「ステークホルダー」や「利害関係者」

を定義していることから，ISO/IEC Guide 73でいうリスクには，次のものが含まれると解される。すなわち，「危害」だけに留まらない経済的・社会的な損失・損害（loss），風評の低下，並びに期待される価値の低下などである。

　ISO/IEC Guide 73は，リスクマネジメントをマネジメントシステムとして導入するための関連用語も規定している。しかし，具体的なプロセス導入までを明確に規定しているJIS Q2001ほどは，関連用語やプロセスについて示していない。「マネジメントシステム」の表現には，組織が体系的にリスクマネジメントを導入する際の体制の意味があるが，もう1つの捉え方もある。ISO 9001やISO 14000のような認証を伴う客観的なシステムとしての側面である。JIS Q2001は認証規格ではなく，各組織が独自に構築していくものである。ISO 9001などは，客観的な第三者の評価を必要としている認証規格である。マネジメントシステムに関連する基本用語は，JIS Q2001にも網羅されていることから，JIS Q2001には認証は伴わないまでも，マネジメントシステムとして構築されるべきとの期待が背景に感じられる。すなわち，日本におけるリスクマネジメントの普及は，何らかのマネジメントシステムを土台にした発展の期待があるのではないかということである。

　ISO/IEC Guide 73はAS/NZS 4360と対応している用語が多い。しかし，AS/NZS 4360がprobability（発生確率），frequency（発生頻度）およびlikelihood（確からしさ）を定めているのに対し，ISO/IEC Guide 73はprobability（発生確率）を基本に据えている。これは，probabilityが他の2つの用語を包括しえるとの見方によるものであり，確率で定量化されないものはリスクの指標にはならないといっているわけではない。

　他の特徴としては，ISO/IEC Guide 73はリスクの「好ましい側面（ゲイン）」を明確に導入していないが，risk optimization（リスクの最適化）を定義している点がある。国際的な場でコンセンサスが得られ，この用語が認められたということは，金融や経営戦略などの経営分野の概念からくるリスクの「好ましい側面」に市民権が得られるのも近い将来であることを彷彿させる。

　図表6-4からは，次のようなこともわかる。各規格に共通して存在する用語は，「リスク」および「リスク評価（risk evaluation）」であり，「リスクアセスメント」や「リスクコントロール」のような基本的なステップについては必ずしも網羅されているわけではないという点である。リスクアセスメントとは

図表6-4　各規格におけるリスクマネジメント用語の定義状況

大区分	小区分	英語	日本語	基本 ISO/IEC Guide 73 (2002)	経営 AS/NZS 4360 (1999)	経営 JIS Q2001 (2001)	経営 CAN/CSA-Q850 (1997)	安全 (個別専門分野) ISO/IEC Guide 51 (1999)	安全 (個別専門分野) ISO 14971 (2000)
RM基本用語	基本	risk	リスク	○	○	○	○	○	○
		consequence	結果	○	○				
		probability	発生確率	○	○				
		frequency	発生頻度		○				
		likelihood	確からしさ		○				
		event	事象	○	○				
		source	リスク因子	○					
		risk criteria	リスク基準	○			○		
		risk management	リスクマネジメント	○	○	○	○		○
		risk management process	リスクマネジメントプロセス		○				
		loss	損害／損失		○		○		
	リスクアセスメント	risk assessment	リスクアセスメント	○	○		○	○	○
		risk analysis	リスク分析	○	○				
		risk identification	リスク特定	○	○				
		source identification	リスク因子の特定	○					
			リスク発見			○			
		risk estimation	リスク算定	○			○		
		risk evaluation	リスク評価	○	○	○	○	○	○
	リスク対応／コントロール	risk treatment	リスク対応	○	○	○			
		risk control	リスクコントロール	○	○				○
		risk optimization	リスクの最適化	○					
		risk reduction	リスクの低減	○	○	○			
		mitigation	軽減	○					
		risk avoidance	リスクの回避	○	○				
		risk transfer	リスクの移転	○	○				
		risk financing	リスクファイナンシング	○	○				
		risk retention	リスクの保有	○	○		○		
		risk acceptance	リスクの受容	○	○				

第6章　各国関係規格からの現代的リスクマネジメントの形成

大区分	小区分	英語	日本語	ISO/IEC Guide 73 (2002) 基本	AS/NZS 4360 (1999) 経営	JIS Q2001 (2001) 経営	CAN/CSA-Q850 (1997) 経営	ISO/IEC Guide 51 (1999) 安全（個別専門分野）	ISO 14971 (2000) 安全（個別専門分野）
RM基本用語	マネジメントシステム	residual risk	残留リスク	○	○		○	○	○
		risk control option strategy	リスクコントロール戦略				○		
		risk management system	リスクマネジメントシステム			○			
			リスクマネジメントの目標			○			
			リスクマネジメントパフォーマンス			○			
		risk management policy	リスクマネジメント方針			○			
			緊急事態			○			
			継続的改善			○			
	人要因	stakeholder	ステークホルダー	○	○		○		
		interested party	利害関係者	○					
			組織の経営者			○			
		decision maker	意思決定者				○		
	監視	monitor	監視			○			
リスクコミュニケーション	リスクコミュニケーション	risk communication	リスクコミュニケーション	○			○		
		risk perception	リスクの認識	○			○		
		dialogue	ダイアログ						
安全	基本	safety	安全					○	○
		harm	危害					○	○
		harmful event	危険事象					○	
		hazard	ハザード			○		○	
		hazardous situation	危険状態					○	
		hazard identification	ハザードの特定				○		
		tolerable risk	許容可能なリスク					○	
		protective measure	保護方策					○	
		intended use	意図する使用					○	○
		reasonably foreseeable misuse	合理的に予見可能な誤使用					○	
		severity	重大さ						○

リスク分析とリスク評価の両プロセスを総称しており，リスク分析はリスクの特定およびリスクの算出というプロセスの総称である。また，リスクコントロールには，類似語としてリスク対応という用語があり，中にはリスクの移転，リスク回避，リスク保有などの具体的なプロセスが含まれる。このように，重要な基本用語には総称的なものと個々の具体的なプロセスを意味する用語があることから，各規格でどの視点で用語を定義するかによって採用する用語が異なることになっている。これらの基本用語の整理をISO/IEC Guide 73が行うようになったことから，各国の規格での用語の扱いが整備されていき，社会的な共通理解を促進することになっていくことが期待できるのである。

3-3 基本プロセス

リスクマネジメントとは，リスクを特定し，アセスメント（分析と評価）し，リスク低減するプロセスである。では，上述の各リスクマネジメント規格ではこのプロセスをどのように定義しているのであろうか。図表6－5がその対応関係である。基本は，リスクの特定と分析および評価を行うリスクアセスメントと，評価されたリスクを受容できる水準に低減するプロセスであるリスク対応（またはリスクコントロール）によって構成される点は共通である。技術系の個別専門分野規格であるISO 14971-1やAS/NZS 3931（図表6－5の最も右のフロー）も同様である。

比較することによって，わかる点は以下である。

①リスクマネジメントに求められるのは，1回のみの実行ではなく，繰り返し反復することである。
②組織経営上のリスクマネジメントの導入に当たっては，まず問題としているリスク分野や導入する目的を明確にするプロセスが初期段階に盛り込まれている。
③経過を記録し，モニタリングするプロセスが重視されている。

ISO/IEC Guide 73以外の実践的な各規格は，反復性を明確にプロセスに盛り込んでいる。CAN/CSA-Q850は，組織がリスクマネジメントを導入した場

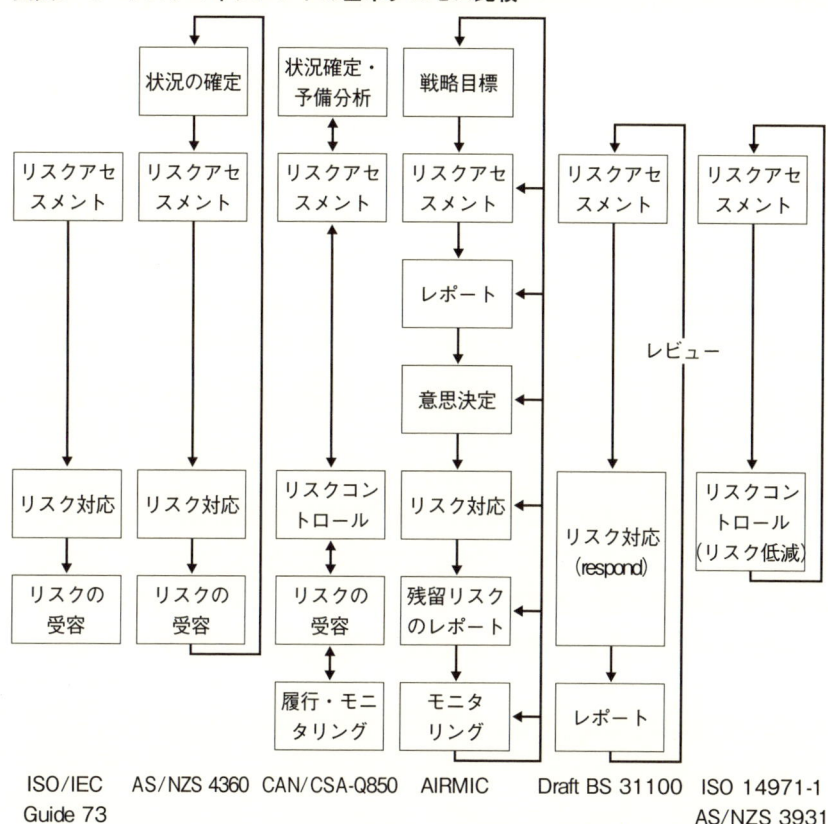

図表6-5　リスクマネジメントの基本プロセス比較

ISO/IEC Guide 73	AS/NZS 4360	CAN/CSA-Q850	AIRMIC	Draft BS 31100	ISO 14971-1 AS/NZS 3931
	状況の確定	状況確定・予備分析	戦略目標		
リスクアセスメント	リスクアセスメント	リスクアセスメント	リスクアセスメント	リスクアセスメント	リスクアセスメント
			レポート		
			意思決定	レビュー	
リスク対応	リスク対応	リスクコントロール	リスク対応	リスク対応(respond)	リスクコントロール(リスク低減)
リスクの受容	リスクの受容	リスクの受容	残留リスクのレポート	レポート	
		履行・モニタリング	モニタリング		

合の意思決定のプロセスを目的とした規格である。この場合の意思決定は、必ずリスクマネジメントの基本プロセスを踏むが、満足のいく意思決定が得られない場合は、前のプロセスに戻るというものであり、いわばプロセスが進む度に反復するかどうかの意思決定を要するというものである。このことから、CAN/CSA-Q850も適切な意思決定ができるまでは何度でも反復するという考え方があるとみることもできる。他の規格はいずれも、最初のプロセスに戻ることを基本とした反復性を示している。

　反復することが必要なのは、環境の変化によって、当初目標としたリスク基準やリスクマネジメントの方針を見直したり、変更したりする必要がでてくるためである。また、初期ステップでリスクを特定し、算定するが、顕在化して

いないリスク要因も存在するため，リスク特性自体も見直されていかなければならない。

最初のステップとして，「状況の確定」や「問題の定義」などが加えられているフローがある。これは，その組織の事業内容や戦略と合致したリスクマネジメント方針を決定することが重要であることを示している。全社的に多様なリスクを背景として実施するリスクマネジメントと，特定の製品や事象のみを対象として実施するリスクマネジメントでは，当然対象リスクの絞り込みプロセスが異なるものとなる。特に前者のように，様々なリスク環境下での実施の場合は，どのような方面のリスクをマネジメントしていこうかとの方針は重要であり，その意味で「状況の確定」や「問題の定義」が適切に行わなければならなくなる。基本となるリスク自体を明確にし，そのパラメータの定義をすることなどが，この初期プロセスで行われることになる。

リスクマネジメントは，実施母体の組織の継続性や利益保護だけを目的とするものではない。利害関係者，すなわち顧客や取引先だけではなく，投資者，地域，従業員への影響も考慮したものでなければならない。そのため，実行するリスクマネジメントが有効なものであり，適切に実行されているかのモニタリングやレビューが重要となる。そのため，基本フローにそれらのステップやそのベースとなるレポート作成の必要性が付記されているものもある。

3-4 組織経営分野と個別専門分野

リスクマネジメント規格は，基本規格を除くと，組織経営分野と個別専門分野のものに大別される。組織経営分野のものとは，すなわち組織や産業分野を特定しない全社的な取り組みとしてのリスクマネジメントに関するものである。個別専門分野のものとは，医療機器や機械分野などの特定の産業分野における主として安全を目的とした専門的なリスクマネジメント規格である。

組織経営分野のリスクマネジメント規格とは，JIS Q2001（リスクマネジメントシステム構築のための指針）や，Draft BS31100（リスクマネジメントの適正実施規準）に代表されるものであり，組織がリスクマネジメントを導入する場合の指針的な規格である。この組織経営分野の規格は，組織やリスクを特定せず，あらゆる組織がその社内にリスクマネジメント体制を構築していくた

めのものである。

　個別専門分野のものとは，主として安全を目的としたリスク分析またはリスクアセスメントの規格である。様々な技術的リスク分析手法を紹介する規格と，医療機器や産業機械などの特定の分野に限定されたリスクアセスメントプロセスを中心とした規格である。前者は技術的なリスク分析を必要とする場面で有用であるが，そこで紹介される手法は自然災害や，火災や爆発事故，環境問題などの専門技術的な分析が主体であり，主として部門管理的に用いられる。後者の特定分野に特化して作成される規格は，個別専門的なリスクアセスメント規格であり，用途がさらに限定される。

　以上の2つの分野別の規格の対比は，図表6-6のように示すことができる。

図表6-6　リスクマネジメント分野の大別

	組織経営分野	個別専門分野
目的	組織がリスクマネジメントを導入する際の指針	主として安全を目的としたリスクアセスメントの手法の指針
具体的な内容	基本用語，導入プロセス，組織・体制作り，マネジメントシステム	分析手法，リスク低減プロセス
組織	全社的な対応	部門管理的な対応
対象とするリスクの捉え方	対象とするリスクを限定しない（組織が曝される全てのリスクが基本）	特定のリスクのみ（医療機器や産業機械などの特定のリスクに限定）
リスクの特徴	ネガティブな側面（ロス）とポジティブな側面（ゲイン）	ネガティブな側面（ロス）のみ
具体的なリスクの例	金融リスク，戦略リスク，オペレーションリスク，ハザードリスク	災害リスク，危害リスク，環境リスク，事故のリスクなど
他の特徴	利害関係者（顧客，従業員，取引会社，銀行，投資家，地域など）への影響も考慮する。	利害関係者の概念がない（リスクに曝される人への影響のみを対象とする）
発展性	組織の意思決定，ガバナンス，事業継続マネジメント，プロジェクトマネジメントなどの分野に適用され始めている	危険に曝される個々の新しい分野に次々と適用され始めている

3-5 リスクコミュニケーション

「リスクコミュニケーション」という概念がある。リスク情報を利害関係者と共有することによって，利害関係者も自身が被るリスクの影響を理解し，相互にリスクを低減・軽減していこうという概念である。この概念は，次の規格でみられる。

・ISO/IEC Guide 73（2002）リスクマネジメント用語
・CSA-Q850（1997）リスクマネジメントの意思決定への適用
・AIRMIC et al., A risk management standard（2002）リスクマネジメント規格
・ISO/PAS 22399（2007）緊急時対応と事業継続マネジメント
・BS PD6668（2000）コーポレートガバナンス，AS/NZS 4360（1999）リスクマネジメント，IEC 62198（2001）プロジェクトリスクマネジメント
　＊いずれも規格中ではcommunicationと称している。

　組織経営上のリスクマネジメント規格が主であり，利害関係者とのリスク情報の共有が意図されている。利害関係者とは，具体的には誰であるのか。大きく組織の内部と外部に分けられる。外部の利害関係者には，株主，投資家，地域住民，取引先，顧客，社会（プレス）などがある。内部の関係者とは，もちろん従業員が中心となる。AIRMIC等による規格では，内部の情報伝達システムの構築や，関係各部門の責務の明確化に関しても具体的に重視しており，リスクコミュニケーションが単なる情報伝達の意味から，全社的にリスクマネジメントを履行していくための組織作りや，迅速なリスク軽減対策を行うための戦略としても意味を持つものとなると強調している。

　では，「共有」とはどのような意味を持つのであろうか。コミュニケーションである限り，双方向性が基本になると考えられる。AS/NZS 4360も，リスクコミュニケーションは，リスクマネジメントプロセスの中の適切なプロセスであり，双方でコミュニケーションと相談（consult）を行うべきとしている。しかし，外部の利害関係者と双方向のコミュニケーションが形成され，いつも合意が形成されるのであろうか。双方向性とは，提供されたリスク情報に対して外部の者が同意や理解・不理解の意思表示を行うことであり，不同意や不理

解の場合は相談・調整などのプロセスへと進むことである。これらは，現実的には可能であろうか。BS PD6668 は利害関係者への情報伝達が望ましいとしているだけである。AIRMIC は，さらに詳細にこのプロセスについて述べている。すなわち，内外とのリスクコミュニケーションとは，次のことをするためのプロセスをさすのである。

内部

・取締役会：曝されているリスクを知り，組織としての理解度を判断する。
　　　　　　組織としてのリスクマネジメントの方針と機能を確認する。
　　　　　　投資家への影響を知り，投資家を含む関係者への影響をどれだけ重視し，どうコミュニケーションを図るかを決定する。
・事業部門：リスクの内容と，自分たちの業務への影響を認識する。
　　　　　　リスク対応した体制を整備する。
　　　　　　さらに発生してきたリスク情報がある場合は，上部に連絡する。
・個人レベル：リスクの存在を知り，自らのできる説明責任について理解する。
　　　　　　リスクへの対応が組織のカルチャーにつながることを理解する。
　　　　　　既存のリスクマネジメント体制では不備であった点について，気がついたことを上部に連絡する。

外部

・対利害関係者：利益を保護するため，リスクマネジメント方針や有効性について定期的に情報提供する。
　　　　　　予期しないリスクが発生した場合は，その事実と対処結果を報告する。

　すなわち，AIRMIC は，必ずしも相談や調整をしながら同意を形成することを示してはおらず，あくまでも知っておくべき人が知らされていなければならない，そこからリスクに対する組織内外のリスク文化が構築されるのだといっているのである。

　各規格では，リスクマネジメントの各プロセスでリスク情報を利害関係者と共有することを目的としている。プロジェクトリスクマネジメント規格である IEC 62198（2001）は，プロジェクトの各プロセスにおいて，適切なインター

フェイスを設け，内外からのリスク情報を摂取して有効なリスクマネジメントを実行すべしとしている。プロジェクトの進行に合わせて変化する環境要因，すなわちリスクに関する情報を内外から有機的に摂取した上で，有効なリスクマネジメントを実行すべきとしているのである。適切なインターフェイスからの情報の摂取をコミュニケーションと位置づけしており，より積極的なリスクコミュニケーションの形とみることもできる。

3-6　リスク分析の手法比較から

　リスクマネジメントは，リスクの科学的な管理手法である。リスクの見積もりが不適切，不十分であると，実施しようとするリスクマネジメントの成否が危ぶまれる。リスクの特定やその大きさを見積もるための分析は，目的，リスクの種類，環境などによって分析方法が異なる。リスクマネジメントにおいて，科学的な分析が求められるプロセス，そこで求められる分析の特性（種類），並びに利用目的の例は，図表6－7のように表すことができる。

　分析手法が求められるプロセスは，次の3つのプロセスに大別できる。ハザードの特定，リスクの見積もりおよびリスク対応選択のプロセスである。しかし，それぞれのプロセスで求められる分析手法がそれぞれ対応しているというわけではない。Draft BS31100では，その附属書に各種分析手法の対応表をこ

図表6－7　リスク分析手法の利用状態

必要になるプロセス	分析の種類	利用目的例
		事故や災害の予測や影響
		環境への影響
ハザードの特定	定性分析	経済的な影響
リスクの見積もり	準定量分析	将来予測
リスク対応の選択	定量分析	政策，戦略の意思決定
		実状の管理・監査
		事業環境の分析

の3つのプロセス毎に提示しており，シナリオ分析，データベースの利用およびCRAMM[10]以外の手法は，いずれか2つのプロセスで重複して活用される手法として紹介されている。

　また，分析手法には，定性的なものと定量的なもの，そしてその中間的な性格のものが存在する。安全問題，環境問題，原子力問題などの個別専門的な技術分野のリスク分析は，その発生確率などをできるだけ定量的に分析することが安全対策や安全設計上特に求められる。フランス（AFNOR）のFD X50-252は，特に定量的なリスク分析に特化した規格であるが，そこにはリスクの定量化とともにリスクの持つ特性を経済的な値に換算し，様々な意思決定に有効利用すべき面があることも示されている。

　AIRMICの附属書は，分析手法を別の観点で分類している。リスクの特性からの分類であり，アップサイドリスク，ダウンサイドリスク，そしてそれらの両面があるリスクである。このようなリスクの特性に応じて各々関連する分析手法を提示しているのである。アップサイドリスクに対するリスク分析の手法例としては，市場調査，研究開発分析，ビジネスインパクト分析などが挙げられており，収益，成功の可能性などのプラス面への不確実性の存在が根底にある分析である。

　各リスクマネジメント規格で例示されるリスク分析は，図表6-8に示す通りである。

　FMEA，HAZOP，ETA，FTA[11]のようなロジカルツリー分析は，多くの規格で紹介されている。これらは，必ずしも定量的な方法とはいえないが，論理的に考えられるリスクの発生過程をつながりとして解析していくものである。好ましくない結果事象の発生確率を低減する対策を立てるためには，その結果事象の発生過程や条件を解明することが前提となるという考え方である。

　リスク分析の手法には，上記のようなロジカルツリー分析が多く紹介されているが，これらは故障や事故などの事象を主対象としている。しかし，リスクとして捉えるべき事象は必ずしもこれらだけとは限らない。リスクの特性に応じて次のような分析手法もある。

　プロジェクトリスクのように事業が進行していく過程で生じるリスク分野では，クリティカルパス分析のような過程管理観点の分析手法がある。どのようなリスク要因の変動が全体のリスクにどう影響を及ぼすかに関する分析であれ

図表6-8　各規格で示されているリスク分析手法の例

	NF FD X50-252(2006)	EN 1441 (1998)	CAN/CSA Q850 (1997)	Draft BS 31100 (2006)	AIRMIC et al. RM Standard (2002)	AS/NZS 3931 (1998)	AS/NZS 4360 (1999)	IEC 62198 (2001)	BS 60793 (2000)
FMEA	○	○	○	○	○	○			
HAZOP	○	○	○	○		○			○
What-if法	○			○					
FTA	○	○	○	○	○	○			○
ETA	○		○	○	○	○			○
特性要因図分析	○			○					
フローチャート，プロセスマップ				○					
仮定分析（Assumptions Analysis）									○
Dependency Modelling					○				
信頼性ブロックダイヤグラム						○			
クリティカルパス分析				○					○
PPM（プロジェクトプロファイル法）				○					
Decision Analysis									○
リスクモデリング（モンテカルロ法）				○		○			○
ストレステスト				○					
感度分析				○			○		○
リスクブレークダウン（階層）構造				○					
パレート分析／ギャップ分析				○					
累積度数図（Sカーブ）									○
CRAMM				○					
リスク不確実下の意思決定					○	○			
ハザードインデックス									
Influence Diagrams									○
歴史からの類推		○				○			
統計的類推					○				
リスクデータベース				○				○	○
専門家の判断			○					○	
観察調査			○						
インタビュー				○				○	○

第6章　各国関係規格からの現代的リスクマネジメントの形成

	NF FD X50-252 (2006)	EN 1441 (1998)	CAN/CSA Q850 (1997)	Draft BS 31100 (2006)	AIRMIC et al. RM Standard (2002)	AS/NZS 3931 (1998)	AS/NZS 4360 (1999)	IEC 62198 (2001)	BS 6079-3 (2000)
質問票				○					
チェックリスト法				○		○		○	○
カテゴリーランキング						○			
ブレーンストーミング				○				○	○
ビジュアルテクニック				○					
Probability and Impact Grid				○					
ワークショップ				○					
予備的リスク／ハザード分析（PHA）	○					○			
デルファイ法						○			○
Nominal Group Technique				○					
Prompt Lists									○
シナリオ分析				○					
脅威分析					○				
人間信頼性分析（HRA）						○			
Sneak Analysis						○			
対比較分析						○			
SWOT分析				○	○				
（B）PEST分析				○	○				
PESTLE					○				
リスクマッピング／リスクプロファイル				○					
ステークホルダーマッピング				○					
BCP					○				
Consequence Models						○			
共通モード故障分析						○			

ば，感度分析があり，変動をシミュレーションで捉えようとすれば，モンテカルロシミュレーション法などもある。

　組織が新しく全社的にリスクマネジメントを導入しようとする場合のリスクの特定作業には，データベース，歴史的類推，質問調査，ブレーンストーミングなどがある。特定の専門家に将来予測してもらいながら将来のリスクを見積もろうとする場合には，デルファイ法や専門家の判断などを活用することもできる。その結果，抽出されたリスクを経営への影響分析などからプロットすることが可能になれば，リスクプロファイルを作成でき，優先して対応すべきリスクの順位を定めることもできる。

　その他にも，自身の組織がどれだけ想定されるリスクに立ち向かえるかという視点ではSWOT分析などがあり，また災害などで事業の継続性が問題となる場合の影響度を専門に分析するビジネスインパクト分析などもある。災害等の大きな問題が生じた場合のリスク分析は，単に目の前の事象だけにとどまるリスク対応が妥当とは限らない。二次的，三次的に派生的に生じてくるリスクも可能な限り予測して準備しておいたり，対応が可能な体制を整えておいたりすることも重要である。そのような場合には，事象の変動や影響を先まで予測するシナリオ分析などもある。

　以上のように，目的に応じて様々な分析手法を選択しやすくすることもリスクマネジメント規格の役割であり，特に組織経営的な側面の分析方法には新しい手法が順次開発されており，それをウォッチしていく上でもより新しいリスクマネジメント規格の動向は無視できない。

3-7　リスクマネジメント規格の進化

　リスクマネジメントの基本や原則には，一定の理論が確立していると思われる。規格とは，基本となる理論の議論の場ではなく，その時代時代に社会や環境が求めてくるニーズや期待を反映しながら，より実践的なスタイルでまとめた文書とみることができる。リスクマネジメント規格も同様である。ある規格は順次改定され，また，ある規格はその作成過程に様々な議論があり，錯綜する関係者間の試行錯誤があって，実践的な側面ができあがっていくとみることができる。

第6章　各国関係規格からの現代的リスクマネジメントの形成

　本節では，改訂が順次行われているオーストラリアのAS/NZS 4360の変遷に着目し，どのような進化過程があるかについて触れてみる。

オーストラリア規格の変遷から

　オーストラリアのAS/NZS 4360（リスクマネジメント）は，組織が全社的な体制でリスクマネジメントを導入していく際の指針となるものであり，1995年に制定され，1999年に一次改正，2004年に二次改正がなされている。9年の間に2回の改正が行われたということである。改正時に変更になった点の詳細は図表6-9のように整理できる。

　1999年の第一次改正の主な変更点は，以下である。

・リスクマネジメントに企業や組織の文化的側面を盛り込んだ。
・ステークホルダーの概念を追加し，リスクマネジメントの各プロセスにおいてリスクコミュニケーションを行うものとなった。

　2004年の第二次改正の主な変更点は，以下である。

・リスクの概念に損失の側面だけではなく，ゲインの側面も盛り込んだ

　第一次改正時の最も大きな変更点は，リスクコミュニケーションというプロセスを盛り込んだことである。リスクコミュニケーションとは，内外の利害関係者とリスク情報を共有しながら，リスクマネジメントのプロセスを進めていくべきというものである。そのプロセスが重要なのは，リスクに対する認識が人や立場によって異なるという前提条件があるからである。実施者にはリスクが許容されても，ステークホルダーとしては許容できない場合もありうる。それでも，リスク情報は適切に伝達されるべきであり，何らかの同意形成がなされることが期待されているのである。具体的なステークホルダーについては附属書で詳しく例示もしている。

　第一次改正時の変更点の1つに「文化（カルチャー）」というキーワードがある。このキーワードは，最も基本となる概念用語である「リスクマネジメント」の定義の箇所で新たに追加された表現である。しかし，「文化」がどのよ

図表6-9　AS/NZS 4360の改正の経緯

	1995年版の基本構成	1999年版での変更点	2004年版での変更点
基本目的	損失の最小化と好機の最大化		包括的なリスクのマネジメントの側面を追加
対象	公共機関を含む全ての組織を対象とした全組織的対応（部門単位も含む）		
リスクの定義	影響を与える機会であり，影響度と発生可能性で定義される		● リスクにはポジティブな側面もあることが追記
リスクマネジメントの定義	系統的なマネジメントの管理方法	マネジメントプロセスであり，企業文化	
規格の構成	適用範囲		
	用語の定義	●「ステークホルダー」の追加 ● リスクマネジメントの定義の変更	●「フレームワーク」の追加 ●「リスクの移転」が「リスクのシェア」に変更
	目的		
	組織	● 内外とのコミュニケーション・タスクの追加	
	プロセス		
	状況の確定		
	リスクの特定		「リスクの特定」もリスクアセスメントに包括
	リスク分析		
	リスク評価・優先順位	● リスク評価のみに変更	
	リスク対応		
	モニタリング・レビュー		
		● コミュニケーションの追加	
	文書化		
	附属書A　適用組織例		
	附属書B　導入手順		
		追加附属書　ステークホルダー	
	附属書C　リスクの源と影響		削除
	附属書D　リスク評価指標		
	附属書E　リスクの定量化		
	附属書F　文書化		
	附属書G　リスク対応の管理		本文に移管

うに形成されていくか，ここでいう「文化」とはどのようなものであるかについては，特に詳しく述べられているわけではない。「文化」については，第二次改正時にいくらかの側面について触れている。リスクマネジメントを導入しようとする組織は，自分の組織がどのような姿勢でリスクに立ち向かおうするかによって，どのようなリスクマネジメントの方針や体制を作るかが定まってくる。そのため，自身がおかれている環境からみた自身の組織の文化，そして組織内部にある内面の文化をよく理解すべきとしている。そして，自分の組織に合ったリスクマネジメントのプロセスを，自身の文化側面を基本としてカスタマイズしていくべきことも述べられている。

　第二次改正時のポイントは，最も基本となる「リスク」概念の拡大である。すなわち，リスクにはゲインの可能性があるというものである。この概念の拡大は，AIRMIC（2002）にも示されており，リスクにはアップサイドの側面も存在するというものである。いずれにしても，リスクに内在する不確実性の特性に，損失（ロス）だけではなく収益（ゲイン）の側面も加わってきているというものである。この概念の変更に伴って，基本となるリスクマネジメントのプロセスに大きな変更はないものの，捉えようとするリスクの範囲が大きく変化してきていることだけは容易に予想できる。

　第二次改正時には，「リスクマネジメントフレームワーク」という表現の追加もある。ここでいうフレームワークとは，マネジメントシステムの要因のことである。すなわち，どんな姿勢でリスクマネジメントを組織に根付かせ，体制を整え，運用していくかを決定する要因である。その要因とは戦略であり，ガバナンスであり，基本方針であり，文化でもある。脆弱ではないリスクマネジメントの実行システムを決定するものである。この概念を導入することで，体制の基盤が明らかになってくるのである。Draft BS31100はこのフレームワークの概念モデルも示している。

3-8　マネジメントサイクルの捉え方

　リスクマネジメントは，リスクの特定→リスク算定→リスク評価→リスク対応→リスクの受容というプロセスを繰り返す。これをリスクマネジメントサイクルという。安全分野や環境分野などの専門技術分野のリスクマネジメント

は，同一の状況下における同一のリスクに対しても繰り返しこのサイクルを適用し，常にリスクを受容できる最小のリスクに抑えられるように改善していくことを原則としている。

　では，組織経営上は，どうであろうか。組織経営には，まず基本となるマネジメントサイクルが存在する。計画（Plan）→実施（Do）→確認（Check）→対策実行（Act）であり，PDCAサイクルといわれるものである。経営とは，常に計画通りに事業が展開されているかをチェックし，必要に応じて軌道修正していかなければならないということである。このような反復性のあるマネジメントサイクルに対し，事業経営にはもう1つのサイクルがある。プロジェクトマネジメントサイクルである。プロジェクト毎に設けられるものであり，明確な開始日と終了日を持ち，計画立案→実施→評価とするプロセスであり，通常は新規性をもったプロジェクト毎に実施し，反復性はない。

　組織経営上のリスクマネジメントのための規格は，実際には，経営上の基本となるマネジメントサイクル，さらにはプロジェクト毎に求められるプロセス上にも適用されている。では，リスクマネジメントは，経営のマネジメントサイクルやプロジェクトマネジメントのプロセスにどう有機的に組み込まれるべきであろうか。以下では，この件に着目して，各規格を眺めてみる。

　ISO 14001（1996）環境マネジメントシステムなどの他のマネジメント関係の規格では，マネジメントサイクルを次のように示している。すなわち，①方針→計画→実施，②運用→点検，③是正→評価（パフォーマンス評価）である。PDCAサイクルを若干細かくした表現とみることができる。

　AS/NZS 4360（1999）は，PDCAサイクルの表現を具体的に示しているわけではないが，組織の経営方針の中にリスクマネジメント方針を設定し，実務担当者レベルでマニュアルを作成し，外部と連携しながら実行に移し，さらに文書化をして，レビューするというマネジメントサイクルを繰り返すとしている。このリスクマネジメントのサイクルは，まさにマネジメントサイクルのPDCAに他ならない。

　BS PD6668（2000）コーポレートガバナンスは，リスクマネジメントをあらゆる戦略リスクを効果的に管理し，内部統制を達成するための重要な柱としながら，基本的なPDCAサイクルを回している。このPDCAサイクルは，組織

第6章　各国関係規格からの現代的リスクマネジメントの形成

の中で不規則に回っていればいいというものでもない。同BS規格は，上位（トップ）から下位へとリスクマネジメントの対象とする領域を分けており，それを戦略，マネジメントおよびオペレーションとしている。トップは，組織の基本的な方向性である戦略の妥当性を常にリスクマネジメントし，ミドル（中級管理職）はその戦略が組織的に計画通り進行するようリスクマネジメントし，現場はリスクマネジメントしながら，適正にオペレーションができるかをみていくというものである。そして，各階層が実施するリスクマネジメントを，PDCAサイクルでマネジメントすべきというモデルである。すなわち，各階層は，品質保証，環境マネジメントなどと同様にリスクマネジメントも1つのマネジメントとして組み込みながらマネジメントサイクルを回し，組織的にマネジメントしていくというものである。このことを図示すると図表6－10のようになる。

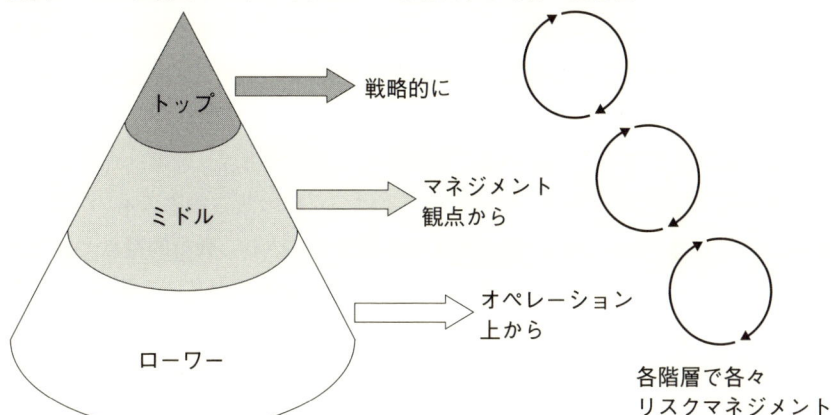

図表6-10　組織でリスクマネジメントを導入する場合の概念図

一方，プロジェクトに対するリスクマネジメントは，どのように位置づけられているであろうか。

AIRMICのリスクマネジメント規格では，組織がリスクマネジメントを導入する目的の1つはプロジェクトのリスクを総合的に理解し，作成し，プライオリティを改善することであるとの記述がある。すなわち，組織的にリスクマネジメントを導入するとしても，プロジェクトの管理上も有用なものとして位置

づけられるということである。

　プロジェクトリスクマネジメントをタイトルとする規格も存在する。IEC 62198（2001）やBS 6079-3（2000）である。プロジェクトリスクをマネジメントするための規格である。プロジェクトとは，明確な目標を達成するための活動である。そのため，開始と終了を有する定められたスケジュールの中で，コストやパフォーマンスの制約のもと達成していく活動である。プロジェクトの目標に達するために，計画を立て，組織を作り，動機づけをし，実行し，そしてレビューと説明責任を果たすというプロセスを踏む。明確な目標とそれを達成するための活動であることから，反復性という概念は存在しない。

　では，このプロジェクトリスクマネジメントにおいては，プロジェクトリスクをどう捉え，どうマネジメントしていくべきとしているのであろうか。プロジェクトのリスクマネジメントとは，プロジェクトの進行プロセスにそってなされるものであり，各進行プロセスで新しく生じ，引き継がれるリスクが加わった状態で担当セクションがマネジメントするものであるとIEC 62198（2001）は示している。しかし，同時にこのような担当セクションによるマネジメントをサブプロセスとし，この他に全体的な視点でのマネジメントの必要性も示唆している。また，BS 6079-3（2000）は，プロジェクトリスクのマネジメントには3つの視点が必要としている。すなわち，戦略的視点，戦術的視点およびオペレーション段階である。戦略的視点とは，目標の設定段階のものであり，組織の方針に基づいた適切な計画作成を基礎としている。戦術的視点とは，定まったプロジェクトの進行をいかに適した方法で進めるかという視点であり，いわばプロジェクトの実行体制の在り方にあたる。オペレーション段階は，まさに進行中のプロジェクトの過程を意味し，サブプロセスに相当する。戦略的視点と戦術的視点は，プロジェクトの実行前の全体的な視点である。

　では，全体とサブでは，各々どうリスクマネジメントが履行されるべきなのか。プロジェクトの計画および組織段階では，その時点で全体的なリスクマネジメントがなされるべきである。加えて，プロジェクトが実行に移された段階では，プロジェクトの進行に応じて変化するリスクに対し，各セクションがサブプロセスとしてマネジメントすべきである。とすると，2層のリスクマネジメントが最も妥当なものとなる。すなわち，計画段階の戦略的な視点と組織段階の戦術的な視点を含んだ全体的な視点が1つであり，実行段階であるサブプ

ロセスにおいて各セクションが履行するリスクマネジメントの視点がもう1つである。後者は、プロジェクトの進行に応じて、刻々と環境が変化し、リスクも変化するため、次のセクションに進行する際を含め何度も工程間でリスクマネジメントのサイクルを回していくことになる。前者にあっても、全体の計画はサブの変更に応じて変化するため、これも1回だけのリスクマネジメントではなく、進行に応じて随時サイクルを回していくことが求められる。以上から、プロジェクトリスクマネジメントは、マネジメントサイクルの考え方という点で、図表6-10に示した組織的なものよりもより実践的な要素があるといえる。その概念図を図表6-11に示す。

図表6-11　プロジェクトのリスクマネジメント

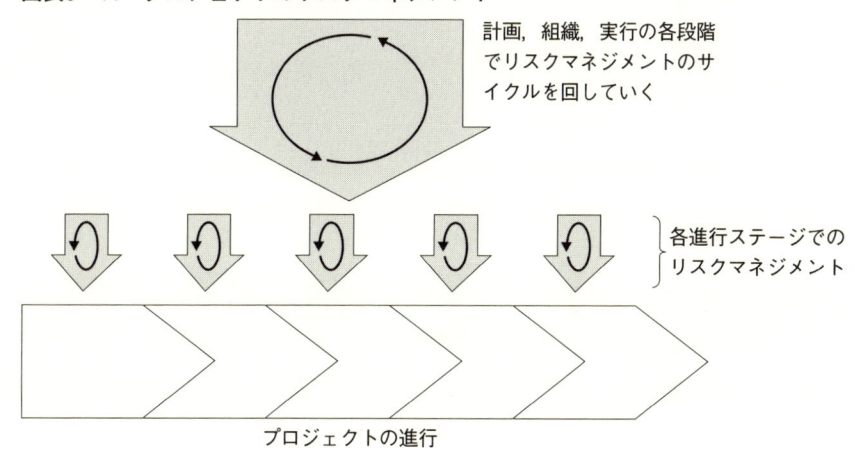

計画、組織、実行の各段階でリスクマネジメントのサイクルを回していく

各進行ステージでのリスクマネジメント

プロジェクトの進行

3-9　組織経営分野のリスク概念

　これまでのいくらかの議論で、リスクマネジメント規格、特に組織経営関連の規格は、作成される国や、意図するまたは作成された環境やニーズを背景に、それぞれ特徴のあるリスクマネジメントのプロセスや構築上のフィロゾフィーの違いを盛り込んでいることが概観できてきた。本節では、いくつかの組織経営分野のリスクマネジメント規格に示されるリスクカテゴリー、すなわちどのようなリスクが、そのリスクマネジメント規格でどう定義され、どんなリスク

が対象となっているかを概観する。そのことによって，組織がマネジメントの対象にしていこうとするリスクの種類や内容が，規格の作成環境や時代の流れの中でどのように変化してきているのかをみていく。以下では，規格を制定年順に示している。

　まず，1995年に制定されたAS/NZS 4360におけるリスクカテゴリーをみてみる。ここでは，主としてリスクの発生源に着目したカテゴリー分けが示されている。

・商取引上のハザード
・経済的なハザード
・人に起因するハザード
・自然現状のハザード
・政治・政策のハザード
・技術的なハザード
・マネジメント活動上のハザード
・個別活動上のハザード

　次に，1997年に制定されたカナダのCAN/CSA-Q850におけるリスクカテゴリーをみてみる。この規格は，組織が遭遇するリスクの問題に対していかにリスクコミュニケーションを行いながら，リスクマネジメントのための意思決定を行っていくかに関するものである。この規格では対象となるハザードのカテゴリーとして以下を示している。

・自然災害のハザード
・経済的なハザード
・技術的なハザード
・人によるハザード

　上述したAS/NZS 4360の1999年版（第一次改正版）では，リスクカテゴリーを以下のように改正している。このカテゴリーの特徴としては，ハザードの種類を基礎にしているのではなく，リスクの種類を組織が被る被害や危害の種

第6章 各国関係規格からの現代的リスクマネジメントの形成

類で分類している点がある。致命的なリスクや健康リスクがその明確な例であり，どのような事故や環境に曝されているかではなく，その結果，人に対してどの程度の症状がリスクとしてふりかかるかでリスクを区分するというものである。

・経済的なリスク（ここにはロスとゲインの側面を示している）
・致命的リスク（事故などによって人が死亡するリスク）
・災害・人災リスク
・健康リスク

英国の保険会社等が共同で作成したAIRMIC（2002）では，次のようなリスクカテゴリーを作成している。このAIRMICのカテゴリーの特徴は，次に示す4つのカテゴリーの各々に対して，組織の内部要因と外部要因があり，その観点からも細分できることを示している点である。

・戦略リスク：外部要因としては競争相手や顧客ニーズを例示しており，内部要因として組織の統合に関するリスクがあると示している。
・ファイナンシャルリスク：外部要因が主体であり，為替変動などの経済環境のリスクを示している。
・オペレーショナルリスク：外部要因としては法的な規制や組織のカルチャーを示しており，内部要因としは人事管理的な要因を示している。
・ハザードリスク：外部要因としては自然災害などを示しており，内部要因としては商品やサービスなどを示している。

Draft BS31100の2007年6月バージョンから2008年2月のバージョンにかけて，次のようなリスクカテゴリーの変更がなされている。

2007年バージョンのドラフト	2008年バージョンのドラフト
・マーケットリスク	・オペレーショナルリスク
・クレジットリスク	・プロジェクトリスク
・オペレーショナルリスク	・ファイナンシャルリスク
・プロジェクトリスク	・戦略リスク
・ファイナンシャルリスク	
・戦略リスク	
・風評リスク	

　以上のように，年代順に各規格で定めているリスクカテゴリーをみてきた。どの区分が正しいかとの議論は必要ではない。どのカテゴリーに含まれるリスクの種類にも大きく違いはなく，どう区分すれば簡略で，理解しやすいかを追究しているようにも思える。どれが自分の対峙しなければならないリスクかを各自で決定することができればいいからである。しかし，組織が全社的なリスクマネジメントを実行しようとした場合，種類や特徴が異なる様々なリスクをただ無秩序にマネジメントしていくことが妥当なわけではないし，それでは有効なリスクマネジメントが長続きするとは思えない。それぞれのリスク特性を理解した上で，一定の手法でアセスメントし，コントロールできる体制を築くようにすべきである。そのためには，リスクの特徴を理解しやすいようにする何らかのカテゴリーが存在した方がいい。その意味で，より的確なリスク特性の整理を与えるカテゴリーがあると参考になる。

　いくらかのカテゴリーを示したが，AIRMICとDraft BS31100は，作成国が同じく英国であるあるためか，類似の結果を得ている。しかし，異なる点もあり，それはハザードリスクを含むか，プロジェクトリスクを含むかという点である。組織経営上のリスクマネジメント規格を中心に，リスク概念にゲインの発想が生まれ始めていることを背景として考え合わすと，金融や戦略リスクが重要な位置を占めていることは組織経営上のマネジメントであれば，うなずけるものである。そして，人の要素であるオペレーショナルリスクや，時間の流れの中で事業の進行をマネジメントしていくプロジェクトリスクも重要な要因であることも理解できる。しかし，古い規格のカテゴリーでは詳細に記述されていたハザードリスクが，Draft BS31100では除かれてきていることは，奇

異に感じられる。組織経営上のリスクマネジメントに徹底した規格であったとしても，自然災害や事故対策などのリスクは除外されるべきではないリスクであるからである。

一度に多くの種類のリスクを取り扱わなければならない全社的なマネジメントの場合，リスク分析手法の発展によってより定量的にリスク特性を把握できるようになってきたこともあり，リスクの特徴がマネジメントしやすくなってきたといえよう。その意味でもカテゴリー分けは，概念的な理解のためにも有用なものとなりつつある。おそらく，どのような視点からみるかでこのカテゴリーは異なることが予想されるが，規格とは社会的なコンセンサス文書であることから，示されるカテゴリーは，一定の理解が得られてきているものとして参考にしてもよく，社会的なニーズや期待を反映しているものとみることもできるのである。

4 まとめ

本章では，社会的なコンセンサス文書である公的な規格にみるリスクマネジメントの扱いに着目し，特に組織がリスクマネジメントを導入する際に期待されている側面を検討した。その結果，まず各国においてそれぞれの社会的な背景やニーズのもと，リスクマネジメント規格の作成議論が行われている状況がわかってきた。個別専門分野の技術的なリスクアセスメント主体の規格はもとより存在するが，むしろ組織が全社的なリスクマネジメントを導入する際の指針的な規格の方を近年各国ともに活発に整備していた。これは，リスクマネジメントの導入時に利用される手法などの開発状況や紹介されている状況からみても明らかであった。

関連規格の制定状況は，次のようであった。カナダでは1990年代の早い時代から関連規格が制定され始めているが，2000年以降はむしろ英国やオーストラリアで様々な視点でのリスクマネジメント規格が制定され始めていた。一方，米国ではリスクアセスメント規格は個別分野ごとに詳細に規定されているものの，マネジメント規格はBCP関係以外にはみあたらないという状況であった。また，通常であれば，基本となる国際規格が制定されている方が規格の普及は

進むのだが，リスクマネジメント関連の規格はようやく基本用語の規格が定まったという段階であり，国際的なコンセンサスが難しい領域であることがうかがえた．

組織経営上のリスクマネジメント規格の特徴としては，組織を問わず採用できるようなマネジメントプロセス規格のスタイルのものが主体である．ここに，組織内での意思決定や，ガバナンス，内部監査のような経営的な視点の要素が加わり，さらにBCPやセキュリティのような共通して利用できる規格も生まれてきていた．さらに，組織のマネジメント以外の視点として，プロジェクトに特化したリスクマネジメント規格も重要な位置を占めるようになってきている．これは，リスクマネジメントが，組織のマネジメントサイクルの一端を担うと同時に，進行するプロジェクト管理上のマネジメントとしても有効であることを示している．

リスクマネジメントの基本に関する点としては，独自に検討・定義されていた用語が国際規格の作成によって統一化されてきた点がある．しかし，この統一化議論の中では，リスクにはロスだけではなくゲインの側面も含まれるという議論がなされ始めている点も見逃せない．安全を目的とした技術的な分野のリスクアセスメント主体の規格には，そのような両面の定義はみられないが，組織経営上の観点のリスクマネジメント規格では，金融や戦略リスク分野のマネジメントを中心にゲインの側面が着目されているのである．また，関連して，全社的なリスクマネジメントの実行には，様々なリスクの整理概念としてリスクカテゴリーがあり，ここにも規格作成の背景や時代とともに様々な視点や議論が存在していることがわかってきた．

組織経営上の観点の規格の発展的な特徴には次がある．1つには，自分の組織のリスクさえマネジメントすればいいというのではなく，内外のステークホルダーともリスク情報を共有しながら，双方の利益を保護するというリスクコミュニケーションという考え方が生まれてきているという点である．この考え方には，内部の情報伝達による組織全体でのリスク感性の育成という側面があり，ここに組織のカルチャーが醸成する要素もあるとするものである．もう1つは，その組織がリスクに対して脆弱ではないことを内外に意思表示するツールとしての側面，すなわち事業継続プログラム（BCP）としての側面がリスクマネジメントにはある．リスクに対して脆弱であると，商品やサービスの提供

が行き届かない状況になる。そうなれば，従業員のみならず，顧客，取引先，さらには投資家へもリスクの影響が及んでしまうことになる。そうならないための安心を与えるため，BCPという取り組みが生まれてきている。さらに，発展的な視点として，ガバナンス，CSR，サプライチェーンなどの側面をもった周辺関連規格も制定され始めてきている。これは，まさに企業が社会に期待される1つの姿を象徴しているといえる。図表6-12にその関係を概念化した図を示す。すなわち，ただリスクマネジメントを導入すればいいという時代から，社会，投資家，その他のステークホルダーがそれぞれ望む視点でリスクマネジメントの実行状況を表明していく時代になってきたのである。社会が求める企業の姿がここにあり，リスクマネジメントが企業価値を表現するツールとして機能しうる重要な要素であることを示しているのである。

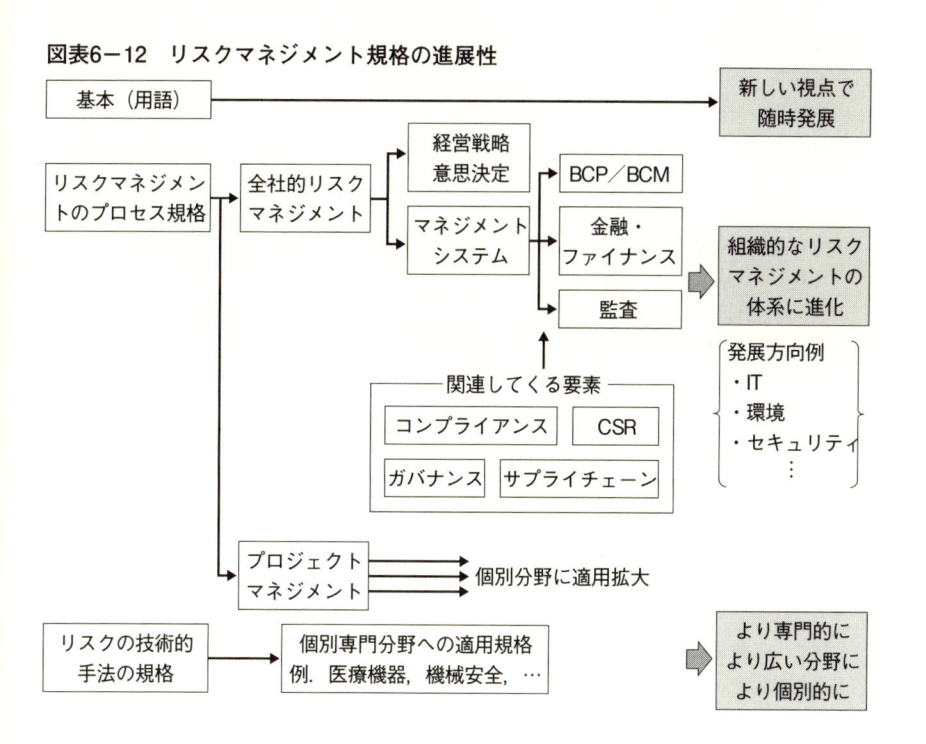

図表6-12 リスクマネジメント規格の進展性

```
基本（用語） ──────────────────────────→ 新しい視点で随時発展

リスクマネジメ  → 全社的リスク → 経営戦略
ントのプロセス規格   マネジメント    意思決定    → BCP／BCM
                              マネジメント
                              システム    → 金融・ファイナンス  ⇒ 組織的なリスク
                                                                 マネジメントの
                                         → 監査                 体系に進化
                                            ↑
                                  ─関連してくる要素─          発展方向例
                                  │コンプライアンス  CSR │     ・IT
                                  │ガバナンス サプライチェーン│  ・環境
                                                               ・セキュリティ
                                                                  …

            → プロジェクト ─→ 個別分野に適用拡大
              マネジメント

リスクの技術的  → 個別専門分野への適用規格                    ⇒ より専門的に
手法の規格       例．医療機器，機械安全，…                       より広い分野に
                                                                 より個別的に
```

[注記]
1）ISO/IEC Guide 2, "*Standardization and related activities — General vocabulary*," Geneva 1996.
2）この協定は以下の協定であり，通称「ウイーン協定」といわれている。CENとISOとの間に，相互協力のための緊密な連携体制を築くことを目的に1991年に締結されている。
"*Agreement on Technical Cooperation between ISO and CEN（Vienna Agreement）*," 1991.6.27.
3）国際規格（国際標準化機関International Organization for Standardization（略称ISO））の場合は，1か国1票の投票権を有したメンバーボディ，すなわち各国の代表によって委員会が構成される。(ISO/IEC Directive, Part 1 — Rules for the structure and drafting of International Standards-, 6th Edition, Geneva, 2008, pp.11-12)

    メンバーボディは，登録されている標準化機関のもと国内審議委員会を設置し，その中には業界代表，利害関係者等が参画する。
4）国際規格（ISO）の場合，各国メンバーの2／3以上の賛成，並びに1／4以下の反対という両方の条件が満たされないと可決されない。(ISO/IEC Directive, Part 1 — Rules for the structure and drafting of International Standards-, 6th Edition, Geneva, 2008, p.29)
5）カナダ規格（カナダ規格協会（CSA；Canadian Standards Association）による規格）の場合も，規格作成委員会を設け，2／3以上の委員の賛成によって可決される。(『CSA規格の基礎知識 改訂版』日本規格協会，1997，pp.88-89)

    米国規格（米国規格協会（ANSI；American National Standards Institute）による規格），英国規格（英国規格協会（BSI；British Standards Institution）による規格）の場合も同様である。ANSI，BSIのような標準化機関が委員会を設け，コンセンサスを得て，規格化している。しかし，日本の場合は，工業標準化法に基づき設置された日本工業標準調査会（JISC；Japanese Industrial Standards Committee）が政府機関として標準化を行っており，作成された日本工業規格（JIS；Japanese Industrial Standards）は，上記の各国の団体規格とは異なる国家規格の特徴を有している。
6）ここでいう「統合的リスクマネジメント」の「統合的（integrated）」は，Towers Perrinによると「ビジネス（business）」，「全体的（holistic）」，「戦略（strategic）」，「エンタープライズ（enterprise）」のどの表現を使っても，目の前のリスクを無視しないマネジメント体制を構築しようとするなら，同意であると引用して補足している。(*Integrated risk management framework*, Treasury Board of Canada Secretariat, 2001.4, p.10)
7）薬事法に基づく「医療機器及び対外診断用医薬品の製造管理及び品質管理の基準に関する省令（厚生労働省省令　第169号，2004.12.17)」第26条第5項および第6項において，該当製品の製造過程でリスクマネジメントを実行し，関連する記録を作成・保管すべきことが示されている。

    また，労働安全衛生法に基づく「機械の包括的な安全基準に関する指針（厚生労働省労働基準局長通達，2007.7.31)」において，労働現場における災害防止のためのリスクアセスメントの実施が進められている。この通達は，2001年6月1日に初版が提示され，その後同法が改正され，危険性および有害性等の調査・安全対策が努力義務化されたこともあり，内容がより厳格なものとなっている。

第6章　各国関係規格からの現代的リスクマネジメントの形成

8）日本では，オーストラリアのAS規格と同様に，JIS T14972のようにISOの表記を使わず独自の規格表記方法で規格化を行っているが，他の国々はBS EN ISO 14972のように，ISO規格番号をそのままに自国の規格呼称に重ねて規格番号としている。同ISO規格は2007年に改訂されているが，JISはまだ最新版に対応していないため年号が2003年である。

9）「標準情報」とは，TR（Technical Report）の表記番号を有した標準報告書をいい，JIS規格制度の中では正規の規格ではないとされている。そのため，原則として発行後5年で廃止されることになっている。

10）CRAMMとは，CCTA（英国大蔵省CCTA局；Central Computer and Telecommunications Agency）分析手法ともいわれ，CCTAが英国規格協会（BSI）とともに開発した定性的な資産分析手法である。分類された資産別に質問票を用いて脅威と脆弱性を5段階に分類し，リスク対策を選択していく手法である。

11）FMEAとは故障モード影響分析（Failure Mode and Effect Analysis）をいい，定性的にどんな故障はどんなリスクで発生し，それをどう受け止め，対処していくかを各々埋めていく手法である。

　HAZOPとは危険および運転分析（Hazard and Operability Study）をいい，主として化学分析現場用として開発されたFMEAの一種である。操業中のプラントに発生するトラブルに対してどのような原因が考えられるか，それぞれの原因に対する対策が何かなどを論理的に対応する形でツリー化している。

　ETAとはイベントツリー分析（Event Tree Analysis）をいい，原因と起点としてどのような事象がどれほどの確率で発生するかを特定していく分析法である。

　FTAとはフォルトツリー分析（Fault Tree Analysis）をいい，特定の起こしたくない事象がどのような条件下で発生するか論理的に道筋を解明していく手法である。

　本章は，越山が早稲田大学大学院アジア太平洋研究科博士後期課程でとりまとめることができた博士論文（「消費者への危険回避情報の提供による製品安全の向上―リスクマネジメントにおけるリスク低減方策―」，2007年6月19日），並びに日本リスクマネジメント学会，危機管理システム研究学会等で発表，報告させていただいた研究成果を基礎としたものであり，所属する製品安全協会による見解ではないことを申し添える。

第7章 中小企業経営とCSR
―中小企業の企業価値向上とCSR・リスクマネジメントの役割を考える―

はじめに

「栴檀は双葉より芳し」という言葉がある。これは，白檀の別名である栴檀が発芽する頃から芳香を放つように，優れた人物は幼い頃から他と違って優れているという意味の例えである[1]。

中小企業にも同じことがいえるであろう。中小企業を双葉にたとえるのであれば，今後，中小企業が大企業へと健全に発展するためには，双葉から芳香を放つこと，すなわち，CSRを意識した経営が不可欠である。

最近，企業の社会的責任（CSR，Corporate Social Responsibility）の議論が盛んになっている。書店にはCSRに関する本があふれている。また，世界的にもCSRの意識は高まっている。

しかし，これは一般的に大企業を中心とした論議であり，かつ，大企業におけるCSR意識は急激に高まっている。世界的な大手会計事務所であるKPMGが，フォーチュングローバル企業500社のうちの上位250社（以下G250企業）と世界16か国における上位100社（以下N100企業）を対象に行った「企業責任報告に関する国際調査2005」では，G250企業においては，52％の企業が単独のCSR報告書を発行している。これは，前回2002年の調査時の45％から比べ大幅な増加傾向にある。また，CSR報告書は，単なる環境報告書から，持続可能性報告書（社会，倫理，環境および経済に関する報告書）へと，その内容をシフトしている。N100企業のうち41％の企業がCSR報告書を単独，もしくはアニュアルレポートの一部として作成しており，国別にみた発行数上位2か国は日本（80％）と英国（71％）となっている。業界別では，金融業が最も大きな

伸びをみせており，2002年の調査時から比べて，CSR報告書を単独，もしくはアニュアルレポートの一部として作成しているG250企業は24％から57％へと2倍以上増加していることが指摘されている。[2]

また，環境省が行った「平成18年度環境にやさしい企業行動調査」においても，環境報告書を発行しているのが，上場企業が73.2％であるのに対し，非上場企業においては54.8％にとどまっている。また，ここでいう非上場企業とは従業員500人以上を指すものであり，中小企業基本法に定める中小企業には該当せず，中小企業の場合，実際はかなり低い割合でしか環境報告書を発行しているとはいえないであろう。[3]

本章では，中小企業の現状や今後求められる役割を確認し，広範なCSRの概念の中で，具体的に求められるCSR項目を確認する。その後そのCSR項目を中小企業での実態にかんがみて検証し，中小企業経営におけるCSRの意義を考察したい。

また，企業価値の向上という意味では，CSRとリスクマネジメントはともに重要な意味を持ってくる。また，CSRの推進は企業リスクを低下させる。一方，企業経営においてリスクマネジメントを推進することはCSRの重要項目といえる。よって，CSRが企業のリスクマネジメントにどのように影響するかについても考察したい。

1 中小企業の意義と実態

1-1 中小企業とは

中小企業とは，中小企業基本法第2条第1項の規定に基づく「中小企業者」をいう。また，小規模企業・零細企業とは，同条第5項の規定に基づく「小規模企業者」をいう。

具体的基準は，図表7－1の通りである。

しかし，これはあくまで法律的な定義であり，すべての統計または議論が上記の基準に基づいているわけではない。よって，本章では，概ね上記基準によるが，厳密な意味では中小企業を定義することはしない。また，中小企業基本

図表7-1　中小企業基本法に基づく中小企業の定義

業種	中小企業者 (下記のいずれかを満たすこと)		うち小規模 企業者
	資本金	常時雇用する 従業員	常時雇用する 従業員
①製造業・建設業・運輸業 　その他の業種(②〜④を除く)	3億円以下	300人以下	20人以下
②卸売業	1億円以下	100人以下	5人以下
③サービス業	5,000万円以下	100人以下	5人以下
④小売業	5,000万円以下	20人以下	5人以下

出所：中小企業白書。

法は，規模を基準にするものであり，法人格の有無を問うものではない。本章は中小企業とCSRを考察するものであり，確かにCSRのCはコーポレートであり，一般的には法人格を有する会社をイメージする。しかし，本章では中小企業について，中小企業基本法と同じく，法人格すなわち会社組織を問うものではない。一方，大企業の場合は原則的に法人格を有する大会社を指して議論されており，その点については中小企業と大企業では異なっている。

1-2　中小企業の役割

　中小企業白書によれば，2006年におけるわが国の企業は421万企業あり，そのうちの99.7％である419万企業が中小企業となっている。同じく，会社ベースでは，151万社あり，その99.2％である149万社が中小企業となっている。また，常用雇用者・従業者数については，全体の69.4％あたる2,784万人が中小企業に雇用されている[4]。

　経済産業省の工業統計表によれば，2006年のわが国の製造業における中小企業の事業所数は26万あり，全体の98.7％を占め，従業員数は577万人であり，同じく70.3％を占めている。また，年間付加価値額は50兆2,920億円であり，これは全体の46.7％を占めている[5]。

　また，経済産業省の商業統計表によれば2004年小売業における中小企業事業所数は122万であり，全体の98.8％を占め，雇用されている従業員は614万人であり，79.1％を占めている。同じく小売中小企業の年間販売額は95兆

1,510億円であり全体の71.4％を占めている。[6]

このように，日本においてはほとんどの事業所および会社は中小企業であり，また，大多数の人が中小企業に勤めていることになる。また，製造業における比率は高くないものの，小売業においては中小企業はかなりの販売額を占めており，日本人の大多数は中小企業から買い物をしていることになる。このように中小企業はわが国経済で大きな役割を果たしている（図表7－2参照）。

図表7－2　わが国経済に占める中小企業の割合

	数値	割合
＜全体における割合（2006年）＞		
企業数	419万企業	99.7％
会社数	149万社	99.2％
常用雇用者・従業員	2,784万人	69.4％
＜製造業（2006年）＞		
事業所数	26万事業所	98.7％
従業員数	577万人	70.3％
年間付加価値額	50兆2,920億円	46.7％
＜小売業（2004年）＞		
事業所数	122万事業所	98.8％
従業員数	614万人	79.1％
年間販売額	95兆1,510億円	71.4％

出所：中小企業白書2008年版，平成18年度工業統計表，平成16年度商業統計表から筆者が作成。

日本の中小企業を論議する場合，その特徴に下請け制度が挙げられる。この制度では，大企業が資本関係に関わらず企業グループを形成し，独占的な契約関係を継続するとともに，大企業がその下請け企業に大きな影響力を及ぼす。下請け制度の歴史は，大企業と中小企業が一体化した形で日本経済を支えてきた歴史ともいえる。

一方，バブル経済の崩壊を契機にその制度に変化がみられるようになっている。系列を超えた取引が増大し，今まで，曖昧にされてきた発注側と受注側の問題が表面化することが多くなってきている。また，これまでの下請け制度の長所を生かしながら新しい形を模索しようとしている動きがある。日本企業の

部品調達先がグローバル化することにより，中小企業として今まで以上のコスト競争にさらされ，また，グローバルな取引が増大している[7]。

1-3 中小企業の競争力

中小企業は資本生産性において比較的大企業に劣らないものの，労働生産性，資本準備率においては大企業に劣ることがデータで示されている。労働生産性は業態によって差はあるものの，いずれの業態においても大企業に比べ中小企業は労働生産性が低い。また，資本準備率も同様である（図表7-3, 図表7-4, 図表7-5参照）。中小企業の中には優れた技術を持ち，大企業に負けない競争力を持つ企業も少なくない。しかし，このようなマクロデータをみる限り，中小企業は大企業に比べ競争力は低いといえる。

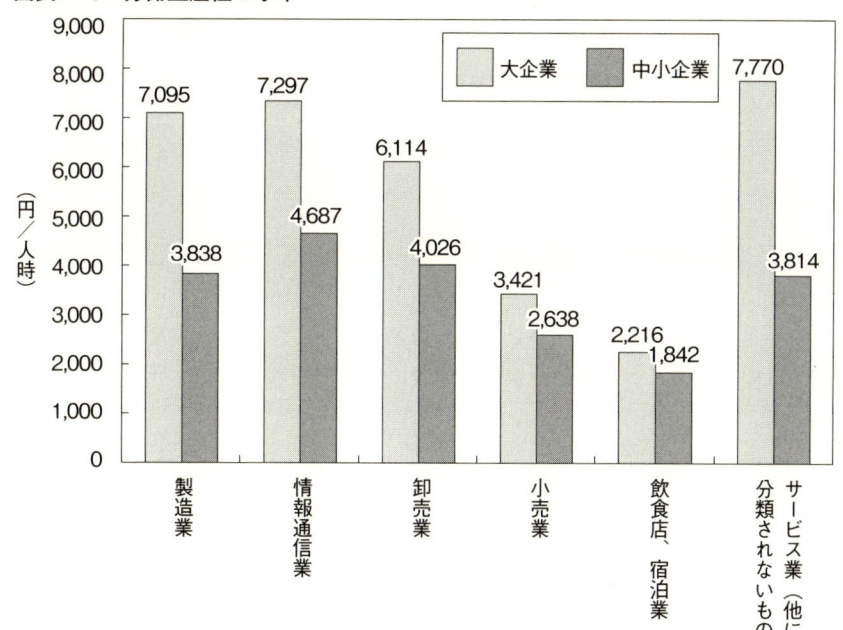

図表7-3　労働生産性の水準

業種	大企業	中小企業
製造業	7,095	3,838
情報通信業	7,297	4,687
卸売業	6,114	4,026
小売業	3,421	2,638
飲食店、宿泊業	2,216	1,842
サービス業（他に分類されないもの）	7,770	3,814

（円/人時）

注：2005年度における労働時間1時間当たりの付加価値額を示している。
出所：中小企業白書2008年版，経済産業省「企業活動基本調査」，厚生労働省「毎月勤労統計調査」を再編加工。

図表7-4　資本準備率

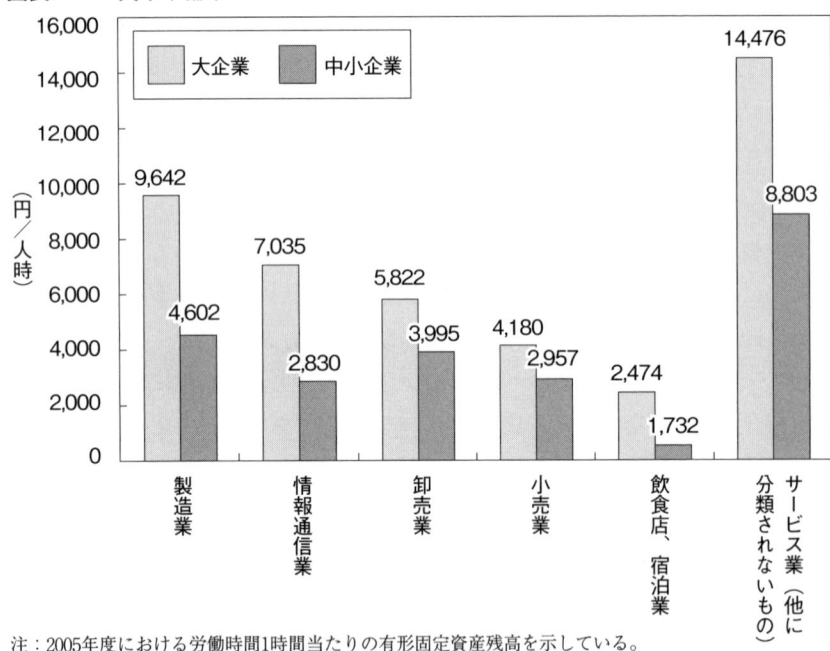

業種	大企業	中小企業
製造業	9,642	4,602
情報通信業	7,035	2,830
卸売業	5,822	3,995
小売業	4,180	2,957
飲食店、宿泊業	2,474	1,732
サービス業（他に分類されないもの）	14,476	8,803

（単位：円/人時）

注：2005年度における労働時間1時間当たりの有形固定資産残高を示している。
出所：中小企業白書2008年版，経済産業省「企業活動基本調査」，厚生労働省「毎月勤労統計調査」を再編加工。

1-4　ベンチャー企業

　中小企業を考える場合，ベンチャー企業というカテゴリーは欠かせない。かつ，重要である。ベンチャー企業の定義には確たるものはないが，以下を特徴とする。[8]

1．企業家精神が旺盛である。
2．経営者が高度な専門知識や豊かな経営ノウハウを保持している。
3．大企業の下請けではなく独立している。
4．独自の新商品・新サービスを提供し急成長をとげる可能性がある。
5．売上高に対する研究開発比率が高い。
6．未上場であるが株式上場を念頭に置く成長志向がある。

図表7-5　資本生産性

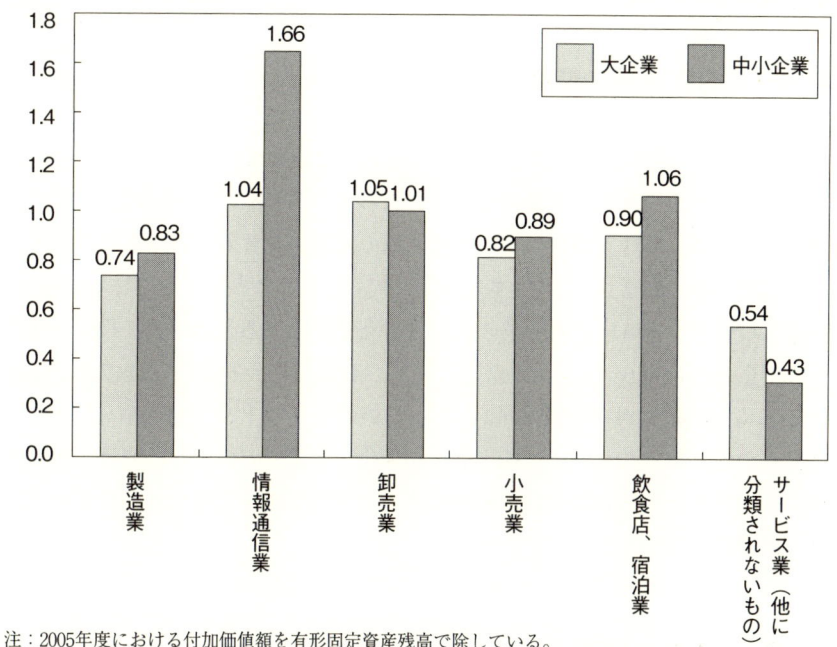

業種	大企業	中小企業
製造業	0.74	0.83
情報通信業	1.04	1.66
卸売業	1.05	1.01
小売業	0.82	0.89
飲食店,宿泊業	0.90	1.06
サービス業(他に分類されないもの)	0.54	0.43

注：2005年度における付加価値額を有形固定資産残高で除している。
出所：中小企業白書2008年版,経済産業省「企業活動基本調査」を再編加工。

　ベンチャー企業は,まったく新しい発想で新産業の創出,技術革新のきっかけをつくることにもなる。また,通常大企業が参入しないような分野に参入し,ニッチ産業の開拓に貢献する。

　このように,日本における中小企業は,事業所数・従業員数など数の上では圧倒的に多数派を占める存在である。また,下請け制度に特徴づけられるように大企業と一体となり日本経済を支えている。しかし,競争力は大企業に比べ劣っているといえる。また,主にベンチャー企業のカテゴリーに代表されるように,大企業だけではなしえない新規市場開発,技術革新の役目を果たしている。

2 CSRとは

2-1　CSR議論の背景

　CSRとは「企業の社会的責任」のことであり，Corporate Social Responsibilityの略である。1990年代以降議論が盛んになっている。その背景には，世界的な流れとしては，地球温暖化による環境問題の深刻化，貧困問題の進展，それに伴う市民意識の高まり，また，エンロンに代表されるような企業不祥事の発生，企業に投資をする時にその企業のCSRを評価基準とする社会的責任投資（SRI, Social Responsibility Investment）の進展，および社会的責任投資ではない株主からもCSRに対する要求が強くなっていることなどが挙げられる。また，これらの他，日本においては株主構造が変化し今までの持ち合い解消と外国株主の増加，また，日本のグローバリゼーションの進展，市民意識の変化・市民社会組織の台頭が指摘されている[9]。

2-2　CSRの定義

　CSRには様々な定義がある。会社として利益を上げ納税義務を果たすだけで，立派に企業の社会的責任を果たしていると考える人がいる。一方では，社会に広がる問題に対して，企業の立場からどのように取り組み，解決していくかを問うものである，とする考え方もある[10]。これは，本業を超えた社会貢献を意識し，高貴なる者は社会的義務を積極的に果たさなければならないという，伝統的なノブレスオブリージュの考え方にも通じるものである。また，企業の社会的な影響力が増し，世界的な大企業は国家的な影響力を持っていることにも起因する。CSRを狭義に捉え，企業の単なる寄付行為やメセナだけを称してCSRと呼ぶ人々もいる。

　また，CSRのCは企業を指すばかりでなく，消費者（Consumer）や市民（Citizen）を含めた概念と捉えて，社会的責任を単に企業ばかりでなく，そのステークホルダー側にも求める考え方もある。ISO（International Organization for Standardization，国際標準化機構）は，組織の社会的責任を標準化しようとしているが，この考え方に基づき，単に組織の社会的責任（SR,

Socially Responsibility）としている。

　このような中，筆者のCSRの考えを記載しておきたい。筆者は企業の存在意義は「業務を通して人々を幸せにする社会的意義を有し，その継続条件として利益を上げ続けなければならない」点にあると考えている。よって，その意味において，企業の社会的責任とは「本業を通して社会貢献をし，会社を取りまくステークホルダーと共存共栄をはかりながら，持続可能な社会の実現に貢献すること。」と考えている[11]。

2-3　CSRの行動指針・基準

　具体的に，どのような項目を意識することがCSRの遂行に繋がるのであろうか。

　まずは，国連がグローバル・コンパクトを定めている。グローバル・コンパクト（GC）とは，1999年に開かれた世界経済フォーラムの席上，当時のアナン国連事務総長が提唱したものである。企業のリーダーに国際的なイニシアチブであるGCへの参加を促し，国連機関，労働団体，市民社会とともに人権，労働，環境の分野における10原則の支持を求めたものである。GCは企業に集団行動を通じて責任ある企業市民として向上することを求め，それによってグローバル化の挑戦に対する解決策の一端を担うことができる。今日，世界のあらゆる地域から1300以上の企業（2004年4月現在），国際労働団体，市民社会の組織がGCに参加している。GCの10原則とは以下の通りである[12]。

〈人権〉企業は，
　1．国際的に宣言されている人権の保護を支持，尊重し，
　2．自らが人権侵害に加担しないよう確保すべきである。
〈労働基準〉企業は，
　4．あらゆる形態の強制労働の撤廃を支持し，
　5．児童労働の実効的な廃止を支持し，
　6．雇用と職業における差別の撤廃を支持すべきである。
〈環境〉企業は，
　7．環境上の課題に対する予防原則的アプローチを支持し，
　8．環境に関するより大きな責任を率先して引き受け，

9．環境に優しい技術の開発と普及を奨励すべきである。

〈腐敗防止〉企業は，

10．強要と贈収賄を含むあらゆる形態の腐敗の防止に取り組むべきである。

また，経済人の世界的な集まりにコー円卓会議がある。そこで決定されたコー円卓会議原則がある。コー円卓会議（Caux Round Table）とは，1980年代中頃から激化し始めた貿易摩擦を背景として，日米欧間の経済社会関係の健全な発展をめざして，日米欧のグローバル企業の経済人に参加を呼びかけて，1986年に，「普遍的価値観の尊重」をモットーとして，発足した会議である。会議の名称コーはこの会議開催地のスイスの村コーに由来する[13]。

今，CSR報告書の作成において最も使われているのは，GRIガイドラインであろう。GRI（Global Reporting Initiative）は，国際的な持続可能性報告のガイドライン作りを使命とする非営利団体である。GRIが作成するサステナビリティ・リポーティング・ガイドライン（GRIガイドライン）は，多様なステークホルダーが参画する合意形成プロセスを通じて作成された，企業等の組織がその持続可能性パフォーマンスを報告するための枠組みとなっている[14]。

日本の場合，㈶日本経済団体連合会（経団連）が企業行動憲章を作成している。企業は，公正な競争を通じて利潤を追求する経済的主体であると同時に，広く社会にとって有用な存在でなければならないとし，そのため企業は，経団連が掲げる10原則に基づき，国の内外を問わず，人権を尊重し，関係法令，国際ルールおよびその精神を遵守するとともに，社会的良識を持って，持続可能な社会の創造に向けて自主的に行動する，としている[15]。また，経済同友会も，「企業は社会の公器である」との自覚の下，企業経営を取りまく環境が大きく変化する今日，「企業の社会的責任」の重要性を「CSR（Corporate Social Responsibility）」という言葉であらためて提起し，その実践を推進している。企業が持続的に発展していくためには，絶えざるイノベーションによって価値創造を続けるとともに，高い倫理観によって健全な経営を行い，社会から信頼を得ることが不可欠であるとしている。さらに，環境への配慮，女性が活躍できる環境づくりといった課題に積極的に取り組むことが企業競争力の源泉となり，社会全体の持続可能な発展にも結び付くと考えている。具体的には自己評

価シートによる企業のCSR推進を提唱している[16]。

社会的責任投資（SRI, Social Responsibility Investment）の評価機関の評価項目は具体的にCSR項目を考える上で重要である。評価機関は企業に対してアンケート調査や面談調査を行い，企業のCSRを評価している。SRIインデックスであるDJSI指数採用銘柄の評価を行っているSAM Sustainability社，同じくFTSE400GOOD指数採用銘柄の評価を行っているEIRIS社，Ethical Sustainability指数の採用銘柄の評価を行っているEthibel社などがある。また，日本においてもインテグレックス社やグッドバンカー社などがSRIにおける企業評価の調査を行っている。

上記のCSRに関する指針や基準についてはかならずしも統一されているわけではないが，概ね，「トリプル・ボトムライン」の考え方に沿っている。ボトムラインとは，決算書の最終行，つまり，収益・損失の最終結果を意味する言葉である。よって「トリプル・ボトムライン」とは企業活動を「経済」のみならず，「環境」・「社会」を含めた3視点から捉えて評価するという考え方である。この考え方は英国のサステナビリティー社(環境コンサルティング会社)のジョン・エルキントン氏によって初めて提唱されたものである。

また，これに，「人間」「生態」をくわえた「ペンタゴンネット」も提唱されている[17]。

CSRの行動基準や評価指標を簡単にまとめてみると図表7-6となる。日本ではあまり行われないが，米国においては排除業種を設けていることが多い。以下，コーポレートガバナンス，情報公開（ディスクロージャー），法令遵守・企業倫理，リスクマネジメント，労働，環境，社会性・社会貢献，が主な評価項目となっている。また，例えば，コーポレートガバナンスに優れていれば，情報公開にも優れるだろうし，法令遵守も行われる事になる。後で述べるようにリスクマネジメントの観点からはCSR項目の推進が企業リスクを下げることにもなる。このように，これらCSR項目は互いに密接に結び付いている。

図表7-6　CSRの行動基準・評価項目

項目	評価の具体的な内容
排除業種	タバコ・アルコール・武器製造・遺伝子組み換え・原子力
コーポレートガバナンス	企業理念・経営トップの考え方・ステークホルダー対応
情報公開	IR・報告書の作成・マスコミ対応・文書記録
法令遵守・企業倫理	コンプライアンス体制・倫理規定・政治献金・贈収賄・公正な価格競争・個人情報保護・内部告発体制
リスクマネジメント	リスクマネジメント体制・製品安全・事故対応
労働	雇用形態・雇用の多様性・児童労働・安全衛生・研修教育・障害者雇用
環境	環境方針・環境マネジメント・環境収支・CO_2排出・生物多様性・環境汚染配慮・廃棄物処理
社会性・社会貢献	地域貢献・寄付・NPO支援・メセナ活動

出所：各行動基準，評価機関を参考に筆者が作成。

2-4　CSRと企業価値の向上

　CSRの目的は何であろうか。それは筆者の定義にあるように，ステークホルダーとの共存共栄をはかりながら，企業が社会に貢献するための手段である。社会に貢献する企業は社会に支えられる。これは企業価値を向上させることに他ならない。

　上田（2003）によれば，「企業価値とは企業の提供する商品・サービスが利害関係者に与える経済的価値（価格，品質，安全性などが生み出す価値）と，企業行動全般（経済的側面や企業の環境や人間への配慮などの社会的側面）が彼らに与える非経済的価値（評判，信用，イメージなどによる目に見えない価値）とのトータル的価値である。」と定義されている。同じく上田が述べているように，「企業価値＝有形価値＋無形価値」ともいえる[18]。

　上場企業の場合，企業価値は株価に反映されている。株式の基本的な指標としてPBRがある。PBR（株価純資産倍率，Price Book-value Ratio）とは，経営基盤となる資本金などの株主資本（自己資本または純資産）を基準にして，株価の高低を相対的に測る指標である。算定式は「PBR＝株価／1株当たり株主資本」であり，株価を1株当たり株主資本（純資産）で除したもので，株価が1株当たり株主資本の何倍まで買われているのかを示すものである。現在，日本株は株価が低迷しており，日本株の代表的指標である日経平均のPBRは

1前後で推移しているが，過去において，最高は6であり，かなりの場合1以上で推移している[19]。単純に株主資本を企業の有形価値とするならば，企業の株価には無形価値が含まれていることを示している。また，同じ業種であり，1株当たりの利益や純資産があまり変わらないのにもかかわらず，株価に違いがあることはよくあることである。これは，企業イメージやブランド力の違いで説明されることが多いが，これも典型的な意味で無形価値が株価に反映されていることになる。

　CSRの目的は，まず企業の無形価値を高めることにある。図表7-6「CSRの行動基準・評価項目」はいずれも直接的に経営効率を高め，有形価値を高めるものではない。一方，企業の有形価値の向上と無形価値の向上は密接なつながりを持っており，相乗的に企業価値を高めるものである。したがって，CSRの推進はまず企業の無形価値を向上させ，その結果として有形価値を向上させ総合的に企業価値を向上させることとなる。

3 中小企業における企業価値向上とCSRの関係

　具体的に，CSRの評価項目を参考に，CSRの推進と中小企業の経営力強化，ひいては企業価値向上との関係を考えてみたい。一般にCSRの評価項目は大企業を中心に問われているといえるであろう。一方，中小企業の場合，相対的に経営資源に乏しく，体力も脆弱であり，大企業に比べて，CSRの遂行には困難が伴うことがいわれている。

　また，中小企業の場合，大企業のようにあらゆるCSR項目に対応することは現実的ではなく，また，不可能である。企業価値を積極的に高める項目を意識し，CSR項目およびステークホルダーに順位づけをし，限られた経営資源の中でCSRを意識した経営をする必要がある。

3-1　コーポレートガバナンス

　中小企業の大きな特徴は，その経営において社長のリーダーシップに負うと

ころが大きいといえる。中小企業経営においては経営者の資質が極めて重要である。

経営者がなすべきことを経営者の社会的責任と捉え,「経営理念の確立」「リーダーシップ能力の開発」「環境主体・ステークホルダーに対する環境関係の重視」「経営文化の創造」「経営センスの創成」がいわれている。すなわち,経営者の行動基本を社会的責任としているのである[20]。また,新村(2003)によれば,企業文化の醸成に当たって「世のため,人のためという自発性の企業文化を埋め込んでいること」も重要とされている[21]。

しかし,中小企業の場合,形態は株式会社であっても,実質的には個人商店であり,また,オーナー企業であることも珍しくない。

その意味において,コーポレートガバナンスという概念はなかなか浸透しにくいといえる。また,大企業には多数の株主をはじめ様々なステークホルダーが存在するが,中小企業の場合,その活動範囲も限られており,ステークホルダーも大企業に比べて限定されている。中小企業白書2008年版によれば,東京リサーチが行った実態調査を分析した結果として,中小企業が最も利害関係を有している主体が代表者であること,また,従業員と同じぐらいに取引金融機関がステークホルダーとして認識されていることが指摘されている[22]。

中小企業においてコーポレートガバナンスを強化することは,ワンマンになりがちな経営者の暴走を止めることになる。良いリーダーシップと経営者のワンマンとは別物である。

コーポレートガバナンスを強化するためには,金融機関,会計士など外部からの冷静な判断による経営監視が欠かせない。また,組織のあり方として,物事を決めるときはできるだけ定量化して経営者の独断を避けることも重要であろう[23]。

3-2 情報公開

前述の中小企業白書2008年版によれば,中小企業のコーポレートガバナンスにおいては「企業理念の明確化」や「法令等遵守(コンプライアンス)の重視・徹底」を重要視する一方で,「ステークホルダーへの説明責任の重視・徹底」「迅速かつ適切なディスクロージャーの重視・徹底」については金融機関が考える

よりも低く評価していることが指摘されている。これは，まだまだ情報開示について意識が高くないことを示しているが，同じく情報開示のメリットとして「適切な経営判断への寄与」を挙げる中小企業も少なくないとしている。[24]

中小企業の場合，そのほとんどが上場企業ではない。上場企業のように，会社存続の条件として情報開示がなされることはあまりない。また，ステークホルダーも大企業に比べ偏っている場合も少なくない。この意味において，企業が発信したいニュースリリースとステークホルダーが知りたい情報とは一致するものではないことも多い。

限られた経営資源の中で工夫した情報開示が必要であろう。筆者がかかわった例ではあるが，秋田に本社を置く，シグマソリューション社は2004年に，東北で始めてCSR報告書を発行した。これは経済同友会の自己評価シート[16]に基づき，自らの経営を従業員とともに確認し対外発信をした好例である。[25]

3-3　法令遵守（コンプライアンス）

法令遵守はCSRの基本であり，企業経営において守らなければいけない根幹である。その意味においてその重要さは大企業も中小企業も差はない。

一方，後述するリスクマネジメントとも関連するが，法令遵守違反の場合の企業ダメージは中小企業には極めて大きい。最近，食品偽装問題が世間を騒がせているが，食品偽装を行った企業はそのまま廃業に追い込まれている。また，それは企業体質というよりも経営トップに問題があるケースが多い。前述のコーポレートガバナンスが十分でなかったともいえる。

帝国データバンクが行った「コンプライアンス違反企業の倒産動向調査」によれば，「コンプライアンス」は企業の社会的使命という考えが一般化してきている。独占禁止法の改正により，公正取引委員会の権限が大幅に強化されて，多くの談合事件が摘発されるようになり，建設会社などを中心とした官公庁業務を受注している会社の行動規範が粛正される方向にはある。しかし，一方では「稼ぐが勝ち」的な経営者も増え，粉飾決算や横領などコンプライアンス軽視の姿勢が改まっていない企業も存在するとしている。また，2003年4月～2006年3月の3年間で，コンプライアンス違反を倒産の理由の1つとして，法的整理となった企業は163社あり，負債総額は1兆762億7,600万円となっ

た。また，コンプライアンス違反で法的整理された企業の従業員は，合計1万3,491名にのぼり，違反類型のトップは「横領」の41件，「談合」と「粉飾」の各24件が続いた。業種別では，建設業の54件が突出していた。なお，2005年度にコンプライアンス違反を理由とする企業の倒産が急増した，としている[26]。

3-4 労働

　一般に中小企業は大企業に比べ労働条件が悪く賃金も低いとされている。労働省の賃金構造基本調査によると，企業規模間の賃金格差（大企業の賃金＝100）をみると，男では中企業で82，小企業で75，女では中企業で89，小企業で81となっている（図表7－7参照）[27]。

　中小企業における労働を考える場合，外国人労働者の存在も考えなければならない。これは，人権問題や差別問題とも深く結び付いている。外国人労働者は労働力商品の国際的移動であるが，それは「商品」一般の移動とは異なり，基本的人権をそなえた「人間」の移動である。また，さらには人種・言語・国籍・宗教・文化を異にする「人間」の移動でもある。外国人労働者の受け入れ

図表7－7　性，年齢階級別企業規模間格差（産業計）　　　　　　　　　　（大企業＝100）

年齢階級	男								女							
	中企業				小企業				中企業				小企業			
（歳）	平成6年	11	15	16	平成6年	11	15	16	平成6年	11	15	16	平成6年	11	15	16
計	86	84	83	82	80	77	74	75	88	90	89	89	82	82	81	81
18～19	98	100	97	97	99	98	96	96	98	99	97	96	93	94	93	93
20～24	98	96	95	95	102	97	93	94	97	96	95	96	93	91	89	90
25～29	95	93	92	91	98	94	89	91	95	95	93	93	88	90	87	89
30～34	91	89	87	87	92	88	84	85	91	94	94	92	84	83	84	85
35～39	87	88	85	84	83	81	78	78	84	89	91	90	74	78	79	79
40～44	86	84	84	83	77	75	73	73	78	85	87	87	70	72	75	76
45～49	84	83	82	81	72	70	69	69	76	81	83	80	67	71	70	71
50～54	83	80	81	79	69	68	66	67	72	82	81	81	66	74	74	75
55～59	84	82	84	81	71	71	70	71	72	81	82	83	66	75	75	75
60～64	92	81	84	83	85	78	76	77	71	87	80	86	64	79	74	76

出所：労働省「平成16年度賃金構造基本統計調査」。

はしばしば低賃金労働と結合している。結果として，国内労働者の賃金や労働条件を引き下げることによる国内労働者との競合問題を引き起こすことにもなる。また，長期的には，家族の呼び寄せと定住化はスラムを形成し，彼らに対する国内住民の民族的・社会的な差別や偏見を生み出すこと，さらに社会保障，子弟の教育問題などの社会的費用負担の増加をもたらす危険性がある。このように外国人労働者は様々なところへ影響を及ぼすものである。

厚生労働省の発表によれば，2007年10月1日時点で現に雇い入れている外国人労働者について，2008年6月末時点の届出を集計すると，雇用されている外国人労働者数は338,813人，雇用している事業所数は57,026事業所となっている[28]。このように外国人労働者の大多数は中小企業においていわゆる単純作業に従事していると考えられる。また，業種によっては外国人労働者がいないと成り立たないものもある。一方，日本政府としては単純労働者としての外国人労働者の受け入れには慎重である。

また，障害者雇用においては中小企業の果たす役割が意外と大きい。日本で働く障害者，とりわけ知的障害者の多くは中小企業に雇用されていることが指摘されている。それは，障害者を雇用すれば儲かるといった理由からではなく，地域に貢献したいとかノーマライゼーションを実行したいといった個人の強い思いや価値観に基づいている。日本の障害者雇用は，そうした中小企業に支えられているといってよい。だが，海外からの安価な製品の流入や価格競争の激化などによって，生産性の向上が求められている。この部分は前述の外国人労働者問題とも深く関係する。中小企業が独力で問題を解決し，障害者雇用をさらに広げていくことは困難である。中小企業だけではなく，行政や福祉施設，ハローワーク，NPO などが一体となり，地域ぐるみで中小企業における障害者雇用を支援していくことが不可欠である[29]。

企業は「人」で成り立っている。CSR項目である，雇用形態・雇用の多様性・児童労働・安全衛生・研修教育・障害者雇用を中小企業が考えることは重要である。また，前述のように，中小企業の労働条件は大企業に比べて優位ではない。一方，小さい企業ゆえにやりがいがある仕事に就くことも可能であるし，また，自分の意見が会社に与える影響力も大きい。CSRの評価項目の場合，客観的な

基準をクリアすればそれで良しとすることが多いので，その先にあるやりがいや生きがいに踏み込むことは難しい。中小企業経営においては，小さいけれどもやりがいがある楽しい職場作りが重要であろう。

3-5　環境

　環境に関するCSRの評価項目には，環境方針・環境マネジメント・環境収支・CO_2排出・生物多様性・環境汚染配慮・廃棄物処理などがある。
　リスクマネジメントの観点から環境を意識した経営は企業リスクを低減させることになる。環境負荷を下げることはそのままコスト削減につながることになる。また，環境を意識することでコーポレートイメージの向上にもつながる。廃棄物業者のようにISO14000を取得していないと地方自治体の仕事が受注できない業界もある。

　前述のように，環境を意識して経営することは中小企業においても企業競争力を高めることになるが，もう一歩進んで，中小企業の環境ビジネスへの参入を考えてみたい。
　環境問題の解決は分散型であると考えられる。すなわち，その地域にあった方法でエネルギー問題・食糧問題等を解決するのが有効だからである。その意味において環境NPOは注目されているが，地域密着型の中小企業も注目に値する。また，コミュニティービジネスの創出の意味でも，中小企業とネットワークは重要である[30]。
　また，中小企業は，新規事業開発や新技術開発の役目を担っている。もちろん体力がない中小企業が新たにまったく関係ない分野へ入っていくことは難しいことであろう。今までの本業分野において環境ビジネスへと発展させることを模索することが大切である。
　平成16年版の環境白書によれば，環境省は，OECDの分類に基づいた，日本の環境ビジネスの市場規模が，2000年の29兆9,000億円から，2010年には47兆2,000億円に，2020年には58兆4,000億円になると推計している。また，雇用規模については，2000年の76万9,000人から，2010年には111万9,000人に，2020年には123万6,000人になると推計している（図表7－8参照）。

また，同白書において，環境省では，環境誘発型ビジネスの市場規模を，2000年現在の約41兆円から，2025年に約103兆円になると予測している。雇用規模は，現状の約106万人から，2025年の約222万人になると予測している。環境誘発型ビジネスとは，環境保全を考える消費者の行動が環境に配慮した機器やサービスの需要や市場を誘発して成立するビジネスをいう。例えば，省エネ型家電製品の開発・販売は，従来型の家電製品より省エネ型の製品を購入しようとする環境を保全する志向が需要や市場を拡大するものに該当する。また，事業型NPOの活動にもこの範疇に入ると思われるものが多数存在する。環境誘発型ビジネスの概念は図表7－9を参照のこと[31]。

　平成18年版の環境白書によれば，環境省は，「循環型社会ビジネス」（循環型社会の形成が進み成長が見込まれる環境ビジネスのうち廃棄物・リサイクル分野）の市場・雇用規模を，平成15年で約22兆円，約62万人と推計している。循環型社会基本計画では，こうした循環型社会ビジネスの市場規模および雇用規模を平成22年度までに平成9年度比でそれぞれ2倍にすることを目標として掲げている[32]。

3-6　社会性・社会貢献

　企業の社会性・社会貢献とは，地域貢献・寄付・NPO支援・メセナ活動など企業が社会性を意識した行動を取ることである。

　まず，中小企業にとって近年最も影響があると思われるのはCSR調達の拡大である。CSR調達とは企業が取引をする際に取引先に対してもCSR項目の遵守を求めるものである。企業が企業取引を通して社会にCSRを拡大させるとともに，自らも不正商品や公共に反する取引先を排除することによって企業リスクを低下させることができる。また，企業イメージの向上に繋がる。

　また，消費者側においても社会的責任購買（SRB, Socially Responsible Buying）の動きは大きくなっており，地球環境保護と健康な生活を最優先し，人類と地球が共栄共存できる持続可能なライフスタイルと，それを望む人たちのロハス（LOHAS）市場の拡大と結び付いている[33]。また，企業が社会問題や環境問題などへの積極的な取り組みを対外的にアピールすることで顧客の興味を喚起し，利益の獲得を目指すマーケティング手法であるコーズマーケティン

図表7-8　日本の環境ビジネスの市場規模及び雇用規模の現状と将来予測についての推計

環境ビジネス			市場規模(億円)			雇用規模(人)		
			2000年	2010年	2020年	2000年	2010年	2020年
A.環境汚染防止			95,936	179,432	127,064	296,570	460,479	522,201
	装置及び汚染防止用資材の製造		20,030	54,606	73,168	27,785	61,501	68,684
		1.大気汚染防止用	5,798	31,660	51,694	8,154	39,306	53,579
		2.排水処理用	7,297	14,627	14,728	9,607	13,562	9,696
		3.廃棄物処理用	6,514	7,037	5,329	8,751	6,676	3,646
		4.土壌,水質汚染浄化用(地下水を含む)	95	855	855	124	785	551
		5.騒音,振動防止用	94	100	100	168	122	88
		6.環境測定,分析,アセスメント用	232	327	462	981	1,050	1,124
		7.その他	-	-	-	-	-	-
	サービスの提供		39,513	87,841	126,911	238,989	374,439	433,406
		8.大気汚染防止	-	-	-	-	-	-
		9.排水処理	6,792	7,747	7,747	21,970	25,059	25,059
		10.廃棄物処理	29,134	69,981	105,586	202,607	323,059	374,186
		11.土壌,水質浄化(地下水を含む)	753	4,973	5,918	1,856	4,218	4,169
		12.騒音,振動防止	-	-	-	-	-	-
		13.環境に関する研究開発	-	-	-	-	-	-
		14.環境に関するエンジニアリング	-	-	-	-	-	-
		15.分析,データ収集,測定,アセスメント	2,566	3,280	4,371	10,960	14,068	17,617
		16.教育,訓練,情報提供	218	1,341	2,303	1,264	5,548	8,894
		17.その他	50	519	987	332	2,487	3,481
	建設及び機器の据え付け		36,393	36,985	36,985	29,796	24,539	20,111
		18.大気汚染防止施設	625	0	0	817	0	0
		19.排水処理設備	34,093	35,837	35,837	27,522	23,732	19,469
		20.廃棄物処理施設	490	340	640	501	271	203
		21.土壌,水質浄化設備	-	-	-	-	-	-
		22.騒音,振動防止設備	1,185	809	809	956	536	439
		23.環境測定,分析,アセスメント設備	-	-	-	-	-	-

第7章 中小企業経営とCSR

環境ビジネス		市場規模(億円)			雇用規模(人)		
		2000年	2010年	2020年	2000年	2010年	2020年
	24.その他	-	-	-	-	-	-
B.環境不可低減技術及び製品(装置製造,技術,素材,サービスの提供)		1,742	4,530	6,085	3,108	10,821	13,340
	1.環境負荷低減及び省資源型技術,プロセス	83	1,380	2,677	552	6,762	9,667
	2.環境負荷低減及び省資源型製品	1,659	3,150	3,408	2,556	4,059	3,673
C.資源有効利用(装置製造,技術,素材,サービス提供,建設,機器の据え付け)		201,765	288,304	340,613	468,917	648,043	700,898
	1.室内空気汚染防止	5,665	4,600	4,600	28,890	23,461	23,461
	2.水供給	475	945	1,250	1,040	2,329	2,439
	3.再生素材	78,778	87,437	94,039	201,691	211,939	219,061
	4.再生可能エネルギー施設	1,634	9,293	9,293	5,799	30,499	28,581
	5.省エネルギー及びエネルギー管理	7,274	48,829	78,684	13,061	160,806	231,701
	6.持続可能な農業,漁業	-	-	-	-	-	-
	7.持続可能な林業	-	-	-	-	-	-
	8.自然災害防止	-	-	-	-	-	-
	9.エコ・ツーリズム	-	-	-	-	-	-
	10.その他	107,940	137,201	152,747	218,436	219,059	195,655
	機械・家具等修理	19,612	31,827	31,827	93,512	90,805	66,915
	住宅リフォーム・修繕	73,374	89,700	104,542	59,233	59,403	56,794
	都市緑地化等	14,955	15,674	16,379	65,691	68,851	71,946
総　計		299,444	472,266	583,762	768,595	1,119,343	1,236,439

注：1. データ未整備のため「-」となっている部分がある。
　　2. 2000年の市場規模については一部年度がそろっていないものがある。
　　3. 市場規模については，単位未満を四捨五入しているため，合計が一致しない場合がある。
出所：環境省。

図表7-9　環境誘発型ビジネスの概念図

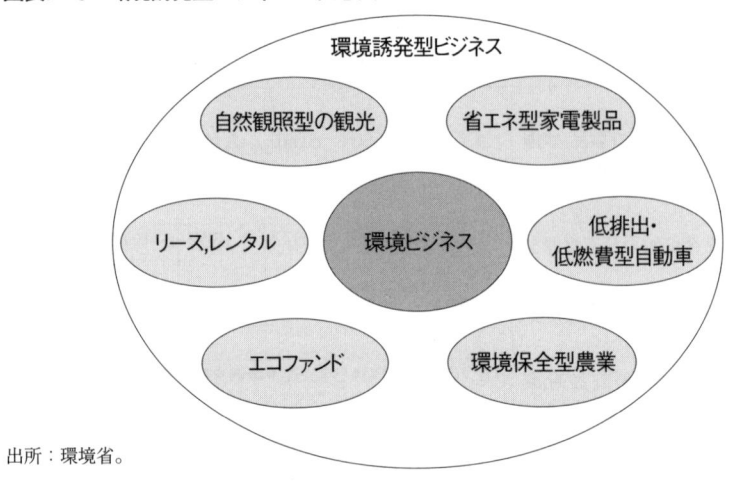

環境誘発型ビジネス
- 自然観照型の観光
- 省エネ型家電製品
- リース，レンタル
- 環境ビジネス
- 低排出・低燃費型自動車
- エコファンド
- 環境保全型農業

出所：環境省。

グの進展に結び付くなど，マーケティングの面からも重要視されている。

　日本においては電器メーカー，大型小売店などで特に意識されている。家電メーカー最大手のパナソニックのCSR調達における購入先の選定基準は以下の10項目となっている[34]。

①要求を満たす品質や安全性の確保
②競争力のある価格対応力
③指定納期の順守
④ITを駆使した変化対応力
⑤優れた技術・開発力
⑥安定した経営基盤
⑦環境への配慮
⑧法令・社会規範の順守
⑨重要情報の機密保持
⑩人権や労働安全衛生などへの配慮

　日本においては中小企業と大企業の間に独特の下請け制度や企業間の強い繋がりがある。その意味において今後大企業がCSR調達を推進するのに伴い，中小企業におけるCSRが強く求められていくことになる。

最近注目されている項目に，NPOと企業の協働が挙げられる。NPO活動を企業が応援し社会に貢献しようとするばかりでなく，新たなビジネスチャンスも模索しようとするものである。地域密着をキーワードにするならば，中小企業とNPOとの協働は重要となってくる。中小企業白書2008年版で指摘されているように，自治体も地域の小売サービス業に対し，高齢者福祉サービスや児童福祉サービスを求めており，今後の地域づくりには，行政，事業者，NPO，大学等の様々な主体の参画を得ることも重要である[35]。また，中小企業の発展のためにもこのような協働の動きは欠かせない[36]。

最後に，社会性・社会貢献を積極的にビジネスにする動きがある。これは社会的企業家（Social Entrepreneur）と呼ばれるカテゴリーである。社会的企業家とは，今解決が求められている社会的課題（福祉，教育，環境等）に取り組み，新しいビジネスモデルを提案し，実行する社会の担い手である[37]。

2006年ノーベル賞を受賞したムハメド・ユヌスが設立したグラミン銀行はその代表例であろう。グラミン銀行ではマイクロクレジット呼ばれる貧困層を対象にした比較的低金利の無担保融資を主に農村部で行い，貧困救済に大きな成果を上げている[38]。現在，サブプライムローンの問題が大きく取りざたされており，米国の大手金融機関が倒産し経営危機に陥っている。構造はまったく違うものの，サブプライムも主に低所得者を対象とした融資である。グラミン銀行と好対照を成している。

ホームレスが街頭で雑誌を販売することによって，ホームレスの経済的自立と就労支援を行うイギリスが発祥のビッグイシューも世界的に有名である[39]。

社会的企業家には，もともと社会的な課題を解決するために企業を設立する場合，NPOが事業化する場合，また，大企業が一分野で取り組む場合など形態は様々である。中小企業の特徴をかんがみると，中小企業が活躍しうるカテゴリーである。また，コミュニティービジネスの将来性を考えるならば有効な分野でもある。社会変革や新たな市場開拓という意味ではベンチャー企業ともオーバーラップするカテゴリーである。

4 リスクマネジメントとCSR

4-1　現代的リスクマネジメントと企業価値の向上

　企業価値の向上という意味では，CSRとリスクマネジメントはともに重要な意味合いを持ってくる。また，CSRの推進は企業リスクを低下させる。企業経営においてリスクマネジメントを推進することはCSRの重要項目であり，リスクマネジメントとCSRは表裏一体の関係にある。

　まず，CSRを遂行することは企業経営上の各種危険を低減させることになる。前述したように，コーポレートガバナンスを強化し経営者の暴走を止めることも，法令違反による企業倒産を防ぐこともまさにこれに該当する。また，中小企業はその経営体質が脆弱であり，同じ損失が発生した場合でも相対的なダメージは大企業に比べて大きくなる。経済産業省の工業統計表によれば，2006年における中小企業の従業員1人当たりの投資額は，大企業の40%程度である[40]。同じく経済産業省の商業統計表によれば，2004年における，中小企業の従業員1人当たりの年間販売額は，卸売業では大企業の37%，小売業では66%である[41]。また，中小企業白書によると，2006年において，法人企業の売上高は，その中央値比較において，売上高において中小企業は大企業の75分の1，総資産は50分の1，従業員数は32分の1と極めて脆弱な状況を示している[42]。この意味において，中小企業におけるリスクマネジメントはその存亡危機を回避するために重要である。

　一般にリスクマネジメントというと「予想される損失を最小化して組織（または個人）を守る」ことである。これが伝統的なリスクマネジメントの概念である。一方，リスクを現代的な意味で，「損失とチャンスの双方に関する不確実性」と捉えるならば，リスクマネジメントは中小企業経営上，企業価値を向上させる点においても積極的に大きな意味を持つ。リスクマネジメントは単に損失を低減させるだけではなく，チャンスを確実にし，企業価値の向上に寄与するからである。現代的なリスクマネジメントは「リスクを不確実なものと捉え，そのリスクを最適化して，損失を最小化するばかりでなくチャンスを最大化すること」を目的とするものである。企業経営に限らず，自らの目的を達成するためには不確実なものに挑戦しなければならない。諺でいう「虎穴に入ら

ずんば虎子を得ず」や「Nothing venture, nothing gain.」である。これはともにリスクを取らなければリターンを得ることはないということを意味している。企業のリスクマネジメントでいうならば、リスクが「企業目標に与える可能性で、プラスの影響とマイナスの影響を考慮し、企業価値を向上させる方法を考える」ことになる[43]。その意味において、リスクマネジメントはリスクという視点からのチャンスマネジメントであり、企業マネジメントそのものといってよい。

リスクマネジメントはリスクをキーワードとして経営の不確実性を評価する作業に他ならない。また、リスクマネジメントにおいてステークホルダーとの関係性を重視するのであれば、それがそのままCSRとしてのステークホルダー対応になってくるのである。

中小企業の場合、経営資源が限られた中でリスクマネジメントを行うしかない。一方、組織が小さい分、従業員とのリスクコミュニケーションははかりやすいといえる。リスクマネジメントにおいて、法務・会計といった専門家にアウトソースできる部分と、自分たちが自ら行わなければならない部分とを区別し効率的なリスクマネジメントが必要であろう。また、前述の新原（2003）は、企業の成功のための6つの条件のうち、「わからないことは分けること」「危機をもって企業のチャンスに転化すること」「身の丈に合った成長を図り、事業リスクを直視すること」といったリスク関連項目を挙げている[44]。これは、企業成功の条件においてリスクマネジメントがいかに重要であるかを示唆するものである。

4-2　リスクマネジメントのプロセス

一般的には以下のプロセスである[45]。
①状況の確定
②リスクの発見
③リスク評価
　（リスク分析）
　（リスク評価）

（リスクの受容）
④リスク処理
⑤監視と見直し

　プロセスの詳細については割愛するが，定期的にリスクマネジメントが行われる必要がある。また，中小企業の場合，リスクマネジメント体制は脆弱であり，簡便な方法で行う必要がある。また，定例のミーティングにおいて議題としてリスク項目をいれるなど，その遂行に当たって負担にならないように工夫する必要がある。

4-3　リスク文化の醸成

　リスクマネジメントにおいて最も重要なことは企業内にリスク文化を醸成することである。リスクマネジメントは自動車でいうブレーキに該当する。しかし，現代的なリスクマネジメントはアクセルを最適に踏むためのブレーキなのである。リスクマネジメントというとマニュアルを整備し，チェック体制を強化することをイメージする。確かにそれも重要であるが，これだけではブレーキを踏み続けるだけである。安全であるがいつかは止まってしまう。目的である企業価値の創造には結び付かない。また，現実の企業においてはマニュアルやルールだけでは対応できないことが多々発生する。リスク文化に明確な定義があるわけではないが，筆者が考える要素は以下の通りである。
①組織に健全なリーダーがいること。
②組織の構成メンバーが組織の目的を理解し共有していること。
③組織の構成メンバーが目的に対して何がリスクかを理解し共有していること。
④組織のリスクが定性的・定量的に明確になっていること。
⑤組織内のコミュニケーションが十分はかられていること。
⑥必要なマニュアル，チェック体制が整備されていること。
⑦組織の構成メンバーにマニュアルにない判断が的確にできること。そのための権限委譲や役割分担が明確になっていること。

4-4 具体的なリスクとその対策

　リスクの分類方法は様々である。例えば，一般に経営資源と呼ばれる「人」「モノ」「金」「情報」という面で考える場合，企業の有形価値，無形価値を考える場合などがある。

　以下，企業リスクを「戦略リスク」「オペレーショナルリスク」「金融リスク」「ハザードリスク」に分類し，各々について，リスクの概要，リスクが顕在化したときの影響，リスクに関連する要因，リスク対策，関連するCSR項目について，図表7－10にまとめておく。

　ここで重要なことは，各々のリスクは決して独立しているものではなく，密接に関連し相互に影響しているということである。例えば，「オペレーショナルリスク」の顕在化として「顧客対応の事務的ミス」が発生したとする。それが企業の評判を落とすことに結び付けば，そのまま，「無形価値に関わるリスク」になる。また，その事務的なミスが企業経営に重大な影響を与える経済的損失を発生させるのであれば，「戦略リスク」「金融リスク」として企業経営に影響を与えることとなる。

　また，各リスク項目においてCSRと深く結び付いていることがわかる。

5　CSRに優れた中小企業

　CSRをコーポレートガバナンスを初めとして情報公開や労働環境までを含めた広義で捉えるのであれば，CSRまたは，CSRと密接に関連するリスクマネジメントに優れた中小企業の具体例を挙げることはなかなか容易ではない。一般的に，中小企業においては，情報公開が進んでおらず，その経営内容を確かめることは困難である。一方，CSRを狭義で捉えた場合，環境貢献や社会貢献はそのホームページ上で自社の活動について公表しているところは多い。また，環境や社会貢献に優れた企業として表彰されている企業は多数に上る。しかし，CSR報告書まで発行しているところは少ない。中小企業のCSRを評価する動きもまだ不十分であるといってよい。そのような中，私自身が関わった例とし

図表7-10　企業リスクの概要・要因・リスク対策

①戦略リスク

リスクの概要
主に経営戦略の不確実性に起因するもの。リスクを最適化させチャンスを最大化することを目的とする現代的リスクマネジメントにおいて最も重要なものであり、経営の根幹を成す。中小企業、特に急速に成長することを目的にIPOを目指すベンチャー企業においてはその資金調達に際し重要な意味を持つ。

- 事業戦略、事業計画の失敗
- ビジネスモデルの欠陥
- 価格戦略・商品戦略の失敗
- 新事業への進出、新市場への進出
- 統合・M&A・提携の失敗
- マーケティング・価格戦略の失敗
- 世間評価、イメージの下落

リスクが顕在化したときの影響

- 企業存続の危機
- 経済的損失の発生
- 第三者に対する損害賠償の発生(役員賠償責任)
- 株価の下落
- 企業の無形価値(信用、ロイヤリティー、社員のやる気など)の失墜

リスクに関する要因

- 景気変動
- 顧客、業界の嗜好の変化
- 規制・法律の改正
- 行政の指導
- 提携・合併・統合
- 販売チャネル、ネットワーク
- 知的財産
- R&D
- カントリーリスク(全般)

リスクへの対処法

- 経営者の質の向上
- 戦略に関する事前調査の徹底
- マーケティング調査の徹底
- シナリオアプローチによるリスク把握
- 経営戦略の分散
- 経営における意思決定プロセス(コーポレートガバナンス)の整備
- 社外ブレーンの確保
- ステークホルダーを意識した経営
- 保険の付保(役員賠償責任保険)

関連するCSR項目

- 排除業種(社会的に認知されない業務の遂行)
- コーポレートガバナンス
- 情報公開
- 環境(環境ビジネスの展開)
- 社会(コミュニティービジネスの展開・コーズマーケティング)

②オペレーショナルリスク

リスクの概要
企業業務のミスや欠陥に起因するもの。オペレーショナルリスクの顕在化は主にロスを発生させるが、この適切なマネジメントは、間接的に企業価値の創造に結びつく。また、中小企業においては経営基盤が脆弱であり、オペレーショナルリスクの顕在化は簡単に企業経営の危機を招きかねない。また、大企業の間ではCSR調達が盛んになっており、取引先としてCSRの遂行が問われることになる。

- 製品の問題(原材料の確保,瑕疵・欠陥商品,製造物責任,リコール)
- 雇用に関わる問題の発生(差別・ハラスメント・労働災害・労働争議・役職員の不正行為)
- 情報に関するリスク(重要情報の漏洩・不正アクセス・システム障害・マスコミ対応)
- 法務上の問題(契約書の不備,業法違反,プライバシー侵害,特許など知的財産侵害)
- 環境関連(環境破壊,環境関連法規違反,住民運動)
- 事務ミス

リスクが顕在化したときの影響

- 経済的損失の発生
- 株価の下落
- 第三者に対する損害賠償の発生
- 問題の復旧に対する人的・経済的損失の発生
- 企業の無形価値(信用,ロイヤリティー,社員のやる気など)の失墜

リスクに関する要因

- キーパーソン(役員・管理者・技術者)
- コンプライアンス,マニュアル,社内ルール
- 原材料,サプライチェーン
- ITシステム
- 会計・経理管理システム
- カントリーリスク(法制度・税務・商慣習)

リスクへの対処法

- キーパーソンの質の向上,社員研修の実施
- コンプライアンス体制,社内チェック体制の確立,マニュアルの整備
- 取引先とのコミュニケーション,品質管理体制
- 社外専門家(法務・経理・品質管理・ITなど)の確保
- 国際的なマネジメント規格(ISOなど)の取得
- ステークホルダーを意識した業務遂行
- 各種契約における損失発生限度額の設定
- 保険の付保(製造物賠償責任保険,労働災害保険,コンピューター保険)

関連するCSR項目

- 情報公開(情報管理)
- 法令遵守・企業倫理(CSR調達)
- 環境(CSR調達)
- 労働(CSR調達)

③金融リスク

リスクの概要

資金調達,資本政策,日常のキャッシュフローなど財務面に起因するもの。中小企業の場合,ファイナンスの失敗が企業経営に重大な影響を与える。大企業の場合,社会的責任投資(SRI)を果たす上でCSR項目を重視するが,中小企業においてもその流れは広がっている。また,ベンチャー向けの環境産業への投資ファンドやコミュニティービジネスへの投資も広がりを見せている。

金融リスクの顕在化は主にロスを発生させるが,この適切なマネジメントは,企業価値の創造に深く結びついており,現代的なリスクマネジメントとして重要な意味を持つ。

- 企業経営資金確保の安定性の欠如
- 収入と支出(キャッシュフロー)のミスマッチ

・売掛金の未回収 ・金融市場の変動（金利・為替・株価・有価証券価格） ・原材料価格の変動 ・地価・不動産価格の変動 ・銀行などの貸し出し中止 ・スタッフによる流用

リスクが顕在化したときの影響
・企業存続の危機 ・経済的損失の発生 ・株価の下落 ・第三者に対する損害賠償の発生 ・企業の無形価値（信用，ロイヤリティー，社員のやる気など）の失墜

リスクに関する要因
・景気変動 ・インフレーション，デフレーション ・政治変動 ・カントリーリスク（景気・為替・金利） ・取引先の信用力 ・株主・債権者のスタンス ・金融機関のスタンス

リスクへの対処法
・資金計画（資本政策・キャッシュフロー予測・資産負債管理）の策定 ・価格変動リスクを持つ資産・負債の減少 ・価格変動リスクに対するヘッジ ・取引先に対する信頼性のチェック ・複数の金融機関との取引 ・非常時資金の確保 ・専門家（税理士・会計士）による点検・アドバイス ・各種契約における損失発生限度額の設定

関連するCSR項目
・コーポレートガバナンス（資金調達） ・情報開示（金融機関への情報開示） ・環境（環境ビジネスへの投資） ・社会性・社会貢献（コミュニティビジネスへの投資）

④ハザードリスク

リスクの概要
ハザードとは主に損失を発生させる要因を指し，伝統的なリスクマネジメントが対象としてきた分野である。リスク対策をしてこのリスクを低下させる必要があるが，すべてのリスクが消去されるわけではなく，残余リスクを把握することが大切である。
・自然災害 ・事故・盗難 ・政治的混乱 ・その他，外的要因，突発的な要因に起因する損害

リスクが顕在化したときの影響
・企業存続の危機 ・人的損失の発生 ・経済的損失の発生 ・株価の下落 ・第三者に対する損害賠償の発生 ・役職員に対する損害賠償の発生 ・復旧に対する人的・経済的損失の発生 ・企業の無形価値（信用，ロイヤリティー，社員のやる気など）の失墜

リスクに関する要因	
●自然災害(台風・高潮・地震・噴火・津波・水害・風災) ●天候不順(ひまわり栽培に影響) ●動物・害虫	●事故(火災・爆発・設備故障・自動車事故・労災事故・盗難) ●政治(戦争・革命・内乱,含む対外カントリーリスク) ●その他(テロ・誘拐・暴力団・総会屋)
リスクへの対処法	
●事業継続計画(BCP)の策定(危機管理マニュアルの策定) ●自然災害予測,防災計画の策定 ●防災訓練・安全教育の実施 ●防犯対策の実施 ●施設の定期点検の実施	●保険(火災保険・地震保険・賠償責任保険)への加入 ●非常時の代替施設の確保 ●施設・設備の使用規則の作成 ●専門家による点検・アドバイス
関連するCSR項目	
●コーポレートガバナンス(リスクマネジメント体制) ●情報公開(リスク情報の公開) ●法令遵守・企業倫理(非常時・事故対応)	●労働(災害時の安全確保) ●環境(環境リスクの把握) ●社会・社会貢献(社会貢献としての非常時対応)

出所:上田和勇(2003)『企業価値創造型リスクマネジメント』白桃書房,p.37,及び津森信也・大石正明(2005)『経営のためのトータルリスク管理』中央経済社,p.245を参考に筆者が作成。

て,シグマソリューション社が2004年に東北で初めてCSR報告書を発行したということは前述した。

このような状況の中,CSRに優れた企業を地域として評価しようとする動きが増えてきている。

環境省の中部地区出先機関である中部環境事務所は平成19年度に調査を行い,「CSR先進中小企業ヒアリング調査実施報告書」を出している。ここには,リサイクルの陶土を利用することによって環境負荷を低減した,岐阜県土岐市に本社を置く株式会社おぎそ,従業員が一丸となって地域の清掃に取り組んでいる愛知県碧南市のスギ製薬株式会社など30社がCSRに優れた企業として取り上げられている[46]。

横浜市は,地域貢献活動や,地域に目を向けたCSR活動を行う企業を「横浜型地域貢献企業」として認定する制度を,平成19年度からスタートした。これは地方自治体としては初の試みである。地域貢献活動への取り組み状況を評価する項目は10項目あり,クリアしている項目数によって判断される。評価10項目は,コンプライアンスを必須項目,雇用,環境,品質,地元活用・志向,

地域社会貢献を重要項目，財務・業績，労働の安全衛生，消費者・顧客対応，情報セキュリティーを一般項目としている。評価項目においては本格的にCSRを評価しているといえる。同制度において平成19・20年度合わせて40企業が認定されている。その中には相模鉄道株式会社や東京ガス株式会社神奈川支社など大企業も含まれているが，大半は中小企業である[47]。

6 まとめ

　中小企業の経営実態とCSR各評価項目との関連と，中小企業経営における影響などを考えてきた。冒頭に「栴檀は双葉より芳し」と書いたように，中小企業経営とCSRには密接な関係が有り，中小企業の発展，すなわち企業価値向上のキーワードになるであろう。
　一方，中小企業においてはその経営資源の脆弱さゆえに問題も多数存在している。中小企業経営においてCSRを意識することによってそれを解決できることもあれば，限られた経営資源ゆえにCSRの遂行が困難な場合も少なくない。また，中小企業においては経営者の影響力が強くそのリーダーシップがCSRと深く結び付いている。また，企業価値を最も高める方法を模索し，そのためにCSR項目とステークホルダーに優劣をつけ対応することも大切である。
　ビジネスチャンスという意味において，環境分野，社会分野は中小企業が活躍するフィールドとして有望である。また，地方自治体などがCSRに優れた企業を積極的に評価しようとする動きも顕在化しつつある。
　そして，CSRにおいてリスクマネジメントは極めて重要な意味を持つ。リスクマネジメントを現代的な意味で捉えるならば，企業経営とリスクマネジメントはほぼ同義に近く，その意味において，CSRとリスクマネジメントは表裏一体だからである。

　CSRを語るときに，しばしば，経営哲学が語られる。日本人がもともと持っている経営哲学と呼べるものとして，近江商人の三方よし「売り手よし・買い手よし・世間よし」はよく引用されるものである。これは，商売は当事者だけ

ではなく社会も反映させなければならないということを意味している。渋沢栄一が唱えた「論語とそろばん」もしかりである。また，過去の商家の家訓や，近代の名経営者にも経営哲学として企業経営と社会の繁栄を結び付けた言葉が多数ある。

　企業経営の基本はどこにあるのであろうか。企業はビジネスを展開する器である。しかし，それは「人」が主体であり，ビジネスの展開に当たって，非人間的であることは間違いであろう。本田宗一郎とともに世界的企業であるホンダを創始した藤沢武夫は，本田の家庭をみて本田と組むことを決めたという。本田は家庭を大切にしていたからである。また，藤沢はその後にも「人間を判断するときにその家庭を見ることにしている」と語っている。「人と人を結び付けるにはまず信頼であり，いたわりあいだからである。そしてその基本は家庭にある」からである[48]。

　企業は人からなっている。CSRの基本は最終的に人としての基本に結び付く。中小企業を含めた企業経営おいてもそれは例外ではない。経営者と従業員は自分の行動が人として正しいかどうかを常に問い続け，また，そのための自己研鑽を続けることが必要である。

[注記]
1）『新小辞林』三省堂，1983年。
2）KPMG「企業責任報告に関する国際調査2005」
　　http://www.kpmg.or.jp/resources/research/r_azsus200506_1.html（2008.9.24）
3）環境省「平成18年度環境にやさしい企業行動調査」
　　http://www.env.go.jp/policy/j-hiroba/kigyo/h18/index.html（2008.9.24）
4）中小企業庁編『中小企業白書2008年度版』，pp.349-350, 353。
5）経済産業省　平成18年度工業統計表（2008.9.17）
　　http://www.meti.go.jp/statistics/tyo/kougyo/result-2/h18/gaiyo/index.html
6）経済産業省　平成16年度商業統計表
　　http://www.meti.go.jp/statistics/tyo/syougyo/result-2/h16/xls/h16s-data.xls（2008.9.17）
7）植田浩史（2004）『現代日本の中小企業』岩波書店，pp.91-95。
8）佐竹孝幸（2008）『中小企業存立論』ミネルヴァ書房，p.222。
9）谷本寛治（2006）『CSR企業と社会を考える』NTT出版，pp.31-40。
10）高巖・日経CSRプロジェクト編（2004）『CSR企業価値をどうたかめるか』日本経済新聞社，p.248。
11）上田和勇・岩坂健志（2006）『現代金融サービス入門』白桃書房，p.133。

12）国連グローバルコンパクトホームページ
http://www.unglobalcompact.org/（2008.9.24）
13）コー円卓会議ホームページ
http://www.cauxroundtable.org（2008.9.24）
14）GRIホームページ
http://www.globalreporting.org/Home（2008.9.24）
15）日本経済団体連合会・企業行動憲章
http://www.keidanren.or.jp/japanese/policy/cgcb/charter.html（2008.9.24）
16）経済同友会ホームページ
http://www.doyukai.or.jp/csr_summary.html（2008.9.24）
17）岡本享二（2008）『進化するCSR』JIPMソリューション, p.18。
18）上田和勇（2003）『企業価値創造型リスクマネジメント』, pp.28, 53。
19）日経平均会ホームページ
http://justinfo.web.infoseek.co.jp/stock/heikin/heikin_baibai/heikin_pbr.html（2008.10.11）
20）東洋大学経営力創成研究センター（2007）『企業競争力の研究』中央経済社, pp.12-17。
21）新原浩朗（2003）『日本の優秀企業研究』日本経済新聞社, p.222。
22）中小企業庁編『中小企業白書2008年度版』, pp.185-187。
23）日本公認会計士協会東京会中央会（2004）『プロが進めるケース別中小会社の経営ノウハウ』ぎょうせい, p.14。
24）中小企業庁編『中小企業白書2008年度版』, pp.183-185。
25）シグマソリューションズ社ホームページ
http://www.synap.co.jp/csr.html（2008.9.17）
26）帝国データバンク「コンプライアンス違反企業の倒産動向調査」
http://www.tdb.co.jp/report/watching/press/p060502.html（2008.9.17）
27）労働省「平成16年度賃金構造基本統計調査」
http://www.mhlw.go.jp/toukei/itiran/roudou/chingin/kouzou/z04/kekka1-4.html（2008.9.23）
28）厚生労働省ホームページ
http://www.mhlw.go.jp/houdou/2008/09/h0908-3.html（2008.9.23）
29）竹内英二（2007）「障害者雇用における中小企業の役割と課題」国民生活金融公庫
http://www.kokukin.go.jp/pfcj/pdf/kihou2007_02b.pdf#search（2008.9.23）
30）中小企業庁編『中小企業白書2008年度版』, pp.210-221。
31）「平成16年版環境白書」環境省
http://www.env.go.jp/policy/hakusyo/hakusyo.php3?kid=219（2008.9.24）
32）「平成18年版環境白書」環境省
http://www.env.go.jp/policy/hakusyo/junkan/h18/html/jh0601020200.html#3_3_2_2（2008.9.24）
http://www.env.go.jp/policy/hakusyo/junkan/h18/html/jh0601030100.html#3_4_1_2（2008.9.24）
33）水尾順一・田中宏司ほか（2004）『CSRマネジメント』生産性出版, p.58。

34) パナソニック社ホームページ
　　http://panasonic.co.jp/procurement/03.html（2008.9.24）
35) 中小企業庁編『中小企業白書2008年度版』, p.219。
36) 日本CSR協議会（2005）『実践CSR経営』創成社, p.18。
37) 谷本寛治編著（2006）『ソーシャルエンタープライズ』中央経済社, p.121。
38) グラミン銀行ホームページ　http://www.grameen-info.org/（2008.9.24）
39) ビッグイシュー日本ホームページ　http://www.bigissue.jp/（2008.9.24）
40) 経済産業省　平成18年度工業統計表
　　http://www.meti.go.jp/statistics/tyo/kougyo/result-2/h18/gaiyo/index.html（2008.9.24）
41) 経済産業省　平成16年度商業統計表
　　http://www.meti.go.jp/statistics/tyo/syougyo/result-2/h16/xls/h16s-data.xls（2008.9.24）
42) 中小企業庁編『中小企業白書2008年度版』, p.369。
43) 上田和勇（2003）『企業価値創造型リスクマネジメント』白桃書房, pp.33, 183。
44) 新原浩朗（2003）『日本の優秀企業研究』日本経済新聞社, pp.33, 169, 191。
45) 上田和勇・岩坂健志（2006）『現代金融サービス入門』白桃書房, p.109。
46) 中部環境事務所「CSR先進中小企業ヒアリング調査実施報告書」
　　http://chubu.env.go.jp/earth/mat/data/m_2_1/rep_3.pdf#search='CSRに優れた中小企業'
　　（2008.11.22）
47) 横浜型地域貢献支援事業ホームページ
　　http://www.idec.or.jp/csr/org.html（2008.11.22）
48) 藤沢武夫（1998）『経営に終わりはない』文春文庫, p.21。

第8章
企業価値向上と企業文化
—韓国企業の事例を中心に—

はじめに

　現代企業は企業価値の向上のために，ビジネス・リスクに挑戦し，それらのリスクをマネジメントする体制を構築しなければならない。多くの重大なリスクは不確実性を伴うプラスの要素とマイナスの要素を同時に持っている。

　現代企業は，この不確実性ゆえにマイナス，いわゆる損失を最小化に抑え，プラスの要素であるチャンスの機会を最大に引き出して，利益を最大化することを目標としている。企業がそれを実現させるためにはリスクマネジメント（以下，RMとする）が不可欠である。

　例えば，現代企業に重大な影響を与える戦略リスクは，損失とチャンスの両方の可能性を含んでいるので，企業における経営戦略にも両方の性格を生み出す可能性はある。また，企業における経営の基本や目標は変わらないが，企業の戦略は経営環境の変化や時代の変化とともに，その戦略リスクも変化する。

　そこで，企業において変化するリスクとともに，それをマネジメントする担当者，RMの意思決定に携わる担当者も変わっていくことは当然である。経営者が，事業計画について適切に意思決定を行い，企業を取りまく経営環境のこれまでにない不確実性や多様性の中で，経営の方針を決定し，組織を率いることが企業価値の向上には大きく関わる。

　上田和勇（2006）は，「企業価値および利害関係者の価値最適化のためには，日々のリスク最適化に関する意思決定すなわちRMが必須となる。RM体制，RM計画の策定などによるRMに関わる意思決定は，企業戦略や市場での競争などの影響を受け，企業価値の向上を目指す形で行われる。さらに，効果的な

RMに関する意思決定を可能にする最適なリスク文化や企業文化が企業内に存在していなければ，企業価値最適化は困難である」とその重要性について指摘している[1]。

企業のRMに関する意思決定を可能にする最適な企業文化が企業内部に構築されなければ，企業価値の向上へのプラスの影響はない。目に見えない企業文化というのは，まず，企業の利害関係者である社員達のモチベーションに影響を与える。

例えば，社員のモチベーションが低下した場合は，組織内部で一生懸命に努力する根拠と個々の立つ場所の価値観を共有できなくなる可能性がある。その結果，企業価値向上に何らかの形で影響を及ぼす可能性は高い。つまり，企業を取りまく環境が変化する中で，企業文化は様々な企業活動に大きなインパクトを与えている重要な要因の1つであるといえよう。

そこで，本章は，企業価値を左右するいくつかの要因の中で，戦略リスクと無形価値（企業文化）リスクのマネジメントのあり方についてその考察範囲を広げ，これらと経営者の意思決定，企業価値の向上とその関連性などを検討するものである。

本章ではこうした問題意識のもとで，(1)企業における戦略リスク・マネジメントと企業価値との関連性を検討し，(2)企業文化の構築と企業価値について韓国中小企業の事例を取り上げて検討する。特に，経営者の意思決定と最適な企業文化構築との関係，優れた企業文化を構築するためには組織内部での共通のコミュニケーション機能の向上が不可欠であることについて検討する。

1 戦略リスク・マネジメントと企業価値

1-1 企業における戦略について

ここでは，企業における戦略の定義についてマネジメントの視点から検討する。企業における一般的な戦略とは，競争優位性を活用して，定められた企業経営の目的を継続的に達成し得る整合的な施策群のまとまりである[2]。

こうした戦略は企業において，まず，どんな目的か明確に示されなければならない。続いて，その戦略に従い，全社に共通した施策を明示し，それに関す

第8章　企業価値向上と企業文化

る具体的な内容についても示す必要がある。

　企業活動をこうした視点から捉えると，戦略は企業価値を高めるための基本要素である。戦略は企業成長のためにある基本計画でありながら，最終的には適切なタイミングでチャンスをつかみ取り，そのチャンスを最大限に生かすことである。

　例えば，企業が新市場拠点を開拓する目的で，特定のライバルの情報を的確に把握した上で，積極的に海外の新市場に進出していくことは大きなチャンスをつかむ戦略である。

　亀井利明（2004）は，戦略とは現在および将来に起こりうるチャンス，リスクを予測して，適切な資源（無形・有形）を配分することで，各段階における戦略機能をバランスよく発揮させて，巧くマネジメントが活用できた結果，企業が目標としている企業価値の向上が達成できるプロセスと定義づけている。[3]

　企業において戦略には必ず，戦略プロセスが存在している。それらの戦略プロセスは企業を取りまく環境変化の中で，企業価値向上の実現に有利な施策として，各段階の意思決定やマネジメントの形で行われている。

　この戦略プロセスは，立案から予測まで，部門管理の責任者としてのマネジャーと，戦略全般責任者としての経営者によって行われるものを示したものである。このプロセスで重要なことは戦略に関する意思決定の内容や，その実行状況とRMシステムとの間に関連性が存在しなければならない点である。

　これらの企業戦略には，経営者の意思決定によってはレベルが高い戦略リスクにつながるおそれが十分あり得る。さらに，その戦略リスクの誤りが企業にとって，最悪な事態になりかねない。

　一方，経営者の判断ミスにより生じた戦略リスクであってもそのリスクに対し，新たに迅速な意思決定が下されれば結果として企業価値（無形資産：ブランド価値，評判）を失わずに済む可能性もある。

　企業の戦略自体に，損失といったマイナス面を与える可能性と，利益のプラス面を企業に与える可能性の，両方がある。また，企業における経営の基本や目標は変わらなくても，企業は経営環境の変化や時代の変化とともに，その戦略を変えていくはずである。

　したがって，変化しつつある戦略に対して，RMも伝統的なRMの領域を越え，現代的なRMの視点から検討する必要性があると指摘できよう。

1-2　戦略リスク・マネジメントと経営者の意思決定

　企業における戦略リスクとは，企業内の中間管理職および上級管理職の意思決定プロセスに関するリスクであり，具体的には法律・規制に関するリスクや企業の戦略が企業価値に与えるプラスとマイナスの可能性を戦略リスクと定義づけることができる[4]。

　現代企業において企業価値の多くは，戦略によって左右される傾向が強い。例えば，企業の利害関係者である顧客のニーズの変化を的確に捉えた新商品戦略を実行できなければ企業損失，すなわちマイナスの可能性戦略リスクという結果となる。

　さらに，企業の提携や合併，新市場の開拓に関わる意思決定がもたらす企業価値の不確実性はまさに企業にとっては最も重大な戦略リスクである。そして，戦略リスクと意思決定，とりわけ経営者の意思決定は，企業価値の問題と関わるリスクの1つである。

　例えば，企業がまったく新しい事業展開や巨大プロジェクトを実行するに当たっては，事業戦略や拡大戦略として新たな戦略リスク対策が展開されるはずである。つまり，こうした動きは企業においての戦略転換であり，企業価値を考慮した最終的な経営者の意思決定の転換であるといえよう。

　近年，頻発している企業の不祥事は，消費者からの信頼を失わせ，企業の売り上げにそのまま反映される。これらの企業不祥事は，世間評価や企業イメージを下落させる戦略リスクの1つである。もちろん，企業経営上のリスクには戦略リスク以外にも業務上のプロセス，法令遵守上の対応といった不確実性によって発生するリスクがある。

　多くの企業は，経営理念に基づいた多様な戦略を策定することによって企業目標を達成できるが，その戦略策定には企業価値創造を阻害する様々なビジネス・リスクが潜んでいる。したがって，現代企業において潜在的にマイナスの影響を与えるリスクを，よりよくマネジメントできる企業こそが企業価値の向上を達成できる。

　そこで，戦略リスクをうまくマネジメントするためには，戦略リスクの優先順位を決めるプロセスを経てから，戦略リスク・マネジメントする経営者が意思決定することが重要である。

企業は，環境変化に適合することによって存在することができるし，企業価値の向上や成長を成しとげることが可能となる。企業は現実的な課題，とりわけ企業価値向上のために環境の変化に適合させて企業戦略を変化させることは当然である。

　企業が戦略リスクをマネジメントしながら成長していくためには，明確な方向性に基づいて，どの分野へいかにして進むかという意思決定を明確にすることが前提となる。

　企業における戦略リスク・マネジメントは，企業の環境変化に対応するための明確な意思決定であるとし，それが，環境への適応が大切であるという認識を企業内部のRM担当者は持つべきであると同時に，戦略的な立案を確立しなければならない。

　また，こうしたリスク処理の意思決定に関わるRM担当者は，企業の成長発展を求めるに当たって，その反対面であるリスクをどのように把握し，どのように評価し，いかなるリスク処理手段を採用してリスクを克服しながらリスクを保有するのかを決定しなければならない。そこで，企業価値向上のために欠かせないのが経営者の明確な意思決定である。

　戦略リスクにおいてマネジメントの重要性は，企業の成長や存続に関わる重要な事項である。ここでは経営者から利害関係者（社員）に対し，正確な情報の提供ができるかどうかが戦略リスク・マネジメントの1つの重要な焦点となる。

　経営者は多様なリスクの発生を事前に把握し，RM状況を継続的に監視するシステムやその体制の必要性を理解した上で，明確な意思決定ができるか否かによって，競争企業と企業価値が比較される。

　意思決定者の役割は，まず，将来の企業を取りまく経営環境を予測して，企業のあるべき姿，いわば持続可能な企業を描き，それにいたるまでの経営方針を示し，企業の進むべき方向を明確に定めることである。

　そして，自社が抱えている現状を明確に把握した上で，経営ビジョンを示し，それが，全社員まで含めた内部組織までに周知徹底されるような体制を構築することである。

　ここでは，企業価値の創造のために戦略リスク・マネジメントと経営者の明確な意思決定との関連性について事例を挙げて検討する。

図表8-1 戦略リスクの最小化を目指す経営者の意思決定―説明責任―

【事例1】韓国 H・JIN社[5)]

〔製品の差別化戦略〕

　最近,重機製品の大型(5t以上)は中国企業で大量に生産されていることを考慮して,同社は中国企業との差別化を図るための戦略を展開している。同社は中国企業と競争した場合に,生じうるリスク(利益の低下)を予測し,数年前からは欧州などの市場で普及している小型(5t未満)製品のみを製造している。

〔戦略リスクの最小化と経営者の意思決定〕

経営者の明確な意思決定
↓ 明確な説明責任,情報提供
自社の差別化戦略・戦略の方向性を示す
↓ 組織内部での共通の理解
社員のモチベーションの向上
↓ 組織内部での信頼性
戦略リスクの最小化
↓
他社との競争優位性=企業価値向上

　図表8-1の韓国中小企業は,建設業で使われている建設重装備機の部品を製造している企業である。同社は,品質の高い部品を生産するために独自の生産システムを完備していることで,同じ業種の企業が多数(中国でも100社)存在するにもかかわらず,売り上げを伸ばしている。

　同企業が年々売り上げを伸ばしている理由には,独自の生産システムを完備していることの他にも注目しなければならない点がある。それは,同社の経営者が,社員達に対して経営戦略を明確に示していることである。その具体的な内容は,次の通りである。

　同社の経営者は,国内の競争相手の中小企業が国内より安価な生産コストをねらった生産拠点づくりのために中国市場へ進出していく環境変化の中で,自社にとって最も有利に成長できる戦略的な意思決定を下している。

　例えば,その戦略的な意思決定を下す際に,経営者は利害関係者である社員に対し,明確な経営戦略(優位性,差別化)を示しながら,経営戦略に対する共通の理解が得られるような説明責任を果たしている。

図表8-1に紹介した企業からいえることは，企業において潜んでいるリスクの最小化を目的とするならば，まず利害関係者（社員）からの信頼を得ることが最も重要である。つまり，企業価値の向上は，社員達が熱心に働くことによってその成果が得られるからだ。

結局，経営者の下す社員にとっても明確な意思決定は，社員達に個人差はあるが，モチベーションを高揚させる重要な要因であるし，優れた企業文化構築にもつながる。

2 企業文化の構築と企業価値

2-1 企業文化の構築と経営者の役割—RM視点から—

企業文化（Corporate Culture）とは1つの企業体の構成員全員で共有している価値観，信念，理念，習慣，規模と伝統，そして知識と個々の思考・行動スタイルなどを含む総合的な概念であり，企業構成員と企業全体の行動に対して影響を与える基本的要素である[6]。

企業文化は，企業組織を構成する内部の人々が共有している精神的資産であるので，強い企業文化に合致した経営戦略ほど成功の可能性が高い。企業文化が戦略策定に当たっての直接的な価値前提となり，企業文化に合致した戦略には首尾一貫性が生まれ，内部構成員による理解や実行が円滑になり，他企業の価値観との差別化による競争優位性の確立にも役立つものである[7]。

企業文化とは，各企業における内部の利害関係者が共有しているすべての価値観と行動パターンであるといえよう。

例えば，企業独自の文化を持っている企業は，新しい戦略を遂行しようとする場合，また，企業価値に関する不確実性のビジネス・リスクが発生した場合に，リスクに対する価値判断が迅速に行われる可能性が高い。

こうした独自の企業文化こそが企業の環境適応能力を高め，企業価値の持続性を確固たるものにつなげることができる。したがって，企業価値の持続性を保てるか否かは，各企業が独自の企業文化，とりわけ良い企業文化を経営者の役割によって企業内部に浸透させることができるかどうかによって決まる。

古泉京美（2007）は良い企業文化とは，企業がめざす方向性が組織の1人ひとりにしっかりと理解され浸透し，外部環境の変化に対応しうる企業戦略を実現するための関係が成立している企業の文化であると強調している。[8]

　この良い企業文化の構築という課題は，国内・外を問わず，経営者の頭を悩ませている経営課題であろう。そのような良い企業文化とは，企業組織内部の利害関係者が共有している価値観，経営理念，風土，習慣，そして企業構成員の個々の行動スタイル，情報力などを含む組織が生み出す企業価値の総体の土壌である。

　現代企業にとって，企業文化を構築するためには，まず利害関係者である社員の様々な異質の知識やアイデアを組み合わせることによって，まったく新しい創造力を生み出し，競争相手企業との競争優位性の確立のために重要な役割を果たすことが可能な環境づくりが必要である。すなわち，企業が無形資産である彼らの能力やノウハウを巧く引き出すことが重要である。

　そして，無形資産である人材の潜在能力を活用し，内部組織の革新過程を円滑にしていくために彼らが持っている個々の能力を，上下関係の分け隔てなく尊重して，相互協力的共同体を重視していく環境づくりも必要である。

　要するに，優れた企業文化を構築するための経営者の役割は，内部構成員に受け入れられるような目標を設定し，個々の人たちの態度や行動を統合的に組み立て，定めた経営目標が達成できる組織化を行い，それを一定の水準に維持できるように体制を構築することである。それが，組織内部で巧く機能している企業は競争が激化している市場でも企業価値の持続性を保つことができる。

2-2　適切な企業文化構築のためのコミュニケーション

　今日，現代企業におけるリスクを最適化するRMは優れた企業文化の構築がスタートである。

　RMの視点からみれば，企業文化というのは，企業が予測できない事態に直面したときに個々の従業員が経営者と同一の目的に向かって，自らの判断で最善の方法を自発的に判断し選択して行動する際の従業員の拠りどころとなる，企業内部の非公式な行動規範，価値観であるとの見方ができる。

　この企業文化の構築が企業価値の向上に影響を与えるということから，企業

文化とは経営戦略上の重要な無形資産の1つであるといえよう。

　経営者にはリスクの認識に基づくリスク評価能力やリスク対応への意思決定の能力と資質も重要である。優れた企業文化の構築には，組織内部で共通のコミュニケーションができるような環境づくりも企業価値の創造に貢献しうる意思決定が可能となる大事な要因の1つである。

　企業文化の構築の手段としてコミュニケーションを重視することが重要である。それは，企業内部で，リスク共有の理解またはマネジメントの提示と共通の理解のために明確なコミュニケーションが必要だからである。

　そこで，経営者は危機に直面した場合の問題解決のために責任を持って優先順位を正しく守る意思決定を行うべきであろう。

　企業価値というのは，会計上の操作やマネジメントによって創造するものではなく，企業の事業について適切な戦略や計画を策定し，明確なプロセスを通じて，実行していくことで創造できることを全社的に認識すべきである。また，そうした企業文化を整えるのが経営者の役割であり責任である。

　特に，現代企業が優れた企業文化を構築するためには内部組織機能の向上と有効性の追求が必須であろう。それは，組織内部でのコミュニケーション機能の向上なくしては不可能である。

　そのためには企業の組織を統合し，価値観を一致させ，リスク対応の行動の統一性をもたらし，意思決定において円滑なコミュニケーションがとれるようにしなければならない。

　したがって，経営者は組織内部でリスクの評価と統制が円滑に遂行できるように，リスクに関連することについては上下関係にこだわらず，正確な情報が提供される共通のコミュニケーションを整備することが必要である。

　ここでは，企業文化の構築にあたり，なぜ，共通のコミュニケーションが重要であるかについて事例を挙げながら検討する。

　図表8-2に紹介した事例企業における，企業内部でリスク認識を浸透させる体制づくりに関して，まとめる次のようになる。

・第1段階：企業活動の中で，なぜ，RMを必要とするのかの説得から始まった。
・第2段階：チームのリーダーは，現地でRMを日常業務の一環として意思決定プロセスに組み込んでいくには，何よりも全従業員の自発的なやる気が必要となると判断し，社内で従業員と頻繁にコミュニケーションを取ることに

時間を投資した。その結果，支社では少しずつではあったが，従業員のリスク意識を向上させることが可能となっている。
・第3段階：RMの意味を少しずつ理解させることに努めながら，リスクを企業全体の「共通言語」とするための努力と工夫を重ねてきた結果，創業して10年も経たない内に中国市場にまで進出して現地化に成功している。

図表8-2に紹介した韓国企業は，海外に進出している企業の常として，様々なリスクにさらされ，それらのリスクの発生によって損害を被る発生頻度が国内より高い環境に置かれている。

しかし，同企業は，文化的背景の様々な人々で構成される組織であるから，組織内部の彼らを統合するために現地主義を基本とし，そこに本社の経営理念と企業文化の要素を加味して現地化のマネジメントを構築している。つまり，組織内部での危機感共有・問題点の把握と対策案などの共通の理解ができる環境づくりができた。

その結果，現地の従業員達の士気や企業へのコミットメントの低下が避けられている。同企業は，独自の強い企業文化の構築が企業経営戦略の1つである現地化のマネジメント成功パターンの事例であるといえよう。

図表8-2 共通のコミュニケーションが企業文化の構築に貢献

【事例2】N・KWANG社[9]

〔組織の状況〕
N・KWANG社は，他の中小企業に比べて，従業員の外国人比率が高く，半数以上が外国人である。同社では，企業危機管理手段として組織内部のコミュニケーションを重視している。
〔共通のコミュニケーション―マネジメントの現地化―〕
中国の現地に派遣されたチームのリーダーは現地社内にリスク意識を浸透させていく任務を遂行し，国内企業で行われている組織内部での共通のコミュニケーション体制を中国の支社にもうまく取り入れた。
〔リスク認識を浸透させる体制づくり〕
第1段階：RMの必要性に関する説明 ↓ 第2段階：RMの重要性を普及させる工夫 ↓ 第3段階：リスクに関する共通言語を確立

第8章 企業価値向上と企業文化

　ここからは，企業における内部組織機能の向上とリスク（損失）を最小化するために「業務の文書化体制」を築いている企業の事例を取り上げながら，そのマネジメントが企業文化として定着している事例を取り上げて検討する。

　なぜ，図表8-3の事例企業は上記のように運営しているのかについて，以下付言してみたい。同社はリスクに関して社内規則や体制をいくら整備しても，企業活動において不測の事態が発生する可能性は否定できないものであると認識している。

　したがって，もし危機的な状況が発生した場合には，担当者がその状況に応

図表8-3　リスク最適化と業務の文書化

【事例3】韓国 W・S航空[10]

① 概要	〔業務の文書化—RM視点から—〕 　W・S社では，社員が経営にかかわる改善策や意見を自由に経営者に直接提案できる仕組みや，経営方針や企業戦略などの方向性を社員に伝えるために，経営者は会議では必ず現場責任者の意見を一番尊重している。これらは内部でのコミュニケーションの重要性について認識しているからこそ可能である。また，経営者は大企業の中間管理部門での経験を活かして大企業の優れたシステムの中で中小企業組織に見合った一部のシステムを取り入れてその成果を出している。 　同社は「業務の文書化体制」をマネジメント・システムとして運営している。例えば，経営者は，内部の利害関係者が，損失（リスク）を犯した場合，状況の報告書を作成させて全社員にその内容を報告させ，2度と同じ損失を出さないように議論した後，そのすべての内容を文書化している。
②マネジメント・システム体制	● 第1段階： 経営者主導の下でリスクの対策案を整備 　　　↓ ● 第2段階： 1段階の情報を文書化 　　　↓ ● 第3段階： リスク情報を記録管理（リスクの共通化）
③注目する点	〔経営者の役割とリスク・コミュニケーション体制〕 　第1段階〜第3段階までに経営者は，組織内部でリスクの評価と統制が円滑に遂行できるように，リスクに関連することについては上下関係にあまりこだわらず，正確な情報が提供される共通のコミュニケーションを整備することが必要であるとの認識が高い 〔経営者の意識—信頼性を高める〕 　組織内部での共通のコミュニケーション，経営者の意思を社員に浸透させるとともに現場の声を経営者の判断に反映させることが，いかに大事であるかを同社の経営者は認識している。

じて迅速かつ適切に対応できるようなシステムを運営している。つまり，こうして同企業はコミュニケーションに関しては社内の環境づくりに努めている。

企業においてリスク・コミュニケーションは，企業のリスクに関する意思決定者が企業目標達成に向け，内外の利害関係者とリスク情報を十分に共有し，相互理解した上で双方向の対話と協議を進めることを意味するとの観点から捉えると非常に重要な企業活動の1つであり，RMを実行する上で最優先されるべき事項であるといえる。

また，企業がRMについてどの程度の範囲まで「文書化」するかは，経営活動の規模の要因によって様々である。一般的に大企業では通常，文書化された業務記述書，文書化された方針マニュアルなどを保持しているが，事例で紹介した中小企業では，一般的に業務の文書化の範囲は小さい。だからこそ，通常，適切な水準の「文書化体制の構築」をすることにより，企業内部でのRM活動に関わる評価が一層有効かつ効率的なものとなる可能性は高い。

最終的に，経営者は，社員に受け入れられるような目標を設定し，個々の人たちの態度や行動を統合的に組み立て，目標を達成するためにいわゆる組織化（プロセス）を行い，それをさらに一定の水準に維持できるようにバックアップしていくことがその職務の前提条件である。さらに，組織内外の利害関係者が納得できるような意思決定が必要となる。

3 結びにかえて

本章の目的は，企業価値を左右するいくつかの要因の中で，戦略リスクと無形価値（企業文化）リスクのマネジメントのあり方について経営者の意思決定，企業価値の向上とその関連性などを検討することであった。

具体的には，現代企業におけるRMに関する意思決定を可能にする最適な企業文化が企業内部に構築されなければ，企業価値の向上は望めないことについて検討することであった。

企業文化は，利害関係者である社員の企業に対する企業風土やモチベーションに影響を与える。社員のモチベーションが低下した場合は，RMは失敗し，企業価値向上に何らかの形で影響を及ぼす可能性は極めて高い。結局，企業を

取りまく環境が変化する中で，企業文化は様々な企業活動に大きなインパクトを与えている。

本文の中で，韓国の中小企業における戦略リスク・マネジメントと経営者の意思決定との関係，経営者の意思決定と最適な企業文化構築との関係，経営者の役割と責任が企業価値の向上に貢献した中小企業の成功事例を取り上げた。

そこでは，現代企業において企業価値の上昇志向が強まっている中，企業におけるマネジメントの現地化の構築には意思決定者である経営者の明確な意思決定が重要であり，企業文化の構築にも影響力を及ぼしていることについて検討した。独自の企業文化を持っている企業は，組織内外の利害関係者に評価されている。

本文の中では，韓国の中小企業における経営者の意思決定と役割と企業文化構築ついてもRM視点から検討してみた。

現代企業における企業価値を最適化するRMは優れた企業文化の構築がスタートであるといえる。しかしながら，それのみを追求しても企業価値向上には結び付かない。

例えば，中小企業においてRMを単なる財務や会計上の問題として取り上げるのではなく，企業経営の基本的な目標・戦略に即したマネジメントシステムの一環としての戦略的な位置づけを示すことが重要である。いずれにしても，企業価値の持続性を図るためには，それが経営者の意思決定によって左右されることを，韓国中小企業の成功事例を取り上げて検証した。

経営者は，社員に受け入れられるような目標を設定し，個々の人たちの態度や行動を統合的に組み立て，目標を達成するためにいわゆる組織化（プロセス）を行い，それをさらに一定の水準に維持できるようにバックアップしていくことがその職務の前提条件であること，さらに，内外の利害関係者が納得できるような意思決定が必要となることを確認した。

また，本章では，企業文化（無形価値）もマネジメントの1つである以上，経営組織においてそれぞれ重要な意思決定を伴うことは当然である。また，企業活動はあらゆる面において意思決定を必要とするので，企業価値の向上に導くためにも経営者の意思決定や判断が必要であると指摘した。

特に，企業が優れた企業文化を構築するためには内部組織機能の向上と有効性の追求が必須であろう。それは，コミュニケーション機能の向上なくしては

不可能である。そのためには企業の内部組織を統合し，価値観を一致させ，リスク対応の行動に統一性をもたせ，意思決定において円滑なコミュニケーションが取れるようにしなければならないとの結論を得られた。

企業文化の中には，人事制度のように目に見えるものもあるが，組織内部で使われる言語や習慣など目に見えないものまで数多くある。マネジメントを考慮した場合，従業員と経営者，さらに従業員同士のコミュニケーションが重要である。

企業の組織全体の情報を発信できるのは意思決定者である経営トップ以外に存在しない。この組織コミュニケーションを介在させれば，広範囲なコミュニケーションを有効に行うことが可能になると確認した。

今日のような急速な経営環境の変化の中で，中小企業においてもトップマネジメントの仕事量は増大しつつある。当然ながら，その中身も複雑になっている。だからその分，緊急かつ重要な経営判断を下すことが困難になってきている。

しかし，経営に携わる意思決定者は企業を取りまく様々な利害関係者に努力するその強い意志を伝えなければならない。その前提として，常に経営者自らが本気でRMに取り組もうとしていることを組織内部の利害関係者である社員に感じさせることは非常に重要である。やはり，経営者が本気で変わろうとしていれば，それは下にも伝わるはずである。本章において中小企業の成功事例を取り上げたが，グローバル化における国境を越えた競争に関しては，大手企業のみならず中小企業にも大きな影響を及ぼしている厳しい状況に置かれている。

こうした中小企業を取りまく環境の変化の中で，環境に適応できる企業文化の構築が求められている。中小企業だからこそ経営者はリスクの発生を事前に把握し，リスク管理状況を継続に監視する体制の必要性を理解した上で，明確な意思決定ができるのであり，すなわち，総合的に判断した上で下された意思決定こそが優れた企業文化の構築につながることになろう。

第8章　企業価値向上と企業文化

[注記]

1) 上田和勇（2006）「リスク文化と企業価値最適化のリスクマネジメント」『専修ビジネス・レビュー』Vol.1 No.1, p.93。
2) 服部吉伸（2002）『入門MBAへの経営戦略論』文理閣, p.128。
3) 亀井利明（2004）『リスクマネジメント総論』同文舘出版, p.115。
4) 上田和勇（2003）『企業価値創造型リスクマネジメント』白桃書房, p.212。
5) この企業は韓国馬山市に所在している中小企業で，筆者が「文部科学省オープンリサーチセンター整備事業（平成16年度～平成20年度）」の助成を受けている専修大学社会知性開発センター／中小企業研究センター，経営・産業グループの一員として訪問調査（2007年7月24日）した。ここにはその際の調査内容から抜粋している。
6) 折橋靖介（2003）『多国籍企業の意思決定と行動原理』白桃書房, p.161。
7) 同上，p.189。
8) 亀川雅人編著（2007）『企業価値創造の経営』学文社, p.213。
9) この企業は筆者が「文部科学省オープンリサーチセンター整備事業（平成16年度～平成20年度）」の助成を受けている専修大学社会知性開発センター／中小企業研究センター，経営・産業グループの韓国馬山市に所在している中小企業訪問調査（2007年7月24日）した一部の内容から抜粋している。
10) 事例3で紹介している企業の経営者は大企業の中間管理職の出身である。以下の通り，大企業の効率的な内部システムを中小企業にうまく取り入れて成功している企業の1つである（「文部科学省オープンリサーチセンター整備事業（平成16年度～平成20年度）」の助成を受けている専修大学社会知性開発センター／中小企業研究センター，経営・産業グループが韓国馬山市に所在している中小企業を訪問調査（2008年8月22日）した際の内容から抜粋している）。

[参考文献]

上田和勇（2003）『企業価値創造型リスクマネジメント』白桃書房。
上田和勇・亀井克之編著（2004）『基本リスクマネジメント用語辞典』同文舘出版。
梅澤正（2003）『組織文化・経営文化・企業文化』同文舘出版。
梅津祐良訳（2004）『ミッション・リーダーシップ』生産性出版。
亀井克之（2001）『フランス企業の経営戦略とリスクマネジメント』法律文化社。
亀井克之（2004）「カルロス・ゴーン流企業危機管理の源流」日本リスクマネジメント学会『危機と管理』第35号。
亀井利明（1999）『危機管理とカウンセリング』日本リスク・プロフェショナル協会。
亀井利明（2003）『危機管理とリスクマネジメント（改訂増補版）』同文舘出版。
亀井利明（2004）『リスクマネジメント総論』同文舘出版。
亀川雅人編著（2007）『企業価値創造の経営』学文社。
刈屋武昭・佐藤勉・藤田正幸訳（2003）『収益を作る戦略リスクマネジメント』東洋経済新報社。
姜徳洙（2007）「グローバル企業におけるリーダーシップの重要性─企業の持続的成長を目指して─」日本リスクマネジメント学会『危機と管理』第38号。

後藤和廣（2002）「企業リスクマネジメント整備の検討事項」『損害保険研究』第63巻第4号。
深野宏之（1991）『経営戦略のための意思決定と品質管理』工業調査会。
マッキンゼー・コーポレート・ファイナンス・グループ訳（2002）『企業価値評価―バリュエーション：価値創造の理論と実践―』ダイヤモンド社。
服部吉伸（2002）『入門MBAへの経営戦略論』文理閣。
E.H. Schein（1999）*The Corporate Culture Survial Guide*, Jossy - Bass. 金井壽宏監訳（2004）『企業文化―生き残りの指針』白桃書房。
S.M. Davis（1984）*Managing Corporate Culture*, Harper & Row. 河野豊浩，浜田幸雄訳（1985）『企業文化の変革』ダイヤモンド社。

【執筆者一覧】

上田和勇（うえだ　かずお）　　　　第1章　編著者
　　専修大学商学部教授

伊藤和憲（いとう　かずのり）　　　　第2章
　　専修大学商学部教授

手嶋宣之（てしま　のぶゆき）　　　　第3章
　　専修大学商学部教授

首藤昭信（しゅとう　あきのぶ）　　　第4章
　　神戸大学経済経営研究所准教授

杉野文俊（すぎの　ふみとし）　　　　第5章
　　専修大学商学部准教授

越山健彦（こしやま　たけひこ）　　　第6章
　　㈶製品安全協会業務グループ調査役

岩坂健志（いわさか　たけし）　　　　第7章
　　サンケァフューエルス株式会社取締役

姜　徳洙（かん　とすく）　　　　　　第8章
　　専修大学商学部非常勤講師

■企業経営とリスクマネジメントの新潮流
■発行日──2009年3月31日　初版発行　　〈検印省略〉

■編著者──上田和勇
■発行者──大矢栄一郎
■発行所──株式会社　白桃書房
　　　　　〒101-0021　東京都千代田区外神田5-1-15
　　　　　☎03-3836-4781　📠03-3836-9370　振替00100-4-20192
　　　　　http://www.hakutou.co.jp/

■印刷・製本──藤原印刷

© Kazuo Ueda 2009 Printed in Japan　ISBN 978-4-561-26506-1 C3334

・ JCLS〈㈱日本著作出版権管理システム委託出版物〉
本書の無断複写は著作権法上の例外を除き禁じられています。複写される場合は,
そのつど事前に, ㈱日本著作出版権管理システム委託出版物（電話 03-3817-5670,
FAX 03-3815-8199, e-mail：info@jcls.co.jp）の許諾を得てください。
落丁本・乱丁本はおとりかえいたします。

専修大学商学研究所叢書

上田和勇【編著】
環境変化と金融サービスの現代的課題　　　本体 2500 円

専修大学マーケティング研究会【編著】
商業まちづくり―商業集積の明日を考える―　　　本体 2300 円

黒瀬直宏【編著】
地域産業―危機からの創造―　　　本体 2800 円

神原　理【編著】
コミュニティ・ビジネス
　―新しい市民社会に向けた多角的分析―　　　本体 2000 円

見目洋子・在間敬子【編著】
環境コミュニケーションのダイナミズム
　―市場インセンティブと市民社会への浸透―　　　本体 2900 円

赤羽新太郎【編著】
経営の新潮流―コーポレートガバナンスと企業倫理―　　　本体 2400 円

中村　博【編著】
マーケット・セグメンテーション
　―購買履歴データを用いた販売機会の発見―　　　本体 2700 円

（表示価格には別途消費税がかかります）

東京　白桃書房　神田